二十四史

郑红峰 主编

〔第四卷〕

光明日报出版社

魏收列传

魏收，字伯起，小字佛助，钜鹿下曲阳人也。曾祖缉，祖韶。父子建，字敬忠，赠仪同、定州刺史。收年十五，颇已属文。及随父赴边，好习骑射，欲以武艺自达。荥阳郑伯调之曰："魏郎弄戟多少？"收惭，遂折节读书。夏月，坐板床，随树阴讽诵，积年，板床为之锐减，而精力不辍。以文华显。

初除太学博士。及尔朱荣于河阴滥害朝士，收亦在围中，以日晏获免。吏部尚书李神俊重收才学，奏授司徒记室参军。永安三年，除北主客郎中。节闵帝立，妙简近侍，诏试收为《封禅书》，收下笔便就，不立稿草，文将千言，所改无几。时黄门郎贾思同侍立，深奇之，白帝曰："虽七步之才，无以过此。"迁散骑侍郎，寻敕典起居注，并修国史，兼中书侍郎，时年二十六。

【译文】

魏收，字伯起，小字佛助，钜鹿郡下曲阳县人。他的曾祖父是魏缉，祖父是魏韶。他的父亲魏子建，字敬忠，朝廷赠封他为仪同、定州刺史。魏收十五岁的时候，已经很会写文章。跟随父亲去了边疆，又好学习骑马射箭，并想将来能凭武艺取得好前程。荥阳人郑伯跟他开玩笑说："魏郎舞弄了多少支坚戟？"魏收感到不好意思，于是改变习武的志向而读书。夏天，他坐在一只木板凳上，追逐着树阴读书，这样苦读了几年，木板凳都被他磨薄了，而他读书的精力却不止息。魏收终于以文章才华显名当时。

开始时朝廷授给他太学博士的官职。到尔朱荣在河阴滥杀朝官的时候，魏收也在被围困而将被杀的人当中，只是因为天晚了来不及加害而侥幸获免。吏部尚书李神俊很看重魏收的才学，奏请朝廷授给他司徒记室参军的官职。北魏孝庄帝永安三年，又授他北主客郎中的官职。北魏节闵帝即位，为精简身边侍臣，下诏命魏收撰写《封禅书》以考试他的才学。魏收下笔立成，不打草稿，文章将近千字，写毕改动的地方没有几个字。当时黄门郎贾思同在旁侍立，对魏收的才华深感惊奇，对节闵帝说：“即使像曹植走七步就可作成一首诗那样的才华，也不能超过魏收。”因此魏帝提升他做了散骑侍郎，不久又命他掌领《起居注》的撰写，并撰修国史，兼任史书侍郎，当时魏收才二十六岁。

孝武初，又诏收摄本职，文诰填积，事咸称旨。黄门郎崔㥄从齐神武入朝，熏灼于世，收初不诣门。㥄为帝登阼赦，云“朕托体孝文”，收嗤其率直。正员郎李慎以告之，㥄深愤忌。时节闵帝殂，令收为诏。㥄乃宣言：收普泰世出入帷幄，一日造诏，优为词旨，然则义旗之士尽为逆人；又收父老，合解官归侍。南台将加弹劾，赖尚书辛雄为言于中尉綦俊，乃解。收有贱生弟仲同，先未齿录，因此怖惧，上籍，遣还乡服侍。孝武尝大发士卒，狩于嵩少之南旬有六日。时天寒，朝野嗟怨。帝与从官及诸妃主，奇伎异饰，多非礼度。收欲言则惧，欲默不能已，乃上《南狩赋》以讽焉，时年二十七，虽富言淫丽，而终归雅正。帝手诏报焉，甚见褒美。郑伯谓曰：“卿不遇老夫，犹应逐兔。”

初神武固让天柱大将军，魏帝敕收为诏，令遂所请。欲加相国，问品秩，收以实对，帝遂止。收既未测主相之意，以前事不安，求解，诏许焉。久之，除帝兄子广平王赞开府从事中郎，收不敢辞，乃为《庭竹赋》以致己意。寻兼中书舍人，与济阴温子昇、河间邢子才齐誉，世号三才。时孝武猜忌神武，内有间隙，收遂以疾固辞而免。其舅崔孝芬怪而问之，收曰：“惧有晋阳之甲。”寻而神武南上，帝西入关。

收兼通直散骑常侍，副王昕使梁，昕风流文辩，收辞藻富逸，梁主及其群臣咸加敬异。先是南北初和，李谐、卢元明首通使命，二人才器，并为邻国所重。至此，梁主称曰：“卢、李命世，王、魏中兴，未知后来复何如耳？”收在馆，遂买吴婢入馆，其部下有买婢者，收亦唤取，遍行奸秽，梁朝馆司皆为之获罪。人称其才而鄙其行。在途作《聘游赋》，辞甚美盛。使还，尚书右仆射高隆之求南货于昕、收，不能如志，遂讽御史中尉高仲密禁止昕、收于其台，久之得释。

【译文】

北魏孝武帝初年，又诏命魏收代理司徒记室参军的本职。魏收所撰各种公文越积越多，事事都能符合皇帝的意旨。黄门郎崔㥄是跟随后来北齐的开创者神武帝高欢进入朝廷做官的，在当时势焰煊赫，但魏收当初并没有去登门拜见他。崔㥄为孝武帝登帝位赦免罪犯作诏书，文中有这样的句子，说："朕托体于孝文皇帝。"魏收笑他写得太率直了。正员郎李慎把这一情况告诉了崔㥄，于是崔㥄对魏收深为愤懑忌恨。当时节闵帝死，朝廷令魏收撰写有关诏命。崔㥄于是扬言说："魏收在普泰年间出入宫禁，每天为被废的节闵帝炮制诏书，以美化废帝的意旨，却把那些举义兵反对废帝而维持正义的人都斥为叛逆之人；又魏收的父亲已经年老，应该解除官职回家侍奉老父。"御史台将对魏收加以弹劾，幸赖尚书辛雄为魏收在中尉綦俊跟前说好话，才没有对魏收加以追究。魏收的父亲有个贱妾为他所生的弟弟名叫仲同，先前没有登记入册，因此这时心中害怕，于是上报户籍，被朝廷打发回乡照顾老父。孝武帝曾调发大批士卒，在嵩山的南边打猎达十六日之久。当时天气严寒，朝廷和地方吏民都叹息怨恨。孝武帝与随从官吏以及嫔妃、公主们，以奇巧的技艺和奇装异服为乐，大多不合礼制法度。魏收想进言劝谏而又感到害怕，想默不作声而又心不能忍，于是作了一篇《南狩赋》上给孝武帝用以讽谏。当时魏收二十七岁，所作的这篇赋虽然文辞过于华丽，而意旨终归于正。孝武帝亲笔书写诏书回报他，对他很是赞扬。郑伯对魏收说："您如果不是遇到了老夫我，还应当去追赶兔子呢。"

当初高欢曾坚决推辞天柱大将军的职位，魏帝就命魏收草拟诏书，下令依从高欢的请求。魏帝又想加给高欢相国的职务，向魏收询问高欢现在的官品和俸禄，魏收照实回答，魏帝于是作罢。魏收没有想到他的回答关系到高欢是否能做相国，再加上前次的事情而内心不安，于是请求辞职，魏帝下诏批准了他的请求。过了很久，魏帝任命魏收做帝兄之子广平王元赞的开府从事中郎，魏收不敢推辞，于是写了一篇《庭竹赋》以此向魏帝表达自己的意思。不久又命他兼任中书舍人，与济阴人温子昇、河间人邢子才具有同样的声誉，社会上称他们为"三才"。当时魏孝武帝猜忌高欢，双方内心有矛盾，魏收于是借口有病坚决要求辞职而得免官。他的舅舅崔孝芬对他的做法感到奇怪而问他，他回答说："我是害怕有如春秋时期晋国大夫赵鞅因不满朝廷而调发晋阳兵甲的事情出现。"不久高欢南上，孝武帝西入关中。

魏收兼任通直散骑常侍，作为王昕的副手出使梁朝。王昕风流有文才而又善辩，魏收词藻富丽超群绝伦，梁朝君主及其群臣都对他俩既尊敬而又感到惊异。前此南、北朝刚和好的时候，北魏派李谐、卢元明出使梁朝，李、卢二人的才器都被邻国所敬重。到这时，梁朝君主称赞说："卢元明、李谐二人是著名当世之才，王昕、魏收二人则是可使衰朝重振之才。不知以后的使臣又将是何等人才呢。"魏收住在宾馆中，于是买吴地的婢女到馆中玩乐。他的部下有买婢女的，魏收也把她们叫来，遍加淫秽，致使梁朝管理宾馆的官吏都因此而获罪。所以人们都称赞魏收的才能而看不起他的操行。在出使途中，他曾作了一篇《聘游赋》，文词很华美。出使回来后，尚书右仆射高隆之向王昕和魏收索取南方土物产，不能如愿，于是示意御史中尉高行密把王昕、魏收二人拘禁在御史台，过了很久才把他俩放出去。

及孙搴死，司马子如荐收，召赴晋阳，以为中外府主簿。以受旨乖忤，频被嫌责，加以棰楚，久不得志。会司马子如奉使霸朝，收假其余光。子如因宴戏言于神武曰："魏收天子中书郎，一国大才，愿大王借以颜色。"由此转府属，然未甚优礼。

收从叔季景，有才学，历官著名，并在收前，然收常所欺忽。季景、收初赴并，顿丘李庶者，故大司农谐之子也，以华辩见称，曾谓收曰："霸朝便有二魏。"收率尔曰："以从叔见比，便是耶输之比卿。"耶输者，故尚书令陈留公继伯之子也，愚痴有名，好自入市肆，高价买物，商贾共所嗤玩。收忽季景，故方之，不逊例多如此。

收本以文才，必望颖脱见知，位既不遂，求修国史。崔暹为言于文襄曰："国史事重，公家父子霸王功业，皆须具载，非收不可。"文襄启收兼散骑常侍，修国史。武定二年，除正常侍，领兼中书侍郎，仍修史。魏帝宴百僚，问何故名人日，皆莫能知。收对曰："晋议郎董勋《答问礼俗》云：'正月一日为鸡，二日为狗，三日为猪，四日为羊，五日为牛，六日为马，七日为人。'"时邢邵亦在侧，甚恧焉。自魏、梁和好，书下纸每云"想彼境内宁静，此率土安和。"梁后使，其书乃去"彼"字，自称犹著"此"，欲示无外之意。收定报书云："想境内清晏，今万国安和。"梁人复书，依以为体。后神武入朝，静帝授相国，固让，令收为启。启成呈上，文襄时侍侧，神武指收曰："此人当复为崔光。"四年，神武于西门豹祠宴集，谓司马子如曰："魏收为史官，书吾等善恶，闻北伐时，诸贵常饷史官饮食，司马仆射颇曾饷不？"因共大笑。仍谓收曰："卿勿见元康等在吾目下趋走，谓吾以为勤劳，我后世身名在卿手，勿谓我不知。"寻加兼著作郎。

【译文】

等到孙搴死后，司马子如向自称丞相的高欢推荐魏收接替孙搴的职位，于是高欢召他前来晋阳，任命他做中外府主簿。但因魏收常违反高欢的意旨，连连被责难，还被罚挨打，魏收在高欢手下很久不能得志。正巧司马子如奉使到高欢的霸朝来，魏收得以沾他的光。司马子如借宴会之机半开玩笑地对高欢说："魏收是天子的中书郎，是一国的大才，但愿大王能给他点好颜色看。"魏收由此转为高欢相府属官，然而高欢对他也还是不怎么看重。

魏收的从叔父名叫魏季景，很有才学，历任官职都很有名声，并且凡所任官位置都排在魏收之前，然而魏收却常常看不起他。魏季景、魏收初到并州，顿丘人李庶，是已故大司农李谐的儿子，以华言善辩见称，曾对魏收说："霸朝这就有二魏了。"魏收不假思索地说："把从叔父和我并提，那就等于是把耶输和您并提。"耶输是已故尚书令陈留公继伯的儿子，是个有名的愚痴儿，喜欢一个人到街市上去，用高价买东西，商贾们都常常耍笑他。魏收因看不起魏季景，因此拿耶输来打比方，他为人的桀骜不驯大多如此。

魏收本以为凭着自己的文才，一定会脱颖而出而被朝廷重用，现在官位既不能如愿，便向朝廷请求修撰国史。崔暹替魏收向高欢的儿子高澄请求说："修国史是国家很重大的事情，公家父子所建立的霸王功业，都有侍载入史册，这项工程非魏收来承担不可。”于是高澄奏请东魏孝静帝命魏收兼任散骑常侍，从事撰修国史的工作。孝静帝武定二年，任命魏收为正常侍，兼领中书侍郎，于是从事国史的修撰工作。有一次孝静帝宴请百官，问由于什么原因而把正月初七定名为“人日”，百官没有人知道。魏收回答说：“晋朝的议郎董勋所作的《答问礼俗》中说：‘正月一日为鸡日，二日为狗日，三日为猪日，四日为羊日，五日为牛日，六日为马日，七日为人日。’”当时邢邵也在旁边，听了魏收的回答甚感惭愧。自从魏朝和梁朝和好以来，双方书信往来常常写道：“想彼境内宁静，此率土安和。”后来梁朝的来使，所带来的书信中竟把“彼”字去掉，而自称己方却仍保留“此”字，想通过这种手段来表示天下皆属梁朝而无外域之意。魏收于是改定魏朝给梁朝的回信说：“想境内清晏，今万国安和。”后来梁朝人回信，也就依照这种写法。后来高欢入朝，孝静帝要授给他相国的职位，高欢坚决推辞，并命魏收撰写推辞书。推辞书写好后魏收向高欢呈上，当时高澄在高欢身旁侍立，高欢指着魏收说：“此人当成为又一个崔光。”武定四年，高欢在西门豹祠中宴集群僚，对司马子如说：“魏收做史官，记载我们行事的善恶。听说北伐的时候，朝廷贵官们常招待史官酒食，不知当时尊祖司马仆射也曾招待过史官没有？”在座的人都大笑。于是高欢对魏收说：“您不要看现在元康等人在我眼下奔走，认为是我使他们这么辛勤劳累，我后世的身名全在您的手中掌握着，不要以为我不知道。”不久又加魏收兼任著作郎。

收昔在洛京，轻薄尤甚，人号云“魏收惊蛱蝶”。文襄曾游东山，令给事黄门侍郎颢等宴。文襄曰：“魏收恃才无宜适，须出其短。”往复数番，收忽大唱曰：“杨遵彦理屈已倒。”愔从容曰：“我绰有余暇，山立不动，若遇当涂，恐翩翩遂逝。”当涂者，魏；翩翩者，蛱蝶也。文襄先知之，大笑称善。文襄又曰：“向语犹微，宜更指斥。”愔应声曰：“魏收在并作一篇诗，对众读讫，云：‘打从叔季景出六百斛米，亦不辨此。’远近所知，非敢妄语。”文襄喜曰：“我亦先闻。”众人皆笑。收虽自申雪，不复抗拒，终身病之。

侯景叛入梁，寇南境，文襄时在晋阳，令收为檄五十余纸，不日而就。又檄梁朝，令送侯景，初夜执笔，三更便成，文过七纸。文襄善之。魏帝曾季秋大射，普令赋诗，收诗末云："尺书征建邺，折简召长安。"文襄壮之，顾诸人曰："在朝今有魏收，便是国之光采，雅俗文墨，通达纵横。我亦使子才、子昇时有所作，至于词气，并不及之。吾或意有所怀，忘而不语，语而不尽，意有未及，收呈草皆以周悉，此亦难有。"又敕兼主客郎接梁使谢珽、徐陵。侯景既陷梁，梁鄱阳王范时为合州刺史，文襄敕收以书喻之。范得书，仍率部伍西上，刺史崔圣念入据其城。文襄谓收曰："今定一州，卿有其力，犹恨'尺书征建邺'未效耳。"

文襄崩，文宣如晋阳，令与黄门郎崔季舒、高德正，吏部郎中尉瑾于北第掌机密。转祕书监，兼著作郎，又除定州大中正。时齐将受禅，杨愔奏收置之别馆，令撰禅代诏册诸文，遣徐之才守门不听出。天保元年，除中书令，仍兼著作郎，封富平县子。

【译文】

魏收从前在洛阳时，尤其轻薄，人们都说："魏收使蝴蝶（喻女子）担惊害怕。"高澄曾经到东山游玩，令给事黄门侍郎崔颢等人设宴。高澄说："魏收依仗自己的才能而以为没有人能比得上他，必须揭发他的短处。"于是在座的给事黄门杨愔等与魏收辩驳起来，魏收忽然大声呼道："杨遵彦（杨愔字遵彦）理屈，已经被驳倒了。"杨愔从容地说："我用以批驳你的理由绰绰有余，我像矗立的大山一样不可动摇，如果遇到了'当途'，那恐怕就要翩翩然而飞逝了。""当途"，（是借用的谶语），是指魏（在此暗指魏收）；翩翩而飞，是暗示蝴蝶被吓飞。高澄理解杨愔的意思，大笑着称赞他说得好。高澄又说："刚才杨愔说的意思太隐蔽了，应该说得更直接些。"杨愔应声说："魏收在并州时曾经作过一首诗，对众人读罢，然后说：'即使让我的从叔季景出六百斛米，也不能明白我这首诗的意思。'这是远近都知道的，我不敢胡乱说。"高澄又高兴地说："我先前也听说过这话。"众人都笑起来。魏收虽然为自己申辩，也再不能抗拒众人之口，因此终身把这件事作为自己的一块心痛。

侯景叛变投降了梁朝，又率梁朝之兵侵犯东魏南部边疆。当时高澄在晋阳，令魏收撰写檄文，檄文写了五十张纸，魏收不到一天就完成了。又命魏收写檄文给梁朝，令传送给侯景，魏收刚入夜的时候执笔开始写作，到三更时候便写成了，文章之长超过七张纸。高澄对他很是赞扬。魏静帝曾在秋季九月举行大射礼，令朝臣们人人都赋诗。魏收写的诗末尾有这样的句子："尺书征建邺，折简召长安。"（大意是，我一封书信就能征召梁朝或西魏之帝入朝于魏。）高澄称赞这两句诗写得很豪壮，看着大家说："在朝今有魏收，便是国家的光彩，他的文笔不论雅俗，都能通过纵横。我也让邢子才、温子昇常常写些诗文，至于词气，都比不上魏收。我有时心中有所感怀，但不是忘了而不能说出，就是说了而意思不能表达尽，有些意思我自己也未能考虑到，可是经魏收草拟出来，就能把所有意思都表达得彻底而周全，这也是很难得的。"又命魏收兼任主客郎，负责接待梁朝来使谢斑、徐陵。侯景又在梁朝叛乱攻陷了梁的都城，梁朝的鄱阳王萧范当时做合州刺史，高澄命魏收写信向他劝降，萧范得到魏收的书信，便率部队西上，刺史崔圣念得以入据合州城。高澄对魏收说："今天能平定一州，您起了很大的作用，但仍恨您的'尺书征建邺'的诗句还未能表现。"

高澄死，高欢的第二子、北齐的开国皇帝文宣帝高洋到晋阳，命令黄门郎崔季舒、高德正，吏部郎中尉瑾在北府掌管机密。调任魏收为秘书监，兼著作郎，又任命他为定州大中正。这时北齐将接受东魏禅让皇位，杨愔奏请高洋将魏收另外安排在一个馆舍中，令他撰写禅代的诏书和有关文件，命徐之才把守舍门不让魏收外出。北齐天宝元年，任命魏收为中书令，仍兼著作郎之职，并封他为富平县子。

二年，诏撰魏史。四年，除魏尹，故优以禄力，专在史阁，不知郡事。初帝令群臣各言尔志，收曰："臣愿得直笔东观，早成《魏书》。"故帝使收专其任。又诏平原王高隆之总监之，署名而已。帝敕收曰："好直笔，我终不作魏太武诛史官。"始魏初邓彦海撰代记十余卷，其后崔浩典史，游雅、高允、程骏、李彪、崔光、李琰之徒世修其业。浩为编年体，彪始分作纪、表、志、传，书犹未出。宣武时，命邢峦追撰《孝文起居注》，书至太和十四年，又命崔鸿、王遵业补续焉。下讫孝明，事甚委悉。济阴王晖业撰《辨宗室录》三十卷。收于是部通直常侍房延祐、司空司马辛元植、国子博士刁柔、裴昂之、尚书郎高孝干专总斟酌，以成《魏书》。辨定名称，随条甄举，又搜采亡遗，缀续后事，备一代史籍，表而上闻之。勒成一代大典：凡十二纪，九十二列传，合一百一十卷。五年三月奏上之。秋，除梁州刺史。收以志未成，奏请终业，许之。十一月，复奏十志：《天象》四卷，《地形》三卷，《律历》二卷，《礼乐》四卷，《食货》一卷，《刑罚》一卷，《灵征》二卷，《官氏》二卷，《释老》一卷，凡二十卷，续于纪传，合一百三十卷，分为十二帙。其史三十五例，二十五序，九十四论，前后二表一启焉。

所引史官，恐其凌逼，唯取学流先相依附者。房延祐、辛元植、眭仲让虽夙涉朝位，并非史才。刁柔、裴昂之以儒业见知，全不堪编缉。高孝干以左道求进。修史诸人祖宗姻戚多被书录，饰以美言。收性颇急，不甚能平，夙有怨者，多没其善。每言："何物小子，敢共魏收作色，举之则使上天，按之当使入地。"初收在神武时为太常少卿修国史，得阳休之助，因谢休之曰："无以谢德，当为卿作佳传。"休之父固，魏世为北平太守，以贪虐为中尉李平所弹获罪，载在《魏起居注》。收书云："固为北平，甚有惠政，坐公事免官。"又云"李平深相敬重。"尔朱荣于魏为贼，收以高氏出自尔朱，且纳荣子金，故减其恶而增其善，论云："若修德义之风，则韦、彭、伊、霍夫何足数。"

【译文】

天保二年，文宣帝诏命魏收撰写魏史。天保四年，又任命魏收做了魏郡的郡尹，给予优厚的俸禄，只让他专心在史阁从事撰著，而不过问魏郡的事情。当初文宣帝曾令群臣都谈谈自己的志向，魏收说："臣愿遵循直笔不阿的原则供职于东观，以便早日完成《魏书》。"因此文宣帝使魏收专任史书撰写的工作。文宣帝又下诏命令平原王高隆之总监史书的修撰工作，但只不过是挂个名罢了。文宣帝命令魏收说："好好地遵循直笔的原则，我终究不会做北魏的太武帝诛杀直笔的史官。"开始时北魏初年的邓彦海曾撰《代记》十多卷，后来崔浩掌管修史工作，游雅、高允、程骏、李彪、崔光、李琰等人世代相继撰修魏史。崔浩所写的史书用的是编年体，李彪开始改为纪传体而分别撰写纪、表、志、传，但书仍未能问世。

到北魏宣武帝的时候，命邢峦追撰《孝文起居注》，该书一直记到孝文帝太和十四年，又命崔鸿、王遵业加以续补，一直补续到北魏孝明帝，事迹记载得十分具体细致。济阴王元辉业又撰写了《辨宗室录》三十卷。魏收于是安排通直常侍房延祐、司空司马辛元植、国子博士刁柔、裴昂之、尚书郎高孝干等人专门负责对以前各种史书和史料加以斟酌取舍，以撰成《魏书》。魏收通过辨别而确立应撰写的条目名称，然后逐条甄别而列举史实，又搜采散亡和遗失的材料，以继写后来的事迹，这样撰成了一代完备的史籍，然后撰表上奏朝廷。这部《魏书》完成了一代大典，全书总计十二《纪》，九十二《列传》，合计一百一十卷。于北齐天保五年三月上奏朝廷。这年秋，任命魏收为梁州刺史。魏收因为《魏书》的《志》还没有写完，奏请朝廷允许他完成修撰工作，朝廷答应了他的要求。这年十一月，又向朝廷上奏十《志》：《天象志》四卷，《地形志》三卷，《律历志》二卷，《礼乐志》四卷，《食货志》一卷，《刑罚志》一卷，《灵征志》二卷，《官氏志》二卷，《释老志》一卷，总计二十卷，接续在《纪》《传》的后边，全书合计一百三十卷，分为十二帙。这部史书共制定有三十五条书例，撰写了二十五篇《序》，九十四篇《论》，前后还附有上奏朝廷的两篇《表》和一篇《启》。

魏收所聘用的史官，生怕有人与他持不同意见而不服从他，所以只用那些学术流派先已归属于他的人。房延祐、辛元植、眭仲让三人虽早已在朝中做官，但并不具备史才。刁柔、裴昂之二人是以儒学知名的，也全不堪史书编辑之任。高孝干则是个不以正道求进的人。凡参加修撰史书的人，他们的祖宗和亲戚们都被写进了书中，并对他们加以美化。魏收性情很偏激，不太能持公允之论，早先与他有仇怨的人，在史书中记载时大多抹杀他们的功绩和长处。魏收常说："什么样的小子，敢对我魏收不恭！我抬举他就可以使他上天，按压他就可以使他入地。"当初魏收在高欢手下做太常少卿撰修国史，曾得到阳休之的帮助，因此魏收感谢阳休之说："我没有什么可以用来报谢您的厚德，当为您作一篇美好的传。"阳休之的父亲阳固，在北魏时做北平太守，曾因贪婪暴虐而被中尉李平所弹劾而获罪，这情况记载在《魏起居注》中。魏收的史书却记载说："阳固做北平侯，很有一些利民之政，因为公事而免官。"又说："李平对阳固深相敬重。”尔朱荣在北魏是叛贼，但魏收因为北齐皇帝高氏出自尔朱氏的门下，而且魏收曾接受过尔朱氏的高利贷利息钱，因此在《魏书》中记载时就减少尔朱荣的罪恶而多写他的好处，并且评论说：“如果尔朱荣能修养德义之风，那么商朝的豕韦、大彭、伊尹和汉代的霍光，又有什么值得称道的呢？”

时论既言收著史不平，文宣诏收于尚书省与诸家子孙共加论讨，前后投诉百有余人，云“遗其家世职位”，或云：“其家不见记录”，或云“妄有非毁”。收皆随状答之。范阳卢斐父同附出族祖玄《传》下，顿丘李庶家《传》称其本是梁国蒙人，斐、庶讥议云：“史书不直。”收性急，不胜其愤，启诬其欲加屠害。帝大怒，亲自诘责。斐曰：“臣父仕魏，位至仪同，功业显著，名闻天下，与收无亲，遂不立传。博陵崔绰，位止本郡功曹，更无事迹，是收外亲，乃为《传》首。”收曰：“绰虽无位，名义可嘉，所以合传。”帝曰：“卿何由知其好人？”收曰：“高允曾为绰赞，称有道德。”帝曰：“司空才士，为人作赞，正应称扬。亦如卿为人作文章，道其好者岂能皆实？”收无以对，战栗而已。但帝先重收才，不欲加罪。时太原王松年亦谤史，及裴、庶并获罪，各被鞭配甲坊，或因以致死，卢思道亦抵罪。然犹以群口沸腾，敕魏史且勿施行，令群官博议。听有家事者入署，不实者陈牒。于是众口喧然，号为“秽史”，投牒者相次，收无以抗之。时左仆射杨愔、右仆射高德正二人势倾朝野，与收皆亲，收遂为其家并作传。二人不欲言史不实，抑塞诉辞，终文宣世更不重论。又尚书陆操尝谓愔曰：“魏收《魏书》可谓博物宏才，有大功于魏室。”愔谓收曰：“此为不刊之书，传之万古。但恨论及诸家枝叶亲姻，过为繁碎，与旧史体例不同耳。”收曰：“往因中原丧乱，人士谱牒，遗逸略尽，是以具书其支流。望公观过知仁，以免尤责。”

八年夏，除太子太傅、监国史，复参议律令。三台成，文宣曰：“台成须有赋。”愔先以告收，收上《皇居新殿台赋》，其文甚壮丽。时所作者，自邢邵已下咸不逮焉。收上赋前数日乃告邵。邵后告人曰：“收甚恶人，不早言之。”帝曾游东山，敕收作诏，宣扬威德，譬喻关西，俄顷而讫，词理宏壮。帝对百僚大嗟赏之。仍兼太子詹事。收娶其舅女，崔昂之妹，产一女，无子。魏太常刘芳孙女，中书郎崔肇师女，夫家坐事，帝并赐收为妻，时人比之贾充置左右夫人。然无子。后病甚，恐身后嫡媵不平，乃放二姬。及疾瘳追忆，作《怀离赋》以申意。文宣每以酣宴之次，云："太子性懦，宗社事重，终当传位常山。"收谓杨愔曰："古人云，太子国之根本，不可动摇。至尊三爵后，每言传位常山，令臣下疑贰。若实，便须决行。此言非戏。魏收既忝师传，正当守之以死，但恐国家不安。"愔以收言白于帝，自此便止。帝数宴喜，收每预侍从。皇太子之纳郑良娣也，有司备设牢馔，帝既酣饮，起而自毁覆之。仍诏收曰："知我意不？"收曰："臣愚谓良娣既东宫之妾，理不须牢，仰惟圣怀，缘此毁去。"帝大笑，握收手曰："卿知我意。"安德王延宗纳赵郡李祖收女为妃，后帝幸李宅宴，而妃母宋氏荐二石榴于帝前。问诸人莫知其意，帝投之。收曰："石榴房中多子，王新婚，妃母欲子孙众多。"帝大喜，诏收"卿还将来"，仍赐收美锦二匹。十年，除仪同三司。帝在宴席，口敕以为中书监，命中书郎李愔于树下造诏。愔以收一代盛才，难于率尔，久而未讫。比成，帝已醉醒，遂不重言，愔仍不奏，事竟寝。

【译文】

当时舆论认为魏收著史书而不能持平允之见，于是文宣帝下诏命令魏收到尚书省与有关诸家子孙对史书中的记载共同加以讨论，先后投诉的有一百多人。有的说遗漏了他的家世的职位，有的说他家没有记载，有的还说书中对他家进行了毫无根据的诽谤。魏收都随即对投诉状做了回答。范阳人卢斐的父亲卢同（不得立传，仅仅把他的事迹）附在族祖卢玄的《传》的下边，而顿丘人李庶家的《传》却称李庶本是梁国蒙地人，卢斐、李庶讥刺魏收说："史书不正直。"魏收性急，听到这话气愤得不行，于是启奏文宣帝，诬说他们要对他加以杀害。文宣帝大怒，亲自对卢、李二人加以责问。卢斐说："臣的父亲在魏做官，官位做到了仪同，功业显著，名闻天下，因为与魏收没有亲戚关系，于是不被立传。博陵人崔绰，只是在本郡做个功曹，没有什么事迹，因为是魏收的外亲，却把他的《传》放在前边。"魏收回答说："崔绰虽然没有官位，但名义值得称道，所以应当为他作传。"文宣帝说："你怎么知道他是好人？"魏收说："高允曾为崔绰作《赞》，称赞他有道德。"文宣帝说："司空高允是才士，为别人作《赞》，正应当对人加以称扬，也就像您为人作文章，那些赞美人家的话难道都能够符合事实？"魏收答不上话来，只吓得浑身颤抖。但文宣帝首先看重的是魏收的才能，所以不想加罪于他。当时太原的王松年也攻击魏收的史书，他和卢斐、李庶都因此而获罪，各被鞭打而后发配甲坊，有的人因此而致死。卢思道也因对《魏书》不满而受罚抵罪。然而仍因众口沸腾，朝廷下令魏史暂且不颁行，而令群官广泛地进行议论，允许家有事迹的人入阁叙说，记载不实的可书面陈述。于是众口哗然，称魏收的史书为"秽史"，投递书面材料的人一个接一个，魏收无法辩白。当时左仆射杨愔、右仆射高德正二人势倾朝野，与魏收都是亲戚，魏收于是为他们家的人都作了传，因此杨、高二人不希望听到人说史书不实，便按压住来自下面的申诉辞，一直到文宣帝死前都不再讨论史书的问题。又尚书陆超曾对杨愔说："魏收的《魏书》，可以称得上是博物宏才，对于魏室立有大功。"杨愔对魏收说："《魏书》称得上是一部不可删削的书，将传之万古。不过令人遗憾的是记载各家枝叶姻亲的事，过于烦琐，与旧史的体例不同罢了。"魏收说："因为从前中原地区动荡混乱，各方面人士的家谱族谱，差不多都遗失了，因此书中详尽地记载他们的支脉后裔，希望公发现我的过失而能理解我的用心是好的，以免除对我的指责。"

天保八年夏天，文宣帝任命魏收为太子少傅、监国史，又参议律令的修订。当三台建成的时候，文宣帝说："台建成了应当有赋加以歌颂。"杨愔把文宣帝这些话告诉了魏收，于是魏收写了一篇《皇居新殿台赋》献上，赋的文词十分壮丽。当时为三台作赋的人，自邢邵以下都比不上魏收。魏收献赋的前几天才把皇帝要求作赋的事告诉邢邵。邢邵后来告诉别人说："魏收甚可恶，不早把作赋的事告诉我。"文宣帝曾游东山，命魏收作诏书，宣扬皇帝威德，并拿关西的北周作比衬，魏收一会工夫就作成了，文词和所述的道理都很宏壮，文宣帝向百官对魏收写的诏书大加赞叹。于是又命魏收做太子詹事。魏收娶了他舅舅的女儿、崔昂的妹妹为妻，生了一女，没有儿子。魏太常刘芳的孙女，中书郎崔肇师的女儿，都因为夫家有罪，文宣帝把她俩赐给了魏收为妻，当时人把她俩比之为贾充的左右夫人。然而都没有生儿子。后来魏收病得厉害，恐怕自己死后嫡妻和媵妾争位而不平，便把这两个姬妾放逐了。等到病好了追忆起来，便作了一篇《怀离赋》以表达思念之意。文宣帝常常在宴会上酒酣之后，说："太子性情懦弱，宗庙社稷事情重大，最终当传位给常山。"魏收对杨愔说："古人说，太子是国家的根本，不可动摇。皇上三杯过后，常说传位常山，使臣下疑惑而产生二心。如果皇上真想这样做，就必须果决地实行。这种话不是开玩笑的。魏收既然辱处太子师傅之位，正当以死相守，只恐怕造成国家的不安定。"杨愔把魏收的话告诉了文宣帝，从此以后文宣帝就再没有说过传位给常山的话了。文宣帝多次因高兴而宴会，魏收常常得侍从在旁。皇太子娶郑良娣的时候，有关官吏摆设了充备的三牲盛馔。文宣帝酣饮之后，起身把牲馔都掀翻了，于是问魏收说："知道我的意思吗？"魏收说："臣愚意以为这是表明良娣即是太子的妾，按理不须备设牲牢，仰思陛下的圣意，是因此而毁去牲馔的。"文宣帝大笑，握着魏收的手说："您理解我的意思。"安德王高延宗娶赵郡李祖收的女儿为妃。后来文宣帝到李祖收家宴会，而妃的母亲宋氏献上两个石榴到文宣帝面前。文宣帝问在坐的人，却无人知道宋氏的用意，文宣帝便把石榴扔了。魏收说："石榴房中多子，安德王新婚，妃母是希望子孙众多。"文宣帝大喜，告诉魏收说："您把石榴再给我拿来。"于是赐给魏收美锦二匹。天保十年，任命魏收为仪同三司。有一次，文宣帝在宴席上喝醉了酒，口头任命魏收为中书监，又命中书郎李愔在树下草拟诏书。李愔认为魏收是一代大才，难于仓促成文，所以过了很久还没有把诏书写好。等到诏书写成之后，文宣帝酒醉已醒，便不再提这事，李愔写的诏书也就没有上奏，事情就这样被搁置下来。

及帝崩于晋阳，驿召收及中山太守阳休之参议吉凶之礼，并掌诏诰。仍除侍中，迁太常卿。文宣谥及庙号、陵名，皆收议也。及孝昭居中宰事，命收禁中为诸诏文，积日不出。转中书监。皇建元年，除兼侍中、右光禄大夫，仍仪同、监史。收先副王昕使梁，不相协睦。时昕弟晞亲密。而孝昭别令阳休之兼中书，在晋阳典诏诰，收留在邺，盖晞所为。收大不平，谓太子舍人卢询祖曰："若使卿作文诰，我亦不言。"又除祖珽为著作郎，欲以代收。司空主簿李翥，文词士也。闻而告人曰：“诏诰悉归阳子烈，著作复遗祖孝征，文史顿失，恐魏公发背。”于时诏议二王三恪，收执王肃、杜预义，以元、司马氏为二王，通曹备三恪。诏诸礼学之官，皆执郑玄五代之议。孝昭后姓元，议恪不欲广及，故议从收。又除兼太子少傅，解侍中。

帝以魏史未行，诏收更加研审。收奉诏，颇有改正。及诏行魏史，收以为直置秘阁，外人无由得见。于是命送一本付并省，一本付邺下，任人写之。

大宁元年，加开府。河清二年，兼右仆射。时武成酣饮终日，朝事专委侍中高元海。元海凡庸，不堪大任，以收才名振俗，都官尚书毕义云长于断割，乃虚心倚仗。收畏避不能匡救，为议者所讥。帝于华林别起玄洲苑，备山水台观之丽，诏于阁上画收，其见重如此。

【译文】

等到文宣帝死在晋阳的时候，驿马驰召魏收和中山郡太守阳休之参议有关丧葬吉凶之礼，并命魏收负责起草诏诰。于是任命魏收为侍中，又迁升为太常卿。文宣帝的谥号、陵墓名称，都是采纳的魏收的意见。等到孝昭帝高演掌管朝政，命魏收在宫禁中负责起草各种诏文，因此魏收多日没有出来。后来转任中书监。皇建元年，又命魏收兼任侍中、右光禄大夫，仍居仪同和监国史之职。魏收先前曾做王昕的副手出使梁朝，两人不能协调和睦。这时王昕的弟弟王晞与孝昭帝的关系亲密。而孝昭帝另外任命阳休之兼中书监，在晋阳负责起草诏诰，把魏收留在邺都，这大概都是王晞起的作用。魏收因此心中大为不平，对太子舍人卢询祖说：“如果要是让您作文诰，我也就不说什么了。”孝昭帝又任命祖珽为著作郎，想用他来取代魏收。司空主簿李翥是个擅长文词的人，听说了这情况告诉别人说：“诏诰全都归阳子烈（阳休之字子烈），著作郎又命祖孝征（祖珽字孝征）担任，撰文和撰史的职务顿时间都失去了，恐怕魏公要气得像范增那样疮发于背了吧。”当时孝昭帝诏命群臣讨论“二王三恪”都是指的谁，魏收坚持王肃和杜预的说法，以元氏、司马氏为“二王”，元、王二氏再下通曹氏为“三恪”。孝昭帝又诏礼学官们来讨论，礼学官们都坚持郑玄将“二王三恪”分属夏、商以及黄帝、尧、舜五代的说法。但因为孝昭皇后姓元，所以议论“三恪”不想更多地涉及其他说法，便决议听从魏收之说。接着又任命魏收做了太子少傅，而解除侍中之职。

孝昭帝因为魏史还没有颁行，下诏书命令魏收重新加以研究审查。魏收接受诏命，对《魏书》作了一些改正。等到孝昭帝命令颁行魏史，魏收以为只是把《魏书》放置在秘阁中，外人不可能看到，于是他命人送一本到晋阳，又送一本给邺下。任人抄写。

武成帝高湛太宁元年，加给魏收开府的名号。河清二年，又命魏收兼任右仆射。当时武成帝终日嗜酒酣饮，朝政大事专门委任侍中高元海去处理。高元海是个平庸之辈，承受不了大任，武成帝以为魏收的才能和名气世人皆知，而都官尚书毕义云则擅长于决断，于是虚心倚仗他二人处理朝政。魏收却因为胆小怕事而对时政不能有所匡正补救，因此被舆论所讥讽。武成帝在华林另又修了个玄洲苑，苑中备置秀丽的山水台观，武成帝还下诏命令在玄洲苑的台阁中画魏收的像，可见武成帝对他多么重视。

始收比温子昇、邢邵稍微后进，邵既被疏出，子昇以罪幽死，收遂大被任用，独步一时。议论更相訾毁，各有朋党。收每议陋邢邵文。邵又云：“江南任昉，文体本疏，魏收非直模拟，亦大偷窃。”收闻乃曰：“伊常于《沈约集》中作贼，何意道我偷任昉。”任、沈俱有重名，邢、魏各有所好。武平中，黄门郎颜之推以二公意问仆射祖珽，珽答曰：“见邢、魏之臧否，即是任、沈之优劣。”收以温子昇全不作赋，邢虽有一两首，又非所长，常云：“会须作赋，始成大才士。唯以章表碑志自许，此外更同儿戏。”自武定二年以后，国家大事诏命，军国文词，皆收所作。每有紧急，受诏立成，或时中使催促，收笔下有同宿构，敏速之工，邢、温所不逮，其参议典礼与邢相埒。

“既而赵郡。公。增年获免”，收知而过之，事发除名。其年又以托附陈使封孝琰，牒令其门客与行，遇昆仑舶至，得奇货猓然褥表、美玉盈尺等数十件，罪当流，以赎论。三年，起除清都尹。寻遣黄门郎元文遥敕收曰：“卿旧人，事我家最久，前者之罪，情在可恕。比令卿为尹，非谓美授，但初起卿，斟酌如此。朕岂可用卿之才而忘卿身，待至十月，当还卿开府。”天统元年，除左光禄大夫。二年，行齐州刺史，寻为真。

收以子侄少年，申以戒厉，著《枕中篇》，其词曰：

【译文】

开始时魏收比起温子昇、邢邵来稍微后进一些，后来邢邵被疏远而出了朝廷，温子昇又因罪被幽囚而死，魏收于是大被朝政所任用，而超群绝伦于一时。前此他们三人的议论都是互相攻击诋毁，他们都各自树有朋党。魏收常常在议论中把邢邵的文章说得很疏陋。邢邵又说：“江南的任昉，文体本来就很疏略，魏收不只是模拟他，还大大偷窃他的文章。”魏收听到这话，于是说：“他常在《沈约集》中作贼，没想到他却说我偷窃任昉的文章。”任昉和沈约在文坛上都有很高的名望，邢邵、魏收对他二人则各有所好。后主高纬武平年间，黄门郎颜之推拿了邢、魏二公所说的意思去问仆射祖珽，祖珽回答说：“看到邢、魏二人肯定什么、否定什么，也就是任、沈二人的优劣所在。”魏收因为温子昇从不作赋，邢邵虽然作过一两首，而又非他所长，因此常说：“必须等到会作赋，才能成为大才士。只是以写作章表碑志自许，这只不过同儿戏一般。”自从东魏孝静帝武定二年以后，有关国家大事的诏命，以及有关军国大政的一些文词，都是魏收所作。每当有紧急需要，魏收受诏作文立待可成，有时皇宫中派出的使者来催促他作文，魏收下笔疾书如同早已有腹稿，这种敏速的工作，是邢邵、温子昇所比不上的。魏收参与议论典礼所表现的学识和见解，与邢邵不相上下。

“即而赵郡。公。增年获免”（这是《魏收传》的原文，因有脱文，意思不明），魏收明知他有罪还去探望他，事情被揭发出来而被从官籍中除名为民。这年又因为托身投附将出使陈朝的封孝琰，并写信令他的门客与封孝琰同行，正好遇上陈朝的“昆仑”号船到来，魏收又获得了许多奇物宝货；一种名叫猓然的长尾猿皮制的褥表，还有一尺多长的美玉好几十件。依罪应当流放，最后以出钱物赎罪论处了。河清三年，朝廷又起用魏收，任命他为清河郡尹。不久武成帝又派黄门郎元文遥给魏收传话说：“您是故人，侍奉我高家时间最久，以前所犯的罪，情有可原。近来命您为清河尹，并非认为这是个美差，只因为初起用您，经过斟酌而做出这样的决定。朕怎可用您的才能而忘了您这个人呢？等到十月，当恢复您的开府的官职。”到北齐后主高纬天统元年，任命魏收为左光禄大夫，天统二年，又代理齐州刺史，不久便正式做了齐州刺史。

魏收因为自己的子侄们年轻，对他们严加申戒，并特为此而著《枕中篇》，文中说：

吾曾览管子之书，其言曰：“任之重者莫如身，途之畏者莫如口，期之远者莫如年。以重任行畏途，至远期，惟君子为能及矣。”追而味之，喟然长息。若夫岳立为重，有潜戴而不倾；山藏称固，亦趋负而弗停；吕梁独浚，能行歌而匪惕；焦原作险，或跻踵而不惊；九陔方集，故眇然而迅举；五纪当定，想窅乎而上征。苟任重也有度，则任之而愈固；乘危也有术，盖乘之而靡恤。彼期远而能通，果应之而可必。岂神理之独尔，亦人事其如一。呜呼！处天壤之间，劳死生之地，攻之以嗜欲，牵之以名利，粱肉不期而共臻，珠玉无足而俱致；于是乎骄奢仍作，危亡旋至。然则上知大贤，唯几唯哲，或出或处，不常其节。其舒也济世成务，其卷也声销迹灭。玉帛子女，椒兰律吕，谄谀无所先；称肉度骨，膏唇挑舌，怨恶莫之前。勋名共山河同久，志业与金石比坚。斯盖厚栋不桡，游刃砉然。逮于厥德不常，丧其金璞。驰骛人世，鼓动流俗。挟汤日而谓寒，包溪壑而未足。源不清而流浊，表不端而影曲。嗟乎！胶漆讵坚，寒暑甚促。反利而成害，化荣而就辱。欣戚更来，得丧仍续。至有身御魑魅，魂沉狴狱。讵非足力不强，迷在当局。孰可谓车戒前倾，人师先觉。

闻诸君子，雅道之士，游遨经术，厌饫文史。笔有奇锋，谈有胜理。孝悌之至，神明通矣。审道而行，量路而止。自我及物，先人后己。情无系于荣悴，心靡滞于愠喜。不仰望于丘壑，不待价于城市。言行相顾，慎终犹始。有一于斯，郁为羽仪。恪居展事，知无不为。或左或右，则髦士攸宜；无悔无吝，故高而不危。异乎勇进忘退，苟得患失，射千金之产，邀万钟之秩，投烈风之门，趣炎火之室，载蹶而坠其贻宴，或蹭乃丧其贞吉。可不畏欤！可不戒欤！

【译文】

我曾读管子的书，书中说：“没有比修养自身的任务更重要的了，没有比口舌之途更可怕的了，没有比对寿命的期望更长远的了。身负重任而行走在可怕之途上，而又希望达到长寿的远期，只有君子才能够做到。”现在我追忆回味这几句话，真可令人长声叹息。像那矗立的大山该算是稳重了吧，然而有风雨侵蚀或再加载土石而不倾塌的吗？深山的宝藏人们都认为藏得牢固，然而探山取宝的人却奔走不停。吕梁山独深，能边走边唱而心中无所警惕吗？焦原山险峻，能有人攀登而不心惊的吗？天子才平定，因此当以远大的目光迅速兴举大业。年、月、日、星辰、历数等五纪都当正定，应精思深远而博征古制。如果能够身负重任而言行有节度，那么越负重任地位就会越牢固。登危险之途而能有办法对付危险，那就可以面对危险而不忧。期望实现远大目标的人而又有途径可以通往目标，那就一定会获得相应的结果。难道只是依照神理而使事情这样吗？也是靠人始终如一的努力。啊！处天地之间，辛劳在养生送死之地，（获得成功的人如果）身心被嗜欲所攻，被名利所牵，精美的饭菜不用事先打招呼就一起送到，珠玉没有长脚也都一起到来，于是开始骄奢起来，那么危亡很快就会到来了。然而那些上等智慧的大贤们，能够洞察幽微的事理，或隐居出世，或居官处朝，都能相机而行没有一定之规。他们舒展才智就能够有助于社会而成就功业，他们敛才隐退就能够销声匿迹。对于珠玉丝帛和美女，芳香珍异之物和音乐，以及谄媚阿谀的事决不先于别人。对于毒刻肌骨，挑拨是非，而造成仇恨怨恶的事决不上前。使自己的功勋和名声与山河同样长久，志向和业绩的牢固可与金石比坚。这大概可以称得上是大梁不折，游刃而有余了。至于那些德行无常的人，必将丧失他们所拥有的金玉。他们奔逐于人世，影响着社会风气，拥有火热的太阳还说寒冷，财满山谷还嫌不足。源头不清水流就会浑浊，标尺不正日影就会邪曲。啊！胶漆难道能够坚固？寒暑的更迭是很快的。（不重修身正德），必将反利而成害。变光荣而为耻辱。喜和忧是交替而来的，得和失是轮流相续的。有的人竟至于以身试法，而死于刑狱。这难道不是（自身的修养不够以致）足力不强而不能自拔，因此而为现实的利益所迷吗？后车当以前车的倾覆为借鉴，人当以先知先觉者为师。

听说那些君子们和那些正道之士，都钻研经学，饱读文史之书，下笔有超人之论，谈吐有胜人之理。他们都是孝顺父母和敬爱兄弟的楷模，能够上通神明之理。他们都能先审查好道路而后行，又能衡量道路长短好坏而确定自己的终止处。他们善于推己以及物，先人而后已。他们不计较名利的荣枯，又不为喜怒之情所羁縻，既不借隐居山岩以沽取名望，又不在城中集市中待价而售。他们言行一致，始终谨慎如一。有一位这样的君子在此，就可为国为朝增添光彩。他们敬居官职而展才任事，凡他们知道应该做的事情就没有不努力去做的。不论在帝左还是帝右，都是这样的优异之士所适宜的。（他们对于自己做过的事）既不后悔也不会感到耻辱，因此他们能够处高位而不招致危险。他们不同于那些只知道进而不知后退的人，后一种人常不顾原则去获取利益而生怕有所失，为了博得千金的财产，或月俸万钟的高官厚禄，他们敢于投身风卷烈火的门中，进入火焰熊熊燃烧的危室，结果一开始就跌倒而丧失了遗留给后世的基业，有的人竟屈身蜷体而丧失了正道善行，这难道不可怕吗！难道不值得引以为戒吗！

门有倚祸，事不可不密；墙有伏寇，言不可而失。宜谛其言，宜端其行。言之不善，行之不正。鬼执强梁，人囚径廷。幽夺其魄，明夭其命。不服非法，不行非道。公鼎为己信，私玉非身宝。过涅为绀，逾蓝作青。持绳视直，置水观平。时然后取，未若无欲。知止知足，庶免于辱。

是以为必察其几，举必慎于微。知几虑微，斯亡则稀。既察且慎，福禄攸归。昔蘧瑗识四十九非，颜子几三月不违。跬步无已，至于千里。覆一篑进，及于万仞。故云行远自迩，登高自卑，可大可久，与世推移。月满如规，后夜则亏。槿荣于枝，望暮而萎。夫奚益而非损，孰有损而不害？益不欲多，利不欲大。唯居德者畏其甚，体真者惧其大。道尊则群谤集，任重而众怨会。其达也则尼父栖遑，其忠也而周公狼狈。无曰人之我狭，在我不可而覆。无曰人之我厚，在我不可而咎。如山之大，无不有也；如谷之虚，无不受也；能刚能柔，重可负也；能信能顺，险可走也；能知能愚，期可久也。周庙之人，三缄其口。漏卮在前，欹器留后。俾诸来裔，传之坐右。

其后群臣多言魏史不实，武成复敕更审，收又回换。遂为卢同立传，崔绰返更附出。杨愔家《传》，本云“有魏以来一门而已”，至是改此八字，又先云“弘农华阴人”，乃改“自云弘农”，以配王慧龙自云太原人。此其失也。

【译文】

门边就有灾祸相依傍，凡事都不可永远保密。墙外就埋伏有寇贼，说话不可有所失。应该审慎自己的言论，应该端正自己的行为。说话不善，行为就不正。恶鬼也会被强梁之神所捕食，“人囚径廷”（这句是原文，意思不明）。对于干坏事的人鬼神必将暗中夺其魂魄，而在明处丧其性命。不做非法的事，不干不合道义的行为。以公正为自己迎得信誉，而个人拥有的珠玉并非护身的法宝。染之过黑就会变成绀色，染过蓝就会变成青色。要善于利用墨线来衡量直不直，利用水平仪来观测平不平。时机成熟了再获取，时机不到就不要去想。知道适可而止，知道满足，大概就可以免受侮辱。

因此要想有所作为一定要观察时机，要想有所举动一定要把细枝末节都考虑周全。既善于把握时机而又虑事周全，那就很少有败亡的。既善于观察而又谨慎，那么福禄就会到来。从前蘧瑗能识别四十九种错误，颜子差不多三个月都不犯这些错误（按此句原文作“颜子几三月不违”，意思不明，兹据原文姑且这样翻译。）半步半步不停地走下去，也可以达到千里之远。用小竹筐盛土不断地累进，也可以累成万仞的高山。因此说行远路从近处开始，登高山从低处开始，坚持不懈就可达到大而长久的目标，就可与世长存而永不败亡。月亮圆到如同用圆规画出来的一样时，第二天的夜里就要亏缺了。木槿树由于它的枝叶而繁茂，到黄昏的时候就凋萎了。什么东西能够只增加而不减少？谁能做到有所损缺而无害？好处不要想得到太多，利益不要想捞得太大。只有居守德操的人才会害怕好处得到太多，体行真道的人才会畏惧利益捞得太大。地位太尊贵就会有各种诽谤集中而来，责任太重大就会有众人的怨恨会聚其身。地位显达的时候即使是孔子也感到忙碌而不得安宁，忠心耿耿即使如周公也会遭疑忌而处境狼狈。不要说人家小看我，在我就不可以报复；也不要说人家厚待我，那在我就不可以指出他的过错。要像山那样高大而无所不有，要像谷那样空虚而无所不受。能刚能柔，才可以担负重任。能伸能顺，才可以经历危险。能智能愚，才可以期望长久。要像周庙前的金人那样，把嘴封住以谨防失言。座前要放一只渗漏的酒杯以象征永受而不满，座后应放一只容易倾斜的水杯以警惕自己盛满则覆。以上这些话要使子子孙孙都牢记不忘，作为代代相传的座右铭。

后来群臣又有许多人说魏史记载不实，武成帝又下令对《魏书》重新审查，魏收又对《魏书》作了一些调整改写。于是为卢同立传，反而把崔绰的事迹附在《卢同传》后，杨愔家的传，本来有“有魏以来一门而已”（自建立魏朝以来独此一家而已）的话，现在把这八个字改掉了。又先前书中说：“弘农华阴人”，现在改成了“自云弘农”（自己说是弘农人），以便同《王慧龙传》中“自云太原人”的说法相配合。这些都是魏收的失误处。

寻除开府、中书监。武成崩，未发丧。在内诸公以后主即位有年，疑于赦令。诸公引收访焉，收固执宜有恩泽，乃从之。掌诏诰，除尚书右仆射，总议监五礼事，位特进。收奏请赵彦深、和士开、徐之才共监。先以告士开，士开惊辞以不学。收曰：“天下事皆由王，五礼非王不决。”士开谢而许之。多引文士令执笔，儒者马敬德、熊安生、权会实主之。武平三年死。赠司空、尚书左仆射，谥文贞。有集七十卷。

收硕学大才，然性褊，不能达命体道。见当途贵游，每以言色相悦。然提奖后辈，以名行为先，浮华轻险之徒，虽有才能，弗重也。初河间邢子才及季景与收并以文章显，世称大邢小魏，言尤俊也。收少子才十岁，子才每曰：“佛助寮人之伟。”后收稍与子才争名，文宣贬子才曰：“尔才不及魏收。”收益得志。自序云：“先称温、邢，后曰邢、魏。”然收内陋邢，心不许也。收既轻疾，好声乐，善胡舞。文宣末，数于东山与诸优为猕猴与狗斗，帝宠狎之。收外兄博陵崔岩尝以双声嘲收曰：“愚魏衰收。”收答曰：“颜岩腥瘦，是谁所生，羊颐狗颊，头团鼻平，饭房笭笼，著孔嘲玎。”其辩捷不拘若是。既缘史笔，多憾于人，齐亡之岁，收冢被发，弃其骨于外。先养弟子仁表为嗣。位至尚书膳部郎中。隋开皇中卒于温县令。

【译文】

不久任命魏收为开府、中书监。太上皇武成帝死，还没有发丧。在朝内的诸公认为后主高纬已经即位好几年，因此对于是否还应发布赦免天下罪犯的命令犹豫不定。诸公请魏收来向他询问，魏收坚持认为后主对天下人仍应广施恩泽，诸公于是听从了他的意见。朝廷命魏收掌管起草诏诰，并任命他为右仆射，总掌议论和监察有关吉、凶、宾、军、嘉五礼事，品位为特进。魏收奏请由赵彦深、和士开、徐之才共监五礼。魏收事先告诉了和士开，和士开对这种请求表示惊讶而以不学无术相推辞。魏收说："天下事都由王做主，五礼大制最后没有王表态都不能决定。"和士开于是向魏收表示感谢而答应了。魏收又邀请了许多文士来执笔起草各项礼制，而实际是由儒家学者马敬德、熊安生、权会等人具体负责制定礼制。后主武平三年魏收死。朝廷追赠他司空、尚书左仆射的官职，赐谥号为"文贞"。魏收有文集七十卷。

魏收有大学问、大才干，然而心性褊狭，不能体达天命人道。看见当权的王公贵族，常常说恭维的话并表现得和颜悦色以讨欢心。然而他提拔和奖励后辈，却首先考虑他们的名声和德行，那些华而不实和轻率险恶之徒，即使有才能，也不加以重用。当初，河间的邢子才和魏季景与魏收都以文章出名，世称"大邢小魏"，这意思是说魏收尤其俊异。魏收小邢子才十岁，邢子才常说："佛助是同僚中的突出者。"后来魏收渐渐与邢子才争名，文宣帝也贬低邢子才说："你的才能比不上魏收。"魏收于是越来越得志。他自己排列名次说："人们先称温子昇、邢子才，后来又说邢子才、魏收。"然而魏收内心却认为邢才子的才能甚陋，并不赞许他。魏收的性情活泼敏捷，喜欢声乐，又善于跳胡舞。文宣帝末年，他多次在东山一带同艺人们扮演猕猴戏并斗狗以为乐，文宣帝却对他宠惯而不加责备。魏收的外兄博陵人崔岩曾用"双声"称他的姓名以嘲讽他说："愚魏衰收。"魏收回答说："面如岩石而又腥臊瘦削，是谁所生？羊下巴而狗面颊，头圆而鼻子平，如同厨房里的竹饭筐，自己浑身都是窟窿，却嘲讽别人有补丁。"魏收口辩的迅捷而又无所顾忌就像这样。他执笔撰写史书后，引起很多人对他不满。北齐灭亡的那一年，魏收的坟墓被人挖掘，把他的骨头抛弃在墓外。魏收先前收养他弟弟的儿子魏仁做他的继承人，魏仁做官做到尚书膳部郎中。隋朝开皇年间，魏仁在温县令的职位上死去。

〔周书〕

苏绰传

苏绰字令绰，武功人，魏侍中则之九世孙也。累世二千石。父协，武功郡守。

绰少好学，博览群书，尤善算术。从兄让为汾州刺史，太祖饯于东都门外。临别，谓让曰："卿家子弟之中，谁可任用者？"让因荐绰。太祖乃召为行台郎中。在官岁余，太祖未深知之。然诸曹疑事，皆询于绰而后定。所行公文，绰又为之条式。台中咸称其能。后太祖与仆射周惠达论事，惠达不能对，请出外议之。乃召绰，告以其事，绰即为量定。惠达入呈，太祖称善，谓惠达曰："谁与卿为此议者？"惠达以绰对，因称其有王佐之才。太祖曰："吾亦闻之久矣。"寻除著作佐郎。

属太祖与公卿往昆明池观渔，行至城西汉故仓地，顾问左右，莫有知者。或曰："苏绰博物多通，请问之。"太祖乃召绰。具以状对。太祖大悦，因问天地造化之始，历代兴亡之迹。绰既有口辩，应对如流。太祖益喜。乃与绰并马徐行至池，竟不设网罟而还。遂留绰至夜，问以治道，太祖卧而听之。绰于是指陈帝王之道，兼述申韩之要。太祖乃起，整衣危坐，不觉膝之前席。语遂达曙不厌。诘朝，谓周惠达曰："苏绰真奇士也，吾方任之以政。"即拜大行台左丞，参典机密。自是宠遇日隆。绰始制文案程式，朱出墨入，及计账、户籍之法。

【译文】

苏绰，字令绰，武功郡人，他是三国魏侍中苏则的第九代孙。他的祖辈接连几代都当到郡太守之职，父亲苏协，任职武功郡太守。

苏绰年轻时热爱学习，博览群书，特别擅长计算的方法。他的堂兄苏让出任汾州刺史，太祖宇文泰在都城东门外为他设宴践行。即将分别时，宇文泰问苏让："你家子弟当中，有谁可以被任用吗？"苏让于是推荐苏绰。宇文泰便把苏绰召来，任命他为行台郎中。苏绰任行台郎中一年多后，宇文泰对他还不是很了解。但行台各官署有什么疑难的事，都要找苏绰商量后才做出决定。颁行的各种公文，格式也是苏绰制订的。行台中的官员都称赞他的才干。后来，宇文泰同行台尚书仆射周惠达讨论事情，周惠达不能回答，请求让他出外找人商量。于是他把苏绰叫来，把讨论的事情告诉他，苏绰立即为他分析情况并做出裁决。周惠达进去向宇文泰禀告，宇文泰连声叫好，问周惠达："谁给你想出的这些建议呢？"周惠达回答说是苏绰，并趁机称赞苏绰有辅佐帝王的才干。宇文泰说："我也听说这个人很久了。"太祖就任命苏绰为著作佐郎。

有一次，恰逢宇文泰和朝廷公卿们一起前往昆明池观看捕鱼，走到城西一个叫仓池的地方，回头询问左右关于仓池的事，没有谁知道。有人说："苏绰见多识广，请您问他。"宇文泰于是把苏绰找来，苏绰详细地做了回答。宇文泰极其高兴，于是从开天辟地、万物初生的情况，一直问到历代兴亡的事迹。苏绰口才本来就好，随问随答，毫不迟疑。宇文泰更加高兴。于是与苏绰一起骑着马并排慢走到了昆明池，竟忘了捕鱼的事情而没有设置渔网就回去了。宇文泰于是把苏绰留下长谈，直到夜间，向苏绰询问治理国家的方法，自己则躺着听苏绰说。苏绰谈起帝王法术，并说到申不害、韩非等法家学术的要点。宇文泰于是爬起来，整理好衣衫，端端正正地坐着听，双膝不知不觉地向前移动。两个人谈到天亮还没有完。第二天早上，宇文泰对周惠达说："苏绰是个奇才，我要把政务委任给他。"太祖当即任命苏绰为大行台左丞，参掌机密。从此以后太祖对苏绰的信任和待遇一天天隆重。苏绰又开始制订公文案卷的格式，规定行台发出的文件用红笔支出，呈送入行台的文件用墨笔，并且制订记账和户籍登记的方法。

大统三年，齐神武三道入寇，诸将咸欲分兵御之，独绰意与太祖同。遂并力拒窦泰，擒之于潼关。四年，加卫将军、右光禄大夫，封美阳县子，邑三百户。加通直散骑常侍，进爵为伯，增邑二百户。十年，授大行台度支尚书，领著作，兼司农卿。

太祖方欲革易时政，务弘强国富民之道，故绰得尽其智能，赞成其事。减官员，置二长，并置屯田以资军国。又为六条诏书，奏施行之。

其一，先治心，曰：

凡今之方伯守命，皆受命天朝，出临下国，论其尊贵，并古之诸侯也。是以前世帝王，每称共治天下者，唯良宰守耳。明知百僚卿尹，虽各有所司，然其治民之本，莫若宰守之最重也。凡治民之体，先当治心。心者，一身之主，百行之本。心不清净，则思虑妄生。思虑妄生，则见理不明。见理不明，则是非谬乱。是非谬乱，则一身不能自治，安能治民也！是以治民之要，在清心而已。夫所谓清心者，非不贪货财之谓也，乃欲使心气清和，志意端静。心和志静，则邪僻之虑，无因而作。邪僻不作，则凡所思念，无不皆得至公之理。率至公之理以临其民，则彼下民孰不从化。是以称治民之本，先在治心。

【译文】

大统三年，北齐神武帝率兵分三路入侵。西魏各位将领都打算分兵御敌，只有苏绰与宇文泰意见相同，于是集中兵力抵抗窦泰，在潼关将他活捉。大统四年，朝廷加任苏绰卫将军、右光禄大夫，封他为美阳县子，封食邑三百户。后又加封通直散骑常侍，晋爵为美阳县伯，增加食邑二百户。大统十年，任命苏绰为大行台度支尚书、领著作，兼任司农卿。

太祖当时正想改革时政，致力于寻求强国富民的路子，因此苏绰得以发挥他的全部智慧和才能，辅助宇文泰完成大业。苏绰协助宇文泰削减官员，设置党长、里长，开办屯田给军队和政府提供开支。苏绰还撰写了《六条诏书》，上奏给朝廷，请求施行。

第一条，首先修养自身的思想品德：

凡是当今的地方长官，都是由天朝任命，派到各地统治一方，从他们地位的尊贵来说，都可以说是古代的诸侯。因此，前代帝王常常说，与他们一起治理国家的，正是那些优秀的地方官。从这里可以清楚地知道，朝廷百官卿尹，虽然各有各的职责，但从治理百姓的根本来说，没有谁比地方官吏更重要。凡是治理百姓的根本，首先在于端正思想。思想是身体的主宰，各种行为的来源。思想上不纯洁，就会胡思乱想。胡思乱想，就会不明事理。如果分辨事理不明白，就将混淆是非。是非一旦混淆，自己本身都不可能做好，又怎么去治理百姓呢？所以治理百姓的关键，在于心地要纯洁。所谓心地清净，不是说不贪图钱财，而是要让心情清净平和，精神端正沉静。如果做到思想安和，意志坚定，那么不正当的想法，将无从产生。不产生不正当的想法，那么心中出现的任何念头，都将符合最公正的原则。用这最公正无私的道理来治理自己的属下百姓，那么百姓谁还不能听从你的教化呢。因此说治理百姓的根本首先在于修养思想品德。

其次又在治身。凡人君之身者，乃百姓之表，一国之的也。表不正，不可求直影；的不明，不可责射中。今君身不能自治，而望治百姓，是犹曲表而求直影也；君行不能自修，而欲百姓修行者，是犹无的而责射中也。故为人君者，必心如清水，形如白玉。躬行仁义，躬行孝悌，躬引忠信，躬行礼让，躬行廉平，躬行俭约，然后继之以无倦，加之以明察。行此八者，以训其民。是以其人畏而爱之，则而象之，不待家教日见而自兴行矣。

其二，敦教化，曰：

天地之性，唯人为贵。明其有中和之心，仁恕之行，异于木石，不同禽兽，故贵之耳。然性无常守，随化而迁。化于敦朴者，则质直；化于浇伪者，则浮薄。浮薄者，则衰弊之风；质直者，则淳和之俗。衰弊则祸乱交兴，淳和则天下自治。治乱兴亡，无不皆由所化也。

然世道雕丧，已数百年。大乱滋甚，且二十岁。民不见德，唯兵革是闻；上无教化，惟刑罚是用。而中兴始尔，大难未平，加之以师旅，因之以饥馑，几百草创，率多权宜。致使礼让弗兴，风俗未改。比年稍登稔，徭赋差轻，衣食不切，则教化可修矣。凡诸牧守令长，宜洗心革意，上承朝旨，下宣教化矣。

【译文】

其次在于陶冶身心。大凡君主的行为，都是百姓的表率，一国的目标。标竿不竖直，不可能测得端正的日影；目标不明显，就不能要求别人射中。当今君王如果不能很好的陶冶自身，而希望治理好百姓，这就像用一根弯曲的标杆却想测得端正的日影；君主自己的行为不加检点，却要百姓注意自己的行为，就好比没有箭靶却要求别人射中。所以，作为君主，一定要做到思想如清水一样没有杂质，形象如宝玉一样洁白无瑕。亲自实行仁义，亲自实行孝悌，亲自实行忠信，亲自实行礼让，亲自实行廉平，亲自实行节俭。此外，还需孜孜不倦，明察秋毫。把以上八个方面都做好，并以此教诲百姓。因此百姓对君主既敬畏又爱戴，既效法又模仿，美好的品德用不着每家教诲每天显示而自然就可以培养起来了。

第二条，注重教育感化：

天地万物的特性，只有人是宝贵的。因为明白人中有中正平和的思想，仁爱宽厚的品行，跟木石有别，与禽兽不同，所以才觉得人是宝贵的。但人性不是一成不变的，会随不同的感化而改变。受到敦厚质朴美德感化的人，将变得朴实正直；受到虚假欺诈行为熏染的人，将变得轻浮狡诈。人们轻浮狡诈，就会出现衰亡丧乱的风俗；人们朴实正直，就将形成质朴和谐的风气。衰亡丧乱的风俗一经出现，祸乱将接连不断地产生；质朴和谐的风气一旦形成，国家自然就会安定。国家是安定还是混乱，是兴盛还是衰亡，没有不是因为人们受到不同感化的缘故。然而社会风气的败坏，已经几百年了。近二十年来，祸乱变得越来越严重。百姓没见过德政，只听说过接连不断的战争；官吏对百姓不进行教育感化，只对他们使用刑法。现在中兴刚刚开始，大乱尚未平息，加上战争不断，灾荒频繁，许多事情必须从头做起，因此各项政策大都随时事而变通。致使礼仪的风尚不能兴起，旧的风俗习惯不能改正。近年收成逐渐好转，百姓所承担的徭役赋税较轻，人民的衣食不成问题，那么教化就可以进行了。大凡各位地方长官，都应该除去杂念，端正思想，秉承朝廷的旨意，向百姓推行教化。

夫化者，贵能扇之以淳风，浸之以太和，被之以道德，示之以朴素。使百姓亹亹，中迁于善，邪伪之心，嗜欲之性，潜以消化，而不知其所以然，此之谓化也。然后教之以孝悌，使民慈爱；教之以仁顺，使民和睦；教之以礼义，使民敬让。慈爱则不遗其亲，和睦则无怨于人，敬让则不竞于物。三者既备，则王道成矣。此之谓教也。先王之所以移风易俗，还淳反素，垂拱而治天下以至太平者，莫不由此。此之谓要道也。

其三，尽地利，曰：

人生天地之间，以衣食为命。食不足则饥，衣不足则寒。饥寒切体，而欲使民兴行礼让者，此犹逆坂走丸，势不可得也。是以古之圣王，知其若此，故先足其衣食，然后教化随之。夫衣食所以足者，在于地利尽。地利所以尽者，由于劝课有方。主此教者，在乎牧守令长而已。民者冥也，智不自周，必待劝教，然后尽其力。诸州郡县，每至岁首，必戒敕部民，无问少长，但能操持农器者，皆令就田，垦发以时，勿失其所。及布种既讫，嘉苗须理，麦秋在野，蚕停于室，若此之时，皆宜少长悉力，男女并功，若援溺、救火、寇盗之将至，然后可使农夫不废其业，蚕妇得就其功。若有游手怠惰，早归晚出，好逸恶劳，不勤事业者，则正长牒名郡县，守令随事加罚，罪一劝百。此则明宰之教也。

【译文】

所谓感化，贵在能够用淳厚的风尚去倡导，用平和的思想去浸润，用道德的行为去影响，用朴素的作风去示范。使百姓勤勉不倦，心中的想法日趋向善，邪恶虚伪的念头、贪得无厌的习性都暗暗消失，而不知道出现这种情形的原因，这就叫作感化。随后，教育百姓要孝敬父母、善待兄弟，使他们互相慈爱；教育他们仁善顺从，使他们互相和睦；用礼节和道义教育他们，使他们相互敬让。百姓们慈爱，便不会抛弃他们的亲人，和睦便不会怨恨别人，敬让便不会因财物而发生争执。假如这三个方面都做到了，王道也就实现了。这就是我们所讲的教育。先代圣王之所以能移风易俗，使社会风气变得淳和朴素，毫不费力便能使国家安定，甚至天下太平，无不是由于教育感化。这就是治理天下的重要方法。

第三条，充分发挥地利：

人活在世界上，把衣食看作是生命一样的重要大事。食物不足就会挨饿受冻。饥寒交迫，却想让百姓实行礼让，这就好比让一个圆球自动往斜坡上滚，这当然是不可能的事情。因此，古代英明君主懂得这个道理，先让百姓丰衣足食，然后才跟着进行教化。之所以能够做到足衣足食，在于全部发挥土地的生产能力。土地的生产能力之所以能够全部发挥出来，在于鼓励百姓耕种得法。而对鼓励百姓耕种负责的，正是刺史、太守、县令或县长。“民”也就是“冥”，他们的智力不足以保全自己，必须加以鼓励教育，才会全力耕种。各州、各郡、各县，每年年初，一定要命令治下百姓，不论年龄大小，只要拿得起农具，都要让他们下地干活，按季节耕种，不要误了农时。播种完毕后，长势好的禾苗还须管理，地里的麦子黄了，家中的蚕子老了，像这种时候，无论男女老少，都应该全力以赴，就像从水中救人、扑灭大火、防备即将到来的强盗一样，这样才可能使农夫进行正常的生产，养蚕的妇女也可以顺利地获得好收成。如果有人游手好闲，晚出早归，好逸恶劳，不从事劳动生产，那么党正、里长就要记下他们的名字上报郡县，郡守县令就应根据情况加以处罚，罚一人就能勉励百人。这样才是贤明的官员所应采取的教育感化方法。

夫百亩之田，必春耕之，夏种之，秋收之，然后冬食之。此三时者，农之要也。若失其一时，则谷不可得而食。故先王之戒曰："一夫不耕，天下必有受其饥者；一妇不织，天下必有受其寒者。"若此三时不务省事，而令民废农者，是则绝民之命，驱以就死然。单劣之户，及无牛之家，劝令有无相通，使得兼济。三农之隙，及阴雨之暇，又当教民种桑、植果，艺其菜蔬，修其园圃，畜育鸡豚，以备生生之资，以供养老之具。

夫为政不欲过碎，碎则民烦；劝课亦不容太简，简则民怠。善为政者，必消息时宜而适烦简之中。故《诗》曰："不刚不柔，布政优优，百禄是求。"如不能尔，则必陷于刑辟矣。

其四，擢贤良，曰：

天生蒸民，不能自治，故必立君以治之。人君不能独治，故必置臣以佐之。上至帝王，下及郡国，置臣得贤则治，失贤则乱，此乃自然之理，百王不能易也。

【译文】

一家百亩的田地，必定是春耕、夏种、秋收，然后冬天里才有粮食。春、夏、秋这三个季节是农业生产的重要时节。如果耽误了一个季节，那么谷物就不能收获以供食用了。所以古代圣王告诫说："一个男子不耕种，天下就肯定有人会因此挨饿；一个妇女不纺织，天下就肯定会有人因此受冻。"如果在这三个农忙季节不力求减少徭役，反而让百姓放弃农活，这实际上是夺去百姓的生命，把他们往死路上赶。劳动人手少而弱的农户，以及没有耕牛的人家，应当鼓励他们互通有无，使大家都能度过难关。农事空闲的时节，以及阴雨连绵无事可做的时候，还应当教百姓栽种桑树、果树，种植蔬菜，饲养鸡猪， 以便准备生活的费用，以便供给养老的东西。

处理政事不能过于琐碎，太过琐碎百姓就会感到厌烦；鼓励百姓耕种时也不宜过分简略，过分简略百姓就会懈怠。善于执政的人，一定会根据不同情况，使政事繁简适宜。所以《诗经》上说："既不刚猛也不软弱，政事宽缓，得到优厚的俸禄。"如果不能如此去做，那么必定会陷于施用刑律的境地。

第四条，选拔贤良人才：

天生平民百姓，自身不能臻于完美的境界，因此必须设立君主来治理。君主不可能一个人进行统治，所以必须设置官员来协助他。上自帝王，下至地方长官，属官选得好，政治就清明，选得不好就混乱，这是自然而然的道理，即使一百个帝皇也改变不了。

今刺史守令，悉有僚吏，皆佐治之人也。刺史府官则命于天朝，其州吏以下，并牧守自置。自昔以来，州郡大吏，但取门资，多不择贤良；末曹小吏，唯试刀笔，并不问志行。夫门资者，乃先世之爵禄，无妨子孙之愚瞽；刀笔者，乃身外之末材，不废性行之浇伪。若门资之中而得贤良，是则策骐骥而取千里也；若门资之中而得愚瞽，是则土牛木马，形似而用非，不可以涉道也。若刀笔之中而得志行，是则金相玉质，内外俱美，实为人宝也；若刀笔之中而得浇伪，是则饰画朽木，悦目一时，不可以充榱椽之用也。今之选举者，当不限资艺，唯在得人。苟得其人，自可起厮养而为卿相，伊尹、傅说是也，而况州郡之职乎。苟非其人，则丹朱、商均虽帝王之胤，不能守百里之封，而况于公卿之胄乎。由此而言，观人之道可见矣。

凡所求材艺者，为其可以治民。若有材艺而以正直为本者，必以其材而为治也；若有材艺而以奸伪为本者，将由其官而为乱也，何治之可得乎。是故将求材艺，必先择志行。其志行善者，则举之；其志行不善者，则去之。

【译文】

现在各级地方长官，都设置僚属，这些都是辅佐管理政务的人。刺史州官就由朝廷任命，而刺史、太守本来就有的属官，全都由刺史、太守自己选置。从先代以来，州和郡的主要属官，只取门第高、祖先有官位的人；那些不重要的官署小吏，也只看他们是否能处理公文，一概不问他们的志向和行为。门第资荫，只不过是祖先的爵位官阶，并不能说明子孙就不会愚昧无知；善于处理公文，只不过是身外的小才能，同样无助于消除浮躁欺诈的本性。如果在有门第资荫的家族中选拔到有才有德的人，真可说是快马加鞭，一日千里；如果在有门第资荫的家族中选取了一个愚昧无知的人，那简直就是土牛木马，虽然外表像牛马，但不能让它们到大道上驰骋。如果在刀笔小吏中找到一位志向远大、行为高洁的人，这可说是外表如金，本质似玉，本质和才干都很好，是真正的人中之宝；如果在刀笔小吏中选到一个浮躁欺诈的人，那就像用美丽的画面装饰起来的一块朽木，即便一时好看，但终究不能用来建造房屋。现在选拔举荐人才，应当不限资格祖荫，只在乎找到真正的人才。如果确属人才，自然可以从奴隶而官至卿相，古代伊尹、傅说就是如此，何况州郡属官呢？假如不是人才，那么像丹朱、商均这些帝王后代，竟不能守住百里封地，又何况公卿的子孙呢？由此说来，观察一个人的道理就显而易见了。

大凡选拔官员要求其具备的才干技艺，是因为可以用来治理百姓。如果有才干，本质又正直，那么这人肯定会用他的才干去导致清平安定；如果有才干，本质上却奸猾狡诈，那么这人将利用他的权力导致混乱不安，哪有可能形成清平安定呢？因此要选取有才干技艺的人才，必定首先观察一个人的道德品行。那些道德品行好的，就推举他；那些道德品行不好的，就弃置不用。

而今择人者多云“邦国无贤，莫知所举”。此乃未之思也，非适理之论。所以然者。古人有言：明主聿兴，不降佐于昊天；大人基命，不擢才于后土。常引一世之人，治一世之务。故殷、周不待稷、契之臣，魏、晋无假萧、曹之佐。仲尼曰："十室之邑，必有忠信如丘者焉。"岂有万家之都，而云无士，但求之不勤，择之不审，或用之不得其所，任之不尽其材，故云无耳。古人云："千人之秀曰英，万人之英曰隽。"今之智效一官，行闻一邦者，岂非近英隽之士也。但能勤而审察，去虚取实，各得州郡之最而用之，则民无多少，皆足治矣。孰云无贤！

夫良玉未剖，与瓦石相类；名骥未驰，与驽马相杂。及其剖而莹之，驰而试之，玉石驽骥，然后始分。彼贤士之未用也，混于凡品，竟何以异。要任之以事业，责之以成务，方与彼庸流较然不同。昔吕望之屠钓，百里奚之饭牛，宁生之扣角，管夷吾之三败，当此之时，悠悠之徒，岂谓其贤。及升王朝，登霸国，积数十年，功成事立，始识其奇士也。于是后世称之，不容于口。彼环伟之材，不世之杰，尚不能以未遇之时，自异于凡品，况降此者哉。若必待太公而后用，是千载无太公；必待夷吾而后任，是百世无夷吾。所以然者，士必从微而至著，功必积小以至大，岂有未任而已成，不用而先达也。若识此理，则贤可求，士可择。得贤而任之，得士而使之，则天下之治，何向而不可成也。

【译文】

如今负责选拔人才的官员都说："自己管辖的那个地方没有贤明的人才。"这是没有经过认真思考的缘故，并非合理的言论。之所以这样说，是因为古人曾经说过：明君开创大业，上天不会给他另降辅佐他的人；帝王奠定基业，也不会从后土那儿选拔人才。他们总是招来当时的人，以处理当时的政务。所以商、周时代的帝王，不需稷、契来做自己的臣子，魏、晋时代的君主，也不用萧何、曾参去辅佐。孔子说过："有十家人聚居的地方，就肯定会有像我孔丘这样忠信的人。"怎么会在万家人居住的城邑，却声称没有人才呢？只不过没有辛勤地寻访，认真地选拔，或者说没有把人才用到恰当的地方，没有把可以完全发挥他们才干的官职委任给他们，所以才会说没有人才。古人说："一千人当中首屈一指者叫'英'，一万人当中的英就可以称为'隽'。"当今那些才智足以承担一个职务，德行被一地百姓知晓的人，不就和古代的英隽差不多吗？只要能尽力去审查，辞退徒有虚名的人，选取有真才实学的人，各自发现本州郡中最优秀的人才来任用，那么无论百姓有多少，都能把地方治理好。谁说没有贤才呢！

良玉在没有破开之前，跟瓦石相似；骏马还没有奔驰的时候，跟劣马相混杂也分辨不出来。经过剖开磨治，驰骋检验，美玉与顽石、劣马与良马，才分辨得出来。那些贤才未受到任用的时候，和平庸的人混在一起，究竟用什么办法才可以将他们区别出来呢？关键在于委他们以职责，考察他们的政绩，他们才能与那些平庸之辈截然区别开来。古代吕望宰猪钓鱼，百里奚喂牛，宁戚敲牛角唱歌，管仲三战皆败，在这种时候，人们所见到的只是庸才般的面目，岂有可能称他们为贤才？只有当他们被帝王或强大的诸侯所任用，经过几十年后，建功立业，才认识到他们原来是奇才。于是后代的人称赞他们的话，说也说不完。他们这样的杰出人才，并非每代都有，尚且不能在未被委任的时候把自己同平庸的人区别开来，何况那些才智比他们低的士人呢？如果一定要等到吕望出现才加以委任，那么等上一千年也不会出现吕望；一定要等到管仲出现才加以委任，那么一百年也不会出现管仲。所以这样说的原因，是因为士人必定是从卑微发展到显贵，功劳必定是从小积累到大，哪里有还没有委任就事业已成，不任用就先显达的道理。如果认识到这个道理，那么贤才可以找到，士人也可以选拔出来。求得贤才加以任用，选拔到士人让他们做事，那么天下要治理好，还有什么不能成功的呢？

然善官人者必先省其官。官省，则善人易充，善人易充，则事无不理；官烦，则必杂不善之人，杂不善之人，则政必有得失。故语曰："官省则事省，事省则民清；官烦则事烦，事烦则民浊。"清浊之由，在于官之烦省。案今吏员，其数不少。昔民殷事广，尚能克济，况今户口减耗，依员而置，犹以为少。如闻在下州郡，尚有兼假，扰乱细民，甚为无理。诸如此辈，悉宜罢黜，无得习常。

非直州郡之官，宜须善人，爰至党族闾里正长之职，皆当审择，各得一乡之选，以相监统。夫正长者，治民之基。基不倾者，上必安。

凡求贤之路，自非一途。然所以得之审者，必由任而试之，考而察之。起于居家，至于乡党，访其所以，观其所由，则人道明矣，贤与不肖别矣。率此以求，则庶无愆悔矣。

【译文】

然而善于任用官员的人必定首先要减少他的官员。官员数量减少才能够找到有能力的好人来担任职务。如果各种职务都容易找到好人来担任，那么任何事情都能做好；官吏多了，就一定会混进一些坏人，坏人一旦混进来，政事肯定就会出现失误。所以俗话说："官少则事少，事少则百姓安宁；官多则事多，事多则百姓混乱。"百姓是安宁还是混乱的关键，就在于官吏数量的多少。考察今日官吏，数目很大。先前百姓多，事情繁杂，尚且能把事情做好，而今民户减少了，官吏仍按先前的数目设置，还认为不够。好像听说下面的州郡，还有兼任或替代官职的情况，因此搅扰百姓，太没道理。像这一类的官吏，全都应当罢免，不能习以为常。

不仅州郡一级的官吏应该选择有才有德的人，即便党族和闾里正长这些乡里小吏，都应当仔细挑选，选拔一乡中最有才德的人，使他们监察统理百姓。正长是治理百姓的基础，基础不倾斜，处于上位的必定安稳。

大凡寻求贤才的途径，自然不止一条。但要保证选到的是真正的贤才，必须经过任用来检验，对他们进行考察。从他们在家中的情况到他们在乡里的活动，进行询问观察，他们的为人处事就可以弄清楚，贤与不贤也就能分辨出来。用这样的方法来寻求人才，那大概就没有过失了。

其五，恤狱讼，曰：

人受阴阳之气以生，有情有性。性则为善，情则为恶。善恶既分，而赏罚随焉。赏罚得中，则恶止而善劝；赏罚不中，则民无所措手足。民无所措手足，则怨叛之心生。是以先王重之，特加戒慎。夫戒慎者，欲使治狱之官，精心悉意，推究事源。先之以五听，参之以证验，妙睹情状，穷鉴隐伏，使奸无所容，罪人必得。然后随事加刑，轻重皆当，赦过矜愚，得情勿喜。又能消息情理，斟酌礼律，无不曲尽人心，远明大教，使获罪者如归。此则善之上也。然宰守非一，不可人人皆有通识，推理求情，时或难尽。唯当率至公之心，去阿枉之志，务求曲直，念尽平当。听察之理，必穷所见，然后榜讯以法，不苛不暴，有疑则从轻，未审不妄罚，随事断理，狱无停滞。此亦其次。若乃不仁恕而肆其残暴，同民木石，专任捶楚。巧诈者虽事彰而获免，辞弱者乃无罪而被罚。有如此者，斯则下矣，非共治所寄。今之宰守，当勤于中科，而慕其上善。如在下条，则刑所不赦。

【译文】

第五条，慎重对待诉讼：

人生感受阴阳二气而生，因此有感情有本性。本性使人们行善，感情控制不住就容易作恶。有善有恶就要赏罚分明，赏罚一旦分明，恶的方面将受到阻止而善的方面将得到鼓励。赏罚不准确，百姓将不知所措。如果百姓不知所措，他们就会产生怨恨以致产生犯上作乱的想法。所以历代皇帝很重视赏罚，告诫后人慎用刑法。慎用刑法，即要求官员专心致志，探究事情的本来情况。首先通过辞、色、气、耳、目来把握案情，参考各种证据，来掌握事件的真实情况，弄清案件中不明白的地方，使奸巧无处藏身，罪犯一定会被查出来。然后再根据罪责量刑，轻重准确，宽恕那些因过失犯罪的人，怜悯那些因愚昧而触犯刑法的人，查清了案情也不要沾沾自喜。还要根据人心和公理，参照礼仪与法律，使一切处置都符合人心，宣传国家的教令，使被判刑的人也觉得理应如此。这是最好的办案方式。不过，地方长官不止一人，不可能人人都有这样全面的认识，推断事理，探求真实情况，有时也难以做到十分准确。只是应该本着最公正的思想，放下徇私枉法的意图，致力弄清是非曲直，尽量想着把案子办准确。听取口供，查问情由，一定要把自己发现的疑点弄明白，然后再按照法律规定进行拷问，不要严酷残暴，有疑问没弄清楚便从轻发落，事情没搞确实不要妄加处罚，根据事情大小进行裁决，使案子不致于拖得太久。这是较差的层次。对百姓不讲仁慈宽恕，任意采取残暴的手段，把他们当成树木石块，把拷打当成唯一的办法，花言巧语的人尽管罪责明白却逃脱法网，不善言辞的人虽无罪而受惩罚，如果有这种情况，那便是最下等的层次了，这些地方官不是和君上共治天下的人。当今的地方长官，应当尽力按照较好的做法处理，并慕求最好的做法。如果是用最差的做法，那么刑律不会放过他们。

又当深思远大，念存德教。先王之制曰，与杀无辜，宁赦有罪；与其害善，宁其利淫。明必不得中，宁滥舍有罪，不谬害善人也。今之从政者则不然。深文巧劾，宁致善人于法，不免有罪于刑。所以然者，皆非好杀人也，但云为吏宁酷，可免后患。此则情存自便，不念至公，奉法如此，皆奸人也。夫人者，天地之贵物，一死不可复生。然楚毒之下，以痛自诬，不被申理，遂陷刑戮者，将恐往往而有。是以自古以来，设五听三宥之法，著明慎庶狱之典，此皆爱民甚也。凡伐木杀草，田猎不顺，尚违时令，而亏帝道；况刑罚不中，滥害善人，宁不伤天心、犯和气也！天心伤，和气损，而欲阴阳调适，四时顺序，万物阜安，苍生悦乐者，不可得也。故语曰，一夫吁嗟，王道为之倾覆，正谓此也。凡百宰守，可无慎乎。

若有深奸巨滑，伤化败俗，悖乱人伦，不忠不孝，故为背道者，杀一利百，以清王化，重刑可也。识此二途，则刑政尽矣。

【译文】

此外又应当深刻地思考远大的事业，心中想到以德政教化百姓。先王的法律上说过：与其滥杀无辜，不如放掉罪犯；与其残害好人．不如让坏人占便宜。这说明如果案子肯定不能判断准确，宁可让罪犯逃脱，也不能错误地残害好人。但现在当官的就不是这样，他们搜罗法律条款，舞文弄墨，即使把好人送进法网，也不让罪犯免受惩罚。他们之所以这样，并不是他们全都喜欢杀人，而是说做官最好严厉点，这样可以免除后患。这是为自己打算，没有想到公理。像这样执法的人，都是奸邪之徒。人是天地间最宝贵的东西，一旦死去，便不可能再活过来。但在严刑拷打之下，有人受不了痛苦，自认有罪，得不到申诉，于是遭到杀害，这种事恐怕随时都有。因此自古以来，设置了从五个方面听取诉讼、对三种情况从宽处理的原则，写下了明察细审案件的法典，这都是极其爱护百姓的举动。大凡砍伐树木、清除杂草、捕猎野兽，如果不正常进行，尚且会违背时令，有损帝王之道；何况判案不准确，滥杀好人，难道会不伤上天的心，破坏万物的和谐吗？上天的心被伤害，万物的和谐遭破坏，却仍想阴阳协调适当，四季时令正常，万物茁壮生长，百姓一片欢乐，是不可能的。因此有人说过，一个人叹息，王道就会因此倾覆，说的正是这种情况。所有的地方长官，能不审慎吗？

如果有人老奸巨猾，伤风败俗，违背人伦，不忠不孝，故意做出违背道德的行为，杀掉这样的一人，有利于一百人，使帝王的教化得以推行，采用重刑也是可以的。懂得这两方面谈判的原则，那么刑政就完备了。

其六，均赋役，曰：

圣人之大宝曰位。何以守位曰仁，何以聚人曰财。明先王必以财聚人，以仁守位。国而无财，位不可守。是故（五）三〔五〕以来，皆有征税之法。虽轻重不同，而济用一也。今逆寇未平，军用资广，虽未遑减省，以恤民瘼，然令平均，使下无匮。夫平均者，不舍豪强而征贫弱，不纵奸巧而困愚拙，此之谓均也。故圣人曰："盖均无贫。"

然财货之生，其功不易。织纴纺绩，起于有渐，非旬日之间，所可造次。必须劝课，使预营理。绢乡先事织纴，麻土早修纺绩。先时而备，至时而输，故王赋获供，下民无困。如其不预劝戒，临时迫切，复恐稽缓，以为己过，捶扑交至，取办目前。富商大贾，缘兹射利，有者从之贵买，无者与之举息。输税之民，于是弊矣。

租税之时，虽有大式，至于斟酌贫富，差次先后，皆事起于正长，而系之于守令。若斟酌得所，则政和而民悦；若检理无方，则吏奸而民怨。又差发徭役，多不存意。致令贫弱者或重徭而远戍，富强者或轻使而近防。守令用怀如此，不存恤民之心，皆王政之罪人也。

【译文】

第六条，平均赋税徭役，内容包括：

圣人最宝贵的是地位。用来守住地位的是仁爱，用来凝聚百姓的是财富。这些表明先代圣王也必须用财富聚集百姓，仁慈才能保住帝王之位。没有财富，帝王之位很难保住。所以从三皇五帝以来，便有征收赋税的办法。虽然赋税轻重不一样，但都是为了满足国家的开支。现在逆贼还未消灭，军用开支很大，即便来不及减少赋税，以体念百姓的疾苦，也应使赋税平均，使百姓不至于穷困。平均，就是不要避开豪强而向贫弱的人家征税，也不要放任奸巧的人而使愚笨的人受欺压，这就是我们所讲的平均。

因此，圣人说：“只要平均就没有贫困。”

然而财物的生产，其工作也不是一件容易的事情。织布纺麻，得从一丝一线做起，并非在一朝一夕之间仓促可成。地方长官一定要劝说督促百姓，让他们事先便着手生产。种桑的地方要趁早织造绢帛，出麻的地方应尽早纺织布匹。在交纳赋税以前就把该交的东西准备好，到该交的时候便上交，所以国家赋税能得到保证，老百姓也不会感到窘迫。如果预先不对百姓进行督促指示，到交纳赋税时期限紧迫，官吏又怕拖延时间，使自己犯错误，便对百姓进行拷打，让他们一下子就准备好。那些富有的商贾趁此机会牟取暴利，有钱人家向他们高价购买，没有钱的人家向他们付息贷款。交纳赋税的百姓于是遭殃了。

征收租税的时候，虽然有大致的规定，至于考虑贫富差别、排列先后顺序，都由基层的党正里长提出意见，再由郡守县令决定。如果处理得法，政治将会稳定，百姓也将高兴；如果处理不得法，刀笔小吏将投机取巧，百姓将怨声载道。另外，在选派人服徭役时，大都不关心百姓，致使贫穷力弱的人徭役重，服役的地方远，而有钱有势的人徭役轻，服役的地方近。郡守县令考虑事情如此草率，没有一点怜悯百姓的心肠，都是君王政务的罪人。

太祖甚重之，常置诸座右。又令百司习诵之。其牧守令长，非通六条及计账者，不得居官。

自有晋之季，文章竞为浮华，遂成风俗。太祖欲革其弊，因魏帝祭庙，群臣毕至，乃命绰为大诰，奏行之，其词曰：

惟中兴十有一年，仲夏，庶邦百辟，咸会于王庭。柱国泰洎群公列将，罔不来朝。时乃大稽百宪，敷于庶邦，用绥我王度。皇帝曰：“昔尧命羲和，允厘百工。舜命九官，庶绩咸熙。武丁命说，克号高宗。时惟休哉，朕其钦若。格尔有位，胥暨我太祖之庭，朕将丕命女以厥官。”

【译文】

太祖宇文泰极重视这《六条诏书》，常把它放在座位右边，又命令百官学习背诵。刺史、太守、县令或县长，如果不通晓《六条诏书》及稽查户籍的计账方法，就不能任职。

自从晋朝末年以来，文章竞相追求浮华的风格，终于成为一种风气。宇文泰想改变这种弊病，趁西魏文帝祭祀宗庙，官员们会集到都城的时候，命令苏绰撰成《大诰》，上奏朝廷，加以颁行。《大诰》说：

国家中兴十一年，仲夏，各地长官都聚集在朝廷。柱国宇文泰及群公与各位将军，没有谁没到会。朝廷便在这时全面考查各种制度，颁布给各地，以辅助国家的政教。皇帝说："古代帝尧任命羲和，使百官各尽其职；舜任命皋陶等九人为官，各种事情都顺利做成；武丁任用傅说，使他自己被尊为高宗。现在天时美好，寡人敬重你们的顺从。你们各有职位，全都来到我太祖的王庭，寡人将把那些官职奉天意任命给你们。"

六月丁巳，皇帝朝格于太庙，凡厥具僚，罔不在位。

皇帝若曰："咨我元辅、群公、列将、百辟、卿士、庶尹、御事，朕惟寅敷祖宗之灵命，稽于先王之典训，以大诰于尔在位。昔我太祖神皇，肇膺明命，以创我皇基。列祖景宗，廓开四表，底定武功。暨乎文祖，诞敷文德，龚惟武考，不贾其旧。自时厥后，陵夷之弊，用兴大难于彼东丘，则我黎人，咸坠涂炭。惟台一人，缵戎下武，夙夜祗畏，若涉大川，罔识攸济。是用稽于帝典，揆于王廷，拯我民瘼。惟彼哲王，示我彝训，曰天生蒸民，罔克自乂，上帝降鉴叡圣，植元后以乂之。惟时元后弗克独乂，博求明德，命百辟群吏以佐之。肆天之命辟，辟之命官，惟以恤民，弗惟逸念。辟惟元首，庶黎惟趾，股肱惟弼。上下一体，各勤攸司，兹用克臻于皇极。胡其彝训曰：'后克艰厥后，臣克艰厥臣，政乃乂。'今台一人，膺天之嘏，既陟元后。股肱百辟又服我国家之命，罔不咸守厥职。嗟夫，后弗艰厥后，臣弗艰厥臣，于政何弗斁，呜呼艰哉！凡尔在位，其敬听命。"

【译文】

六月丁巳日，皇帝到太庙朝拜，凡是官员，无不在位。

皇帝说："唉，我的宰相、群公、将军、百官、卿士、庶尹及御事们，我承接先祖遗命，考查历代明君的制度，将向官员下达重大命令。先前我太祖神元皇帝，开始接受上天的大命，开创大业。烈祖景宗，向四方开拓疆土，完成了武功。到了文祖，大力施行文教德政，遵奉武考，不失旧制。从那以后，日益衰弱，东土出现大乱，黎民百姓，遭受涂炭。我继承祖先遗业，日夜警惧，就像要过一条大河，不知该从哪儿下水。所以参考古代帝王的制度，揣度先王的政教，以解救百姓的疾苦。那些贤明的先王，给我以教诲，说上天生育百姓，不能自己治理自己，上天深察下情，明晓事理，设置天子以治理百姓。天子一个人不可能治理百姓，于是广求德行完美的人，设置百官及各种官吏来辅佐自己。上天设立天子，天子设置百官，都是为了体察百姓，不是为了贪图安逸。天子好比头，百姓好比脚，百官好比胳膊和大腿一样辅助天子。上下连为一体，各自把自己应该做的事做好，从而达到最高的原则。所以先王经常教导说：'做天子如能尽力把天子的事做好，臣子如尽力把臣子的事做好，国家就会治理好。'如今我受上天的福佑，登上帝位。辅佐我的百官又服从国家的政令，无不恪尽职守。唉，如果君王不能付出君王的艰辛，大臣不能付出大臣的艰辛，政事哪会不败坏呢？唉，艰难呀！诸位凡是在职的，希望听从寡人之命。"

皇帝若曰："柱国，唯四海之不造，载繇二纪。天未绝我太祖列祖之命，用锡我以元辅。国家将坠，公惟栋梁。皇之弗极，公作相。百揆愆度，公惟大录。公其允文允武，克明克乂，廸七德，敷九功，龛暴除乱，下绥我苍生，旁施于九土。若伊之在商，周之有吕，说之相丁，用保我无疆之祚。"

皇帝若曰："群公、太宰、太尉、司徒、司空。惟公作朕鼎足，以弼乎朕躬。宰惟天官，克谐六职。尉惟司武，武在止戈。徒惟司众，敬敷五教。空惟司土，利用厚生。惟时三事，若三阶之在天；惟兹四辅，若四时之成岁。天工人其代诸。"

皇帝若曰："列将，汝惟鹰扬，作朕爪牙，寇贼奸宄，蛮夷猾夏，汝徂征，绥之以惠，董之以威。刑期于无刑，万邦咸宁。俾八表之内，莫违朕命，时汝功。"

皇帝若曰："庶邦列辟，汝惟守土，作民父母。民惟不胜其饥，故先王重农；不胜其寒，故先王贵女功。民之不率于孝慈，则骨肉之恩薄；弗悖于礼让，则争夺之萌生。惟兹六物，实为教本。呜呼！为上在宽，宽则民怠。齐之以礼，不刚不柔，稽极于道。”

【译文】

皇帝说：“柱国，四海不幸，由开始至今已有两代。上天没有断绝我太祖列祖之运命，因而把重臣赐给我。国家有灭亡的危险，你成为国家的栋梁。朝廷缺乏最高的准则，你便担任宰相。百官没有秩序，你总率百官。你文武兼备，英明善治，宣扬七种德行，创建九种功绩，剪暴除乱，使百姓安宁，九州以外的人也蒙受你的恩惠。好像伊尹在商代，吕望在周代，傅说辅佐武丁，因而可保我朝无穷无尽的幸福。”

皇帝说：“群公、太宰、太尉、司徒、司空，诸位作为寡人的三公重臣，辅佐寡人。太宰是天官府的首脑，要做好治、教、礼、政、刑、事六种职务。太尉掌管军事，职在消除战争。司徒掌管百姓，要认真宣布父义、母慈、兄友、弟恭、子孝五种教化。司空掌管土地，要开发地利，为百姓谋福利。朝廷三公，就像天上有三台星；朝廷四辅，就像一年有四季。一切官职虽然是按上天的意志设立的，但需人去担任。”

皇帝说：“各位将军，你们要大展雄才，做寡人英勇善战的勇士。盗贼为非作歹，蛮夷扰乱中原，你们前往征讨，用恩惠安抚他们，用威刑监督他们。战争的最终目的是消除战争，各国实现和平。使八方之内，没有谁敢违抗寡人的命令，这是你们的功劳。”

皇帝说：“各地众官，你们掌管所辖的区域，要做百姓的父母。百姓不能忍受饥饿，所以先代圣王重视农耕；百姓不能忍受寒冷，所以先代圣王重视纺织。百姓如果不孝敬慈爱，亲人之间就会缺乏恩情；如果不尊崇礼让，就会产生争夺的念头。这六件事，确实是教化的根本。唉！治理百姓应当宽厚，但太宽厚百姓又会懈怠。只有用礼法使他们的思想与行动一致，不刚不柔，才符合中正之道的准则。”

皇帝若曰：“卿士、庶尹、凡百御事，王省惟岁，卿士惟月，庶尹惟日，御事惟时。岁月日时，罔易其度，百宪咸贞，庶绩其凝。呜呼！惟若王官，陶均万国，若天之有斗，斟元气，酌阴阳，弗失其和，苍生永赖；

悖其序，万物以伤。时惟艰哉！”

皇帝若曰：“惟天地之道，一阴一阳；礼俗之变，一文一质。爰自三五，以迄于兹，匪惟相革，惟其救弊，匪惟相袭，惟其可久。惟我有魏，承乎周之末流，接秦汉遗弊，袭魏晋之华诞，五代浇风，因而未革，将以穆俗兴化，庸可暨乎。嗟我公辅、庶僚、列侯，朕惟否德，其一心力，祗慎厥艰，克遵前王之丕显休烈，弗敢怠荒。咨尔在位，亦协乎朕心，悖德允元，惟厥艰是务。克捐厥华，即厥实，背厥伪，崇厥诚。勿愆僭勿忘，一乎三代之彝典，归于道德仁义，用保我祖宗之丕命。荷天之休，克绥我万方，永康我黎庶。戒之哉！戒之哉！朕言不再。”

【译文】

皇帝说：“卿士、庶尹及御事们，六件事的实行，君王每年视察各地一次，卿士则应每月一次，众官首长每天都应巡视，办事人员则应随时检查。年、月、日、时，先后不发生错乱，各种制度就将合乎时宜，一切事情都将顺畅。唉！你们这些天子的官员，控制治理各地，就像天上的北斗，调和元气阴阳，使其保持和谐，百姓永远仰仗你们；如果违反了应有的次序，世间万物就会因此而受到损伤。这是十分艰辛的事情啊！”

皇帝说：“天地的规律，一阴一阳；礼俗的变化，一文一质。从三皇五帝到今天，不仅有所变革，正是因为它可以挽救时弊，不仅有所沿袭，正因为它可以保持长久。我大魏上继周代衰亡时期的世风，又承接了秦汉时代的陋俗，因袭了魏晋两朝的奢华怪诞，这五代浮薄的风气，历代相承，未加改变。要使风俗和厚，宣扬教化，哪有可能办到呢？唉！公辅、庶僚及列侯们，我自思德行鄙劣，只能全心尽力，努力继承先王的伟大业绩，不敢松懈享乐。唉，你们各位官员，应当与我的想法一样，使德行淳朴，恭谨地坚守自己的职责。丢弃奢华，讲究朴实；背离虚伪，崇尚真诚。不要犯错误，不要忘记自己的职责，用夏、两、周三代常用的典则来统一世风，使社会风气归向道德仁义，以此保全我祖宗传下来的大命。承受皇天的福禄，能够安抚天下各地，永远使我朝百姓安宁。大家要谨慎啊！谨慎啊！我的话不说第二遍了。”

柱国泰洎庶僚百辟拜手稽首曰："'亶聪明作元后，元后作民父母。'惟三五之王，率繇此道，用臻于刑措。自时厥后，历千载而未闻。惟帝念功，将反叔世，逖致于雍。庸锡降丕命于我群臣。博哉王言，非言之难，行之实难。罔不有初，鲜克有终。《商书》曰：'终始惟一，德乃日新。'惟帝敬厥始，慎厥终，以跻日新之德，则我群臣，敢不夙夜对扬休哉。惟兹大谊，未光于四表，以迈种德，俾九域幽遐，咸昭奉元后之明训，率迁于道，永膺无疆之休。"

帝曰："钦哉。"

自是之后，文笔皆依此体。

绰性俭素，不治产业，家无余财。以海内未平，常以天下为己任。博求贤俊，共弘治道，凡所荐达，皆至大官。太祖亦推心委任，而无间言。太祖或出游，常预署空纸以授绰，若须有处分，则随事施行，及还，启之而已。绰尝谓治国之道，当爱民如慈父，训民如严师。每与公卿议论，自昼达夜，事无巨细，若指诸掌。积思劳倦，遂成气疾。十二年，卒于位，时年四十九。

【译文】

柱国宇文泰与群官敬礼后说："'确实聪明的人就做君主，君主做百姓的父母。'三皇五帝大都遵行这种治国之道，以使可以弃置刑法而不用。从那以后，已经过了千年，再也没听说哪个帝王遵循这一原则了。陛下想建立功业，将改正乱世风俗，使社会风气变得和厚，向我们群臣颁布重大命令。陛下的话真博大，说起来并不难，做起来才难。任何事情都有开头，但很少有善始善终的。《商书》上说：'始终如一，德行日进。'我们希望陛下慎终如始，使德行日益光大，我们臣下怎敢不日夜颂扬陛下的美德。这重大的命令，还未传遍四方，以远布陛下的恩德。应当使全国最偏远的百姓，也清楚地领会陛下的教诲，行为都向正确的方向转变，永远获得无穷无尽的好处。"

皇帝说："你们可要认真谨慎啊。"

从此之后，文章的风格都依照这种体例。

苏绰品性节俭朴素，不经营私人产业。家中没有多余的财物。因为全国还未平定，他常把统一天下作为自己的责任。广求贤才俊杰，一起探寻治理国家的办法。凡是他所推荐的人，都受到重用。太祖宇文泰也推心置腹地任用他，从未说过不满意他的话。宇文泰有时到城外去游玩，经常预先在空白纸上签上自己的名字交给苏绰，如果有什么事需要处理，苏绰便根据情况做出裁决加以实行，等宇文泰回来后，告诉他一声就可以了。苏绰曾说，治理国家的方法就是，官员们应该像慈祥的父亲那样爱护百姓，像严格的老师那样教诲百姓。苏绰每次与公卿议论政事，都是从白天一直谈到晚上，事情无论大小，都好像在手掌上筹划一样。由于他长期思考，过于疲劳困倦，最终患上气血不通的疾病。大统十二年，苏绰在任职期间去世，终年四十九岁。

太祖痛惜之，哀动左右。及将葬，乃谓公卿等曰：“苏尚书平生谦退，敦尚俭约。吾欲全其素志，便恐悠悠之徒，有所未达；如其厚加赠谥，又乖宿昔相知之道。进退惟谷，孤有疑焉。”尚书令史麻瑶越次而进曰：“昔晏子，齐之贤大夫，一狐裘三十年。及其死也，遗车一乘。齐侯不夺其志。绰既操履清白，廉挹自居，愚谓宜从俭约，以彰其美。”太祖称善，因荐瑶于朝廷。及绰归葬武功，唯载以布车一乘。太祖与群公，皆步送出同州郭门外。太祖亲于车后酹酒而言曰：“尚书平生为事，妻子兄弟不知者，吾皆知之。惟尔知吾心，吾知尔意。方欲共定天下，不幸遂舍我去，奈何！”因举声恸哭，不觉失卮于手。至葬日，又遣使祭以太牢，太祖自为其文。

绰又著《佛性论》、《七经论》，并行于世。明帝二年，以绰配享太祖庙庭。子威嗣。

威少有父风，袭爵美阳伯。娶晋公护女新兴公主，拜车骑大将军、仪同三司，进爵怀道县公。建德初，稍迁御伯下大夫。大象末，开府仪同大将军。

【译文】

太祖宇文泰对苏绰的去世十分痛惜，悲哀的情感使左右的人感动。到了将要下葬的时候，宇文泰对公卿们说：“苏尚书一生谦虚逊让，崇尚节俭，我想保全他的志向，又害怕大家不会理解；如果对他加以隆重地追赠，与我们以前互为知己投契相违背，我实在不知道如何是好。”尚书令史麻瑶逾越次序走上前来说：“古代晏子是齐国德行卓著的大夫，一件狐皮袄子穿了三十年。他死的时候，遗嘱只需一匹马运载灵柩。齐侯没有改变他的志向。苏绰既然操行纯洁，以谦虚退让自处，愚意认为应该从俭办理，以此宣扬他的美德。”宇文泰认为他的意见很好，于是把他推荐给朝廷。当苏绰的遗体被送回武功老家安葬时，只用一辆布车载着他的灵柩。宇文泰与众大臣都步行把他的灵车送出同州城门外。宇文泰亲自在灵车后面洒酒祭奠，他说：“尚书平时所做的事，你的妻子儿女和兄弟们不知道的，我全知道。只有你知道我的心，我知道你的心。正想与你共同安定天下，你却不幸就舍弃我而离开了人世，我该怎么办啊？”于是放声痛哭，酒杯掉在地上也没有察觉。到下葬那天，宇文泰又派人去用牛、羊、猪三种牲畜祭奠他，并亲自写下祭奠文。

苏绰还撰有《佛性论》、《七经论》等文章，都传于世。北周明帝二年，让苏绰配祭于太祖庙庭。苏绰的儿子苏威继承了他美阳伯的爵位。

苏威年轻时就有他父亲的风范，承袭了美阳伯的爵位。他娶晋公宇文护的女儿新兴公主，官拜车骑大将军，仪同三司，进封爵位为怀道县公。建德初年，升至御伯下大夫。大象末年，任开府仪同大将军。

史臣曰：《书》云：“惟后非贤弗乂，惟贤非后罔食。”是以知人则哲，有国之所先；用之则行，为下之常道。若乃庖厨、胥靡、种德、微管之臣，罕闻于世；黜鲁、逐荆、抱关、执戟之士，无乏于时。斯固《典》、《谟》所以昭则，《风》、《雅》所以兴刺也。诚能监前事之得丧，劳虚己于吐握，其知贤也必用，其授爵也勿疑，则舜禹汤武之德可连衡矣，稷契伊吕之流可比肩矣。

太祖提剑而起，百度草创。施约法之制于竞逐之辰，修治定之礼于鼎峙之日。终能斫雕为朴，变奢从俭，风化既被，而下肃上尊；疆埸屡扰，而内亲外附。斯盖苏令绰之力也。名冠当时，庆流后嗣，宜哉。

【译文】

史臣说：《尚书》有这样的话说：“君主非贤人不能治理好天下，贤人非君主就没有俸禄。”因此能真正理解大臣称得上聪明智慧，这是君主治国的先决条件；被任用就推行正确的治国措施，这是作为臣子的通常做法。至于像伊尹、傅说、皋陶、管仲这些古代名臣，从微贱而升至高位，世上很少听说过；而孔子、韩信等贤才却受到驱逐，从事卑下的职务，这种事时时都有。《尚书》中的《尧典》、《皋陶谟》之所以要昭示古代圣王用人的准则，《诗经》中的《国风》、《小雅》之所以要对贤才得不到任用进行讥刺，正是因为这个原因啊。君主们如果真的能借鉴前代事迹的得失，不辞辛劳，虚己待人，像周公纳才那样，一饭三吐哺，一沐三握发，知道有人是贤才就一定加以任用，授给他们爵位时不要有所疑虑，这样，他们的德行就可以与舜、禹、商汤、周武王这些古代圣王媲美，稷、契、伊尹、吕望这一类贤臣并列了。

太祖宇文泰仗剑起事，各种制度开始创立。他在各种势力相互争夺的时候颁行简便的法律制度，在三方鼎峙的时候创建使国家安定的礼仪，最终铲除浮华表弊的习俗，树立起质朴的新风，使奢侈的社会风气趋于俭朴。新的礼俗制度在全国推行后，百姓们变得恭敬守法，官长受到尊重，边疆虽多次受到敌人的骚扰，但朝中团结，百姓依附。这都是苏绰的功劳啊。他的名声位居当时之首，恩泽传到后代，这都是应该的。

宣帝杨皇后传

宣帝杨皇后名丽华，隋文帝长女。帝在东宫，高祖为帝纳后为皇太子妃。宣政元年闰六月，立为皇后。帝后自称天元皇帝，号后为天元皇后。寻又立天皇后及左右皇后，与后为四皇后焉。二年，诏曰："帝降二女，后德所以俪君；天列四星，妃象于焉垂耀。朕取法上玄，稽诸令典，爰命四后，内正六宫，庶弘赞柔德，广修粢盛。比殊礼虽降，称谓曷宜，其因天之象，增锡嘉名。"于是后与三皇后并加大焉。帝遣使持节册后为天元大皇后曰："咨尔含章载德，体顺居贞，肃恭享祀，仪刑邦国，是用嘉兹显号，式畅徽音。尔其敬践厥猷，寅答灵命，对扬休烈，可不慎欤。"寻又立天中大皇后，与后为五皇后。

后性柔婉，不妒忌，四皇后及嫔御等咸爱而仰之。帝后昏暴滋甚，喜怒乖度。尝谴后，欲加之罪，后进止详闲，辞色不挠。帝大怒，遂赐后死，逼令引决。后母独孤氏闻之，诣阁陈谢，叩头流血，然后得免。帝崩、静帝尊后为皇太后，居弘圣宫。

初，宣帝不豫，诏后父入禁中侍疾。及大渐，刘昉、郑译等因矫诏以后父受遗辅政。后初虽不预谋，然以嗣主幼冲，恐权在他族，不利于己，闻昉、译已行此诏。心甚悦之。后知其父有异图，意颇不平，形于言色。及行禅代，愤惋逾甚。隋文帝既不能谴责，内甚愧之。开皇六年，封后为乐平公主。后又议夺其志，后誓不许，乃止。大业五年，从炀帝幸张掖，殂于河西。年四十九。炀帝还京，诏有司备礼，祔葬后于定陵。

【译文】

北周宣帝宇文的赟杨皇后名叫丽华，是隋文帝的大女儿。宣帝当皇太子时，周武帝做主让他娶杨皇后为皇太子妃。宣政元年闰六月，将她册封为皇后。宣帝后来自称为天元皇帝，称杨皇后为天元皇后。不久又册封了天皇后与左右皇后，同杨皇后共有四位皇后。宣政二年，宣帝下诏说："上天降下二女做舜的妃子，从此皇后的德行便与君王交相辉映；天上排列着四颗代表嫔妃的星星，从而向人世显示上帝的原则。我效法上苍，考察古代的法则，封立四位皇后。使后宫制度符合正确的准则，希望借此发扬柔美的德行，增加祭献祖先的子嗣。近来虽然赐予特殊的礼仪，名称还不太适合，现在根据天象，进一步赐予美好的名称。”因此杨皇后与其他三个皇后前都加上“大”字。宣帝派人手持皇帝符节册封杨皇后为天元大皇后说：“你内含美质，德行显扬，行为正确，遵循正道，使祭礼宴飨庄严肃穆，成为全国学习的榜样，所以用这一显耀的名号嘉奖你，以宣扬你的美名。希望你恭敬地实践你的美德，以报答这一神圣的任命，和我一起共同把事情办好，难道还不应该慎重吗。”不久又册封了天中大皇后。同杨皇后一共有五个皇后。

杨皇后性格温和，不妒忌，其他四个皇后及嫔妃们都喜欢她并敬重她。宣帝后来越来越昏庸残暴，喜怒没有节制。曾经指责杨皇后，想办她的罪，杨皇后举动安详，言语和表情都不屈服。宣帝大怒，于是让杨皇后去死，逼着她自杀。杨皇后的母亲独孤氏听说这个消息后，到宫门前向宣帝道歉，叩头不止，直到头上的血都流了出来。杨皇后才得以免遭杀害。宣帝去世后，静帝宇文衍尊奉她为皇太后，住在弘圣宫。

起先，宣帝患病，令杨皇后的父亲到禁省中服侍。当宣帝病危时，刘昉、郑译等人趁机谎称宣帝下诏，让杨皇后的父亲接受遗诏辅佐静帝执政。杨皇后开始虽没有参与谋划，但因静帝年龄幼小，担心朝廷大权落到其他人手中，对自己不利，听说刘昉、郑译已经发布这一诏令，心里为此很高兴。后来知道他的父亲有别的阴谋，心中很不服，并在语言和表情上显示出来。当隋文帝代周建隋时，她更加愤怒痛惜。隋文帝又不能为此指责她，心中很有些惭愧。开皇六年，隋文帝封她为乐平公主。后来又商量想让她改嫁，杨皇后发誓不答应，于是不再提这事。大业五年，她跟随隋炀帝到张掖，在黄河西边去世，终年四十九岁。隋炀帝回到京城长安后，下令有关机构配备礼仪，将她安葬在宣帝的定陵。

韦孝宽列传

韦叔裕字孝宽，京兆杜陵人也，少以字行。世为三辅著姓。祖直善，魏冯翊、扶风二郡守。父旭，武威郡守。建义初，为大行台右丞，加辅国将军、雍州大中正。永安二年，拜右将军、南（幽）〔豳〕州刺史。时氐贼数为抄窃，旭随机招抚，并即归附。寻卒官。赠司空、冀州刺史，谥曰文惠。

孝宽沉敏和正，涉猎经史。弱冠，属萧宝夤作乱关右，乃诣阙，请为军前驱。朝廷嘉之，即拜统军。随冯翊公长孙承业西征，每战有功。拜国子博士，行华（阴）〔山〕郡事。属侍中杨侃为大都督，出镇潼关，引孝宽为司马。侃奇其才，以女妻之。永安中，授宣威将军、给事中，寻赐爵山北县男。普泰中，以都督从荆州刺史源子恭，镇襄城，以功除（浙）〔析〕阳郡守。时独孤信为新野郡守，（司）〔同〕荆州，与孝宽情好款密，政术俱美，荆部吏人，号为联璧。孝武初，以都督镇城。

【译文】

韦叔裕，字孝宽，京兆杜陵人，自小别人便用他的字称呼他，于是把字作为名。韦孝宽祖祖辈辈都是三辅大族。他的祖父韦直善，曾任北魏冯翊、扶风二郡太守，父亲韦旭，曾任武威郡太守。北魏孝庄帝建义年间初，韦旭任大行台右丞，加辅国将军、雍州大中正等官职。永安二年，被任命为右将军、南豳州刺史。当时氐族多次抢掠财物，韦旭根据情况，加以安抚，氐人都迅速地降附他。不久，韦旭死于任上。朝廷赠他司空、冀州刺史等官，谥号为“文惠”。

韦孝宽为人深沉机敏，温和正直，好读经史。他二十岁时，遇到萧宝夤在关右发动叛乱，于是他前往都城洛阳，请求朝廷让他作为大军的前锋去平定叛乱。朝廷很欣赏他这种行为，便任命他为统军。韦孝宽随冯翊公长孙承业挥师西进，每次战斗，他都有战功。被任命为国子博士，代理华山郡太守的职务。恰好侍中杨侃以大都督的身份离开京城，镇守潼关，让韦孝宽做他的都督府司马。杨侃对韦孝宽的才干感到惊奇，把自己的女儿嫁给他做妻子。永安年间，朝廷任命韦孝宽为宣威将军、给事中，不久又授予他山北县男的爵位。北魏节闵帝普泰年间，韦孝宽以都督的身份隶属荆州刺史源子恭，镇守襄城，因功被任命为析阳郡太守。当时独孤信任新野郡太守，二郡同属荆州，独孤信与韦孝宽很要好，亲密无间，而且政绩都很好，荆州的官吏和百姓称他们二人为“联璧”。北魏孝武帝初年，韦孝宽以都督的身份，独自镇守襄城。

文帝自原州赴雍州，命孝宽随军。及克潼关，即授弘农郡守。从擒窦泰，兼左丞，节度宜阳兵马事。仍与独孤信入洛阳城守。复与宇文贵、怡峰应接颍州义徒，破东魏将任祥、尧雄于颍川。孝宽又进平乐口，下豫州，获刺史冯邕。又从战于河桥。时大军不利，边境骚然，乃令孝宽以大将军行宜阳郡事。寻迁南兖州刺史。

是岁，东魏将段琛、尧杰复据宜阳，遣其（扬）〔阳〕州刺史牛道恒扇诱边民。孝宽深患之，乃遣谍人访获道恒手迹，令善学书者伪作道恒与孝宽书，论归款意，又为落烬烧迹，若火下书者，还令谍人送于琛营。琛得书，果疑道恒，其所欲经略，皆不见用。孝宽知其离阻，日出奇兵掩袭，擒道恒及琛等，崤、渑遂清。

【译文】

北周文帝宇文泰从原州进军雍州，命令韦孝宽随大军前往。攻下潼关后，当即任命他为弘农郡太守。后随宇文泰俘获东魏大将窦泰，兼任行台左丞，统辖宜阳郡兵马。随即与独孤信进驻洛阳，据城而守。后又与宇文贵、怡峰接应在颍州起事响应西魏的人，在颍川打败了东魏的将领任祥、尧雄。韦孝宽又进军攻下东口，夺得豫州，擒获东魏豫州刺史冯邕。后又随文帝宇文泰在河桥同东魏军会战，西魏军队打了败仗，边界一带极不安宁，于是命令韦孝宽以大将军的身份代理宜阳郡太守的职务。不久升任南兖州刺史。

就在这一年，东魏将领段琛、尧杰再次攻占宜阳，派阳州刺史牛道恒鼓动招诱西魏边界百姓。韦孝宽为此深感忧虑，于是派间谍寻求到牛道恒的手迹，让善于模仿别人笔迹的人伪造了一封牛道恒给韦孝宽的信，信中说到牛道恒向西魏投诚的意图，并在信纸上弄了些火星烧灼的痕迹，好像这封信是牛道恒在灯火下写的一样，再令间谍把这封信扔到段琛的军营中。段琛得到这封信后，果然对牛道恒产生怀疑，牛道恒想做什么事，都得不到段琛的许可。韦孝宽知道敌方已经离心，相互牵制，于是出奇兵突施袭击，俘获牛道恒及段琛等人，崤山、渑池一带因而安定。

大统五年，进爵为侯。八年，转晋州刺史，寻移镇玉壁，兼摄南汾州事。先是山胡负险，屡为劫盗，孝宽示以威信，州境肃然。进授大都督。

十二年，齐神武倾山东之众，志图西入，以玉壁冲要，先命攻之。连营数十里，至于城下，乃于城南起土山，欲乘之以入。当其山处，城上先有两高楼。孝宽更缚木接之，命极高峻，多积战具以御之。齐神武使谓城中曰："纵尔缚楼至天，我会穿城取尔。"遂于城南凿地道。又于城北起土山，攻具，昼夜不息。孝宽复掘长堑，要其地道，仍饬战士屯堑。城外每穿至堑，战士即擒杀之。又于堑外积柴贮火，敌人有伏地道内者，便下柴火，以皮韛吹之。吹气一冲，咸即灼烂。城外又造攻车，车之所及，莫不摧毁。虽有排楯，莫之能抗。孝宽乃缝布为缦，随其所向则张设之。布既悬于空中，其车竟不能坏。城外又缚松于竿，灌油加火，规以烧布，并欲焚楼。孝宽复长作铁钩，利其锋刃，火竿来，以钩遥割之，松麻俱落。外又于城四面穿地，作二十一道，分为四路，于其中各施梁柱，作讫，以油灌柱，放火烧之，柱折，城并崩坏。孝宽又随崩处竖木栅以捍之，敌不得入。城外尽其攻击之术，孝宽咸拒破之。

【译文】

西魏文帝大统五年，将韦孝宽的男爵升为侯爵。大统八年，转任晋州刺史，不久改任到玉壁镇守，兼任南汾州刺史。在此以前，山胡依仗地势险阻，经常做打家劫舍的事，韦孝宽既用武力镇压，又以信义招抚，使南汾州境内极其清静。朝廷提升韦孝宽为大都督。

大统十二年，北齐神武帝高欢统率东魏所有军队，立志要攻占关中，因玉壁扼守要道，首先命令大军攻下玉壁。东魏军连营数十里，直抵玉壁城下，于是在城南边垒土为山，打算在土山造成后，登上山顶攻入玉壁城中。正对着东魏军修筑土山的地方，玉壁城墙上本有两座高楼，韦孝宽命令在楼上捆扎树木，尽量增加高度，在那儿聚积许多武器，加以抵御。北齐神武帝派人对城中守军说："任你们把楼增到天那么高，我也会挖通地道把你们抓获。"于是在城南边挖掘地道，并在城北修造土山和攻城器械，昼夜不停。韦孝宽又命令在城中挖一道长长的堑壕，以拦截敌方的地道，并告诫战士在堑壕边防守，城外敌军把地道挖到堑壕时，西魏兵便将他们捉住，并杀掉他们。另外在堑壕外堆积柴草，准备火种，如有敌军隐藏在地道中，便扔下柴草，点燃后，用皮制的风箱鼓风，大火一拥而入，地道里的敌军全都被烧伤。城外敌军又造出攻城车，城墙被攻城车撞到的地方，全都崩毁，即使用排楯也抵敌不住。韦孝宽便用布缝制帐幕，敌方攻城车往哪儿攻，便在哪儿把帐幕展开。布幕悬挂在空中，敌方攻城车始终不能将它损坏。城外敌军又在长竿上绑着松木和麻，浸灌油脂，点上火，想用来烧毁布幕，并试图烧毁城楼。韦孝宽又制造一种长铁钩，将铁钩的刃口磨得很锋利，敌方将火竿伸来时，便远远地用铁钩割截，使火竿上的松木和麻掉下。城外敌军又在玉壁城四周挖掘了二十一条地道，分为四个方向，在各条地道中用横梁和立柱做支撑，地道掘成后，把油脂浇在立柱上，再点火烧，立柱烧断后，地道上面的城墙都崩塌了。韦孝宽又在城墙崩毁的地方竖起木栅，加以防御，敌军不能攻进城中。城外进攻的敌人用尽了一切手段，韦孝宽都一一粉碎了。

神武无如之何，乃遣仓曹参军祖孝征谓曰："未闻救兵，何不降也？"孝宽报云："我城池严固，兵食有余，攻者自劳，守者常逸。岂有旬朔之间，已须救援。适忧尔众有不反之危。孝宽关西男子，必不为降将军也。"俄而孝征复谓城中人曰："韦城主受彼荣禄，或复可尔，自外军士，何事相随入汤火中耶。"乃射募格于城中云："能斩城主降者，拜太尉，封开国郡公，邑万户，赏帛万匹。"孝宽手题书背，反射城外云："若有斩高欢者，一依此赏。"孝宽弟子迁，先在山东，又锁至城下，临以白刃，云若不早降，便行大戮。孝宽慷慨激扬，略无顾意。士卒莫不感励，人有死难之心。

神武苦战六旬，伤及病死者十四五，智力俱困，因而发疾，其夜遁去。后因此忿恚，遂殂。魏文帝嘉孝宽功，令殿中尚书长孙绍远、左丞王悦至玉壁劳问，授骠骑大将军、开府仪同三司，进爵建忠郡公。

【译文】

神武帝高欢拿韦孝宽没办法，便派他的仓曹参军祖孝征对韦孝宽说："没听说有救兵来，你为什么不投降呢？"韦孝宽回答说："我方城池坚固，兵粮有余，攻城的人空自劳苦，守城的人总是安闲，哪有没几天便不得不要援军的道理？我只是担心你的部下有回不去的危险。我韦孝宽为关西大丈夫，绝不会当投降将军。"不一会儿祖孝征又对城中的兵士说："韦城主受到他主上的恩宠俸禄，或许该那样做，而其他战士，又为什么要跟他赴汤蹈火呢。"于是用箭把悬赏标准射进城中，说："如有人能杀城主向我军投降，将任命他为太尉，封开国郡公，食邑万户，赏赐帛一万匹。"韦孝宽亲手在敌方射进城中的字纸背面写上字，再射到城外，说："如有人能杀高欢，按此行赏。"韦孝宽弟弟的儿子韦迁事先在东魏，这时被戴上枷锁，带到玉壁城下，敌军用刀抵住韦迁的身体，声称韦孝宽如不趁早投降，便将他杀死。韦孝宽言辞慷慨，意气昂扬，一点也没有顾念的意思。战士们无不为之感动激励，人人都有拼死的决心。

神武帝苦战两个月，他的部下受伤及患病而死者达十分之四五，智竭力穷，于是生了病，趁夜间逃走了。后来因这事愤恨至极，竟至死去。西魏文帝嘉奖韦孝宽的功勋，令殿中尚书长孙绍远和尚书左丞王悦到玉壁慰劳，任命韦孝宽为骠骑大将军、开府仪同三司，将他的爵位升为建忠郡公。

废帝二年，为雍州刺史。先是，路侧一里置一土堠，经雨颓毁，每须修之。自孝宽临州，乃勒部内当堠处植槐树代之。既免修复，行旅又得庇荫。周文后见，怪问知之，曰："岂得一州独尔，当令天下同之。"于是令诸州夹道一里种一树，十里种三树，百里种五树焉。

恭帝元年，以大将军与燕国公于谨伐江陵，平之，以功封穰县公。还，拜尚书右仆射，赐姓宇文氏。（二）〔三〕年，周文北巡，命孝宽还镇玉壁。周孝闵帝践阼，拜小司徒。明帝初，参麟趾殿学士，考校图籍。

保定初，以孝宽立勋玉壁，遂于玉壁置勋州，仍授勋州刺史。齐人遣使至玉壁，求通互市。晋公护以其相持日久，绝无使命，一日忽来求交易，疑别有故。又以皇姑、皇世母先没在彼，因其请和之际，或可致之。遂令司门下大夫尹公正至玉壁，共孝宽详议。孝宽乃于郊盛设供帐，令公正接对使人，兼论皇家亲属在东之意。使者辞色甚悦。时又有汾州胡抄得关东人，孝宽复放东还，并致书一牍，具陈朝廷欲敦邻好。遂以礼送皇姑及护母等。

【译文】

西魏废帝二年，韦孝宽就任雍州刺史。在此以前，路边每隔一里便设一土堆作为标志，土堆被雨水冲刷后便崩毁，经常需要修补。韦孝宽任雍州刺史后，便命令雍州各地在原土堆处种植槐树，代替土堆作为标志。这样既不需反复修补，来往行人又可以躲避日晒雨淋。周文帝宇文泰后来看到这一情况，感到奇怪，便加询问，得知事情缘由，说："哪能仅一州如此，应让全国各地都照此办理。"于是命令各州在道路两边每隔一里种一株树，每隔十里种三株树，一百里种五株树。

西魏恭帝元年，任命韦孝宽为大将军，与燕国公于谨一起进攻江陵的梁朝，将它消灭，因功封为穰县公。回到长安，被任命为尚书右仆射，恩准他改姓宇文。恭帝三年，北周文帝宇文泰率军到北边巡视，命令韦孝宽再次镇守玉壁。北周孝闵帝宇文觉即帝位以后，任命韦孝宽为小司徒。周明帝宇文毓即位初年，韦孝宽兼任麟趾殿学士，考订校勘地图书籍。

北周武帝宇文邕保定年间初，因韦孝宽曾在玉壁建立功勋，于是在玉壁设置勋州，并任命韦孝宽为勋州刺史。北齐派使节到玉壁，请求两国通商。晋公宇文护因为两国长期敌对，互不通使，现在忽然请求贸易往来，怀疑其中别有缘故。又因周武帝的姑姑和伯母先前一直留在北齐境内，趁北齐派人求和的时机，也许可以将她们接来。于是命令司门下大夫尹公正到玉壁，与韦孝宽详加讨论。韦孝宽便在城郊摆上丰盛的酒食和华丽的帷帐，让尹公正在那儿会见北齐使节，并谈到皇室亲戚在北齐境内的情况。北齐使节的言语和脸色都显得很高兴。当时又出现汾州胡人抢掠北齐人口的事，韦孝宽把抢来的人口又放回，并让他们带去一封信，详细阐述了周愿与齐和好的本意。齐国便将周武的姑姑及宇文护的母亲等人礼送到周。

孝宽善于抚御，能得人心。所遣间谍入齐者，皆为尽力。亦有齐人得孝宽金货，遥通书疏。故齐动静，朝廷皆先知。时有主帅许盆，孝宽托以心膂，令守一戍。盆乃以城东入。孝宽怒，遣谍取之，俄而斩首而还。其能致物情如此。

汾州之北，离石以南，悉是生胡，抄掠居人，阻断河路。孝宽深患之。而地入于齐，无方诛翦。欲当其要处，置一大城。乃于河西征役徒十万，甲士百人，遣开府姚岳监筑之。岳色惧，以兵少为难。孝宽曰："计成此城，十日即毕。既去晋州四百余里，一日创手，二日伪境始知；设令晋州征兵，二日方集；谋议之间，自稽三日；计其军行，二日不到。我之城隍，足得办矣。"乃令筑之。齐人果至南首，疑有大军，乃停留不进。其夜，又令汾水以南，傍介山、稷山诸村，所在纵火。齐人谓是军营，遂收兵自固。版筑克就，卒如其言。

【译文】

韦孝宽善于领导，能让人归心于他。他派到北齐的间谍，都为他尽力。也有齐国人得到韦孝宽给的金银钱财后，与他远通书信。所以齐国有什么行动，周朝都预先知道。当时有支部队的长官叫许盆，韦孝宽把他作为自己的心腹，让他镇守一座戍所。许盆竟把城纳入北齐。韦孝宽很愤怒，派间谍去杀他，不一会儿，许盆的头便被割了送来。他就是这样能得人心。

汾州以北，离石以南一带地方，居住的都是没有编入户籍的胡人，他们抢掠居民财物，隔断黄河通道。韦孝宽便为此深感忧虑。可是该地属于北齐疆土，又没办法出军加以剿除。韦孝宽想在胡人往来的要道上筑一座大城以资防守。于是在黄河西面各地征发十万民夫，配甲士一百人，派开府姚岳监督筑城事宜。姚岳表现出畏惧的神色，因所率战士太少而感到为难。韦孝宽说："算来要筑好此城，十天时间也就够了。那儿距齐国晋州治所有四百多里地，我们第一天开始动工，第二天敌境才会得知此事；假如北齐晋州征调军队，要用两天时间才可能招集起来；而敌方商议对策，又得用三天时间；从晋州派军队来，两天之内不可能到达。我方城墙，是完全有时间筑好的。”于是下令筑城。北齐果然派军队南来，因怀疑北周有大军，便停下来不敢继续进军。当晚，韦孝宽又命令汾水以南，介山、稷山下各村，到处烧起火堆，齐国的人认为那都是北周的军营，于是聚结军队，加强防守。北周终于将城筑成，结果像韦孝宽所说的一样。

四年，进位柱国。时晋公护将东讨，孝宽遣长史辛道宪启陈不可，护不纳，既而大军果不利。后孔城遂陷，宜阳被围。孝宽乃谓其将帅曰：“宜阳一城之地，未能损益。然两国争之，劳师数载。彼多君子，宁乏谋猷。若弃崤东，来图汾北，我之疆界，必见侵扰。今宜于华谷及长秋速筑城，以杜贼志。脱其先我，图之实难。”于是画地形，具陈其状。晋公护令长史叱罗协谓使人曰：“韦公子孙虽多，数不满百。汾北筑城，遣谁固守？”事遂不行。天和五年，进爵郧国公，增邑通前一万户。

是岁，齐人果解宜阳之围，经略汾北，遂筑城守之。其丞相斛律明月至汾东，请与孝宽相见。明月云：“宜阳小城，久劳战争。今既入彼，欲于汾北取偿，幸勿怪也。”孝宽答曰：“宜阳彼之要冲，汾北我之所弃。我弃彼图，取偿安在？且君辅翼幼主，位重望隆，理宜调阴阳，抚百姓，焉用极武穷兵，构怨连祸！且沧、瀛大水，千里无烟，复欲使汾、晋之间，横尸暴骨？苟贪寻常之地，涂炭疲弊之人，窃为君不取。”

【译文】

保定四年，授韦孝宽为柱国。当时晋公宇文护将向北齐发动进攻，韦孝宽派长史辛道宪陈述不能出兵的意见，宇文护不加采纳，后大军果然失利。随即孔城被北齐攻占，宜阳也受到围攻。韦孝宽便对麾下将领说：“宜阳城这地方，有它没多少好处，没它也没多少坏处，可是两国为争夺它，竟打了几年的仗。敌方有识之士很多，难道会缺乏好的谋略。假如他们放弃崤山以东，径直向汾水以北发起攻击，我国疆界，一定会受到侵扰。现在应当在华谷及长秋两地尽快地筑起城池，以便使敌方打消这一念头。假如他们在我们之前采取行动，再想消灭他们就很困难了。”于是画出地形图，把情况向朝廷详细地做了汇报。晋公宇文护让他的长史叱罗协对韦孝宽派来的人说：“韦公子孙虽然很多，也不足一百人。他要在汾水以北筑城，准备派谁去坚守呢？”于是这事便没实行下去。周武帝天和五年，将韦孝宽的爵位升为郧国公，增加他食邑户数，加上以前的共达一万户。

这一年，齐国果真解除对宜阳的围攻，占有汾水以北的土地，并筑城据守。北齐丞相斛律明月到汾水东边，请求与韦孝宽会见。斛律明月说：“宜阳一座小城，使我们长期交战，现在宜阳既然被你方获取，我们想在汾水北边取得补偿，希望你们不要怪罪才是。”韦孝宽回答说：“宜阳是你们的要镇，汾水以北的土地是我们自动放弃了的。我们抛弃的东西，你们却想方设法得到它，哪能说是得到了补偿呢？况且阁下辅佐幼主，职位很重，声望也高，按理该协调阴阳，安抚百姓，为什么要穷兵黩武，招来怨恨，使祸事不断呢！而且阁下国内沧、瀛二州一带发大水，致使方圆千里范围内，人烟断绝，难道现在又想在汾、晋二州造成尸骨遍地的景象？假如贪图不要紧的土地，使本来穷困已极的百姓再遭涂炭，我私下里认为阁下是不会这样做的。”

孝宽参军曲岩颇知卜筮，谓孝宽曰：“来年，东朝必大相杀戮。”孝宽因令岩作谣歌曰：“百升飞上天，明月照长安。”百升，斛也。又言：“高山不摧自崩，槲树不扶自竖。”令谍人多赍此文，遗之于邺。祖孝征既闻，更润色之，明月竟以此诛。

建德之后，武帝志在平齐。孝宽乃上疏陈三策。其第一策曰：

臣在边积年，颇见间隙，不因际会，难以成功。是以往岁出军，徒有劳费，功绩不立，由失机会。何者？长淮之南，旧为沃土，陈氏以破亡余烬，犹能一举平之。齐人历年赴救，丧败而反，内离外叛，计尽力穷。《传》不云乎：“仇有衅焉，不可失也。”今大军若出轵关，方轨而进，兼与陈氏共为掎角；并令广州义旅，出自三鸦；又募山南骁锐，沿河而下；复遣北山稽胡绝其并、晋之路。凡此诸军，仍令各募关、河之外劲勇之士，厚其爵赏，使为前驱。岳动川移，雷骇电激，百道俱进，并趋虏庭。必当望旗奔溃，所向摧殄。一戎大定，实在此机。

【译文】

韦孝宽的参军曲岩很熟悉卜筮的方法，他对韦孝宽说："明年东边的齐国定将发生大屠杀。"韦孝宽于是让曲岩制造童谣说："百升飞上天，明月照长安。"百升，就是斛。又说："高山不摧自崩，槲树不扶自竖。"让间谍带上很多写有这些谣言的纸张，在北齐都城散发。北齐祖孝征听到这些童谣后，又添枝生叶，斛律明月竟因此被杀。

周武帝建德年间以后，立志要吞并齐国，韦孝宽于是上书陈述三个策略。他的第一项策略说：

臣下镇守边疆多年，对齐国的弱点了解得比较清楚，不利用时机，是难以成功的。所以去年出兵，白白地使战士劳苦，物资耗费，没获得任何胜利，正是因为没抓住机会。为什么呢？淮河以南，原来是肥沃的土地，陈朝依靠破败伤亡之后的残余力量，竟还能一举从北齐手中把它夺取，北齐连年派军救援，都大败而回，内部离心，盟国背叛，搞得智穷力竭。《左传》上不是说过这样的话吗："敌方已露出破绽，机不可失。"现在我国大军如果从轵关进击，各军齐头并进，并且与陈国军队形成夹击的形势；再命令广州义军从三鸦发起进攻，招募华山以南勇悍果敢的人，让他们沿黄河东进；另外派北边山地的稽胡部落阻断北齐并州与晋阳之间的交通。同时命令以上各支部队，招募敌境勇猛的人，多给他们一些爵位和赏赐，让他们做前锋。其势足以使山岳震动，河水倒流。各路大军都指向敌方老巢，迅如雷电。敌军看到我们的旗帜也肯定会奔逃，使我们所向无敌。一次战役便可以夺取彻底的胜利，现在正是大好时机。

其第二策曰：

若国家更为后图，未即大举，宜与陈人分其兵势。三鸦以北，万春以南，广事屯田，预为贮积。募其骁悍，立为部伍。彼既东南有敌，戎马相持，我出奇兵，破其疆埸。彼若兴师赴援，我则坚壁清野，待其去远，还复出师。常以边外之军，引其腹心之众。我无宿舂之费，彼有奔命之劳。一二年中，必自离叛。且齐氏昏暴，政出多门，鬻狱卖官，唯利是视，荒淫酒色，忌害忠良。阖境熬然，不胜其弊。以此而观，覆亡可待。然后乘间电扫，事等摧枯。

【译文】

他的第二项策略说：

如果朝廷准备以后再做打算，不能立即大举进攻，就应当联合陈国，分散齐国的兵力。我国应在三鸦以北、万春以南的地区，大力屯田，预先储备粮食。招募这一地区勇武强悍的人，编成部队。齐国东南边有陈国与之为敌，两国军队对垒，我国再出奇兵，攻击它的边界。齐国若调集大军救援，我方便坚壁清野，等到它的军队退回去以后，再派军进击。经常用我边界以外的部队，调动齐国内部的大军。我军没有丝毫损失，便可使敌人疲于奔命。这样，在一两年中，敌军肯定会出现逃跑叛降的情况。而且齐国君主昏庸残暴，大臣各执己见，断案视钱多少，出售官职，唯利是图，沉溺于酒色，猜忌残害忠良。齐国百姓处于水深火热之中，忍受不了这种腐败的政治。从这方面看，其灭亡指日可待。我们到时再乘机迅速加以消灭，这便有如摧枯拉朽。

其第三策曰：

窃以大周土宇，跨据关、河，蓄席卷之威，持建瓴之势。太祖受天明命，与物更新，是以二纪之中，大功克举。南清江、汉，西戡巴、蜀，塞表无虞，河右底定。唯彼赵、魏，独为榛梗者，正以有事三方，未遑东略，遂使漳、滏游魂，更存余晷。昔勾践亡吴，尚期十载；武王取乱，犹烦再举。今若更存遵养，且复相时，臣谓宜还崇怜好，申其盟约。安人和众，通商惠工，蓄锐养威，观衅而动。斯则长策远驭，坐自兼并也。

书奏，武帝遣小司寇淮南公元（卫）〔伟〕、开府伊娄谦等重币聘齐。尔后遂大举，再驾而定山东，卒如孝宽之策。

孝宽每以年迫悬车，屡请致仕。帝以海内未平，优诏弗许。至是复称疾乞骸骨。帝曰："往已面申本怀，何烦重请也。"

【译文】

他的第三项策略说：

我私下里认为，大周疆域包有潼关、黄河，拥有席卷天下、高屋建瓴的有利形势。太祖承受上天大命，革新政治，所以在二十多年中，便能建立宏伟的功业。在南边平定了长江和汉水交汇的一带地区，在西边夺取了巴、蜀，黄河以西地区也纳入了版图。只剩下赵、魏还未接受统治。而这正因为我国致力于征服其他三方，来不及经营东边，于是使他们能逃命于漳水边的邺城，苟延残喘。先前勾践立志灭吴，尚且以十年为期；周武王攻取丧乱的商朝，还需先后发动两次进攻。现在朝廷若打算等敌人恶贯满盈的时候，再相机行动，我认为最好还是再次与它讲和，缔结条约。使百姓安居乐业，贸易往来，使手工业者和商人获得益处，发现可以利用的时机，便采取行动。这是从长计议，坐着便消灭别人国家的办法。

他的奏章送达朝廷以后，周武帝派小司寇、淮南公元伟、开府伊娄谦等人带上厚礼，出使齐国。以后便大举进攻，两次行动后，便灭掉齐国，结果和韦孝宽制定的策略相符。

韦孝宽经常因为自己快到七十岁了，多次请求朝廷免去他的职务。周武帝因全国还未统一，总是好言相劝，不许他辞职。到这时，韦孝宽又声称有病，请求回家休养。周武帝说："以前我已当着你的面把我的心里话给你说了，你为什么还要再提这个要求呢？"

五年，帝东伐，过幸玉壁。观御敌之所，深叹羡之，移时乃去。孝宽自以习练齐人虚实，请为先驱。帝以玉壁要冲，非孝宽无以镇以，乃不许。及赵王招率兵出稽胡，与大军掎角，乃敕孝宽为行军总管，围守华谷以应接之。孝宽克其四城。武帝平晋州，复令孝宽还旧镇。

及帝凯还，复幸玉壁。从容谓孝宽曰："世称老人多智，善为军谋。然朕唯共少年，一举平贼。公以为何如？"孝宽对曰："臣令衰耄，唯有诚心而已。然昔在少壮，亦会输力先朝，以定关右。"帝大笑曰："实如公言。"乃诏孝宽随驾还京。拜大司空，出为延州总管，进位上柱国。

【译文】

建德五年，周武帝率军向东进攻齐国，经过玉壁，在那儿停留。他视察了先前韦孝宽抵抗北齐军队的地方，对韦孝宽大加称赞，过了好一会儿才离开。韦孝宽认为自己很熟悉北齐军队的情况，请武帝让他带部队做先锋。武帝认为玉壁是军队往来的要道，除韦孝宽外没人能镇守，于是拒绝了他的请求。后赵王宇文招统率部队，联合稽胡，与武帝所率大军夹击北齐，武帝便命令韦孝宽为行军总管，围攻齐国华谷各城，以接应宇文招。韦孝宽攻占北齐四座城池。武帝攻下北齐晋州以后，又命令韦孝宽回军镇守玉壁。

后周武帝率军凯旋，再到玉壁。武帝随随便便地对韦孝宽说："世上的人说老年人智慧多，善于军事谋略。可是我和一批年轻人，一举消灭敌人。韦公你认为怎样？"韦孝宽回答说："臣下如今老朽不堪，只剩下一颗忠诚的心。不过，当初我年轻力壮的时候，也曾经为先皇出力，从而平定关中。"武帝大笑着说："你说的确是实话。"于是命令韦孝宽跟随自己返回京城长安。任命他为大司空，后离京任延州总管，将他的军勋升为上柱国。

大象元年，除徐兖等十一州十五镇诸军事、徐州总管。又为行军元帅，徇地淮南。乃分遣杞公宇文亮攻黄城，郕公梁士彦攻广陵，孝宽率众攻寿阳，并拔之。初孝宽到淮南，所在皆密送诚款。然彼五门，尤为险要，陈人若开塘放水，即津济路绝。孝宽遽令分兵据守之。陈刺史吴文育果遣决堰，已无及。于是陈人退走，江北悉平。

军还，至豫州，宇文亮举兵反，潜以数百骑袭孝宽营。时亮国官茹宽密白其状，孝宽有备。亮不得入，遁走，孝宽追获之。诏以平淮南之功，别封一子滑国公。

及宣帝崩，隋文帝辅政，时尉迟迥先为相州总管，诏孝宽代之。又以小司徒叱列长义为相州刺史，先令赴邺。孝宽续进，至朝歌，迥遣大都督贺兰贵齐书候孝宽。孝宽留贵与语以察之，疑其有变，遂称疾徐行。又使人至相州求医药，密以伺之。既到汤阴，逢长义奔还。孝宽兄子魏郡守艺又弃郡南走。孝宽审讦其状，乃驰还。所经桥道，皆令毁撤，驿马悉拥以自随。又勒（骑）〔驿〕将曰："蜀公将至，可多备肴酒及刍粟以待之。"迥果遣仪同梁子康将数百骑追孝宽，驿司供设丰厚，所经之处，皆辄停留，由是不及。

【译文】

周静帝大象元年，任命韦孝宽为徐、兖等十一州十五镇诸军事、徐州总管。又任行军总管，进军淮河以南。于是分别派杞公宇文亮进攻黄城，郧公梁士彦进攻广陵，韦孝宽率大军进攻寿阳，这些城池全被攻下。开始的时候，韦孝宽刚到达淮南，陈国各城守将都暗中派人联系，表示降服。其中以五门尤其重要，陈国若打开水库的堤岸，渡口和道路就将被淹没。韦孝宽立即分派部队前往防守。陈刺史吴文育果然派军掘堤，但已经来不及了。于是陈国军队退走，长江以北的地区都被平定。

韦孝宽从淮南撤军而回，到达豫州时，宇文亮举兵反叛，率几百骑兵秘密袭击韦孝宽的营帐。当时宇文亮封国的属官茹宽已把情况密报韦孝宽，使他预先有所防备，宇文亮攻不进去，便逃走了，韦孝宽追击，将他抓获。朝廷因为他夺取淮河以南的功勋，再封他的一个儿子为滑国公。

周宣帝死后，隋文帝杨坚辅政，在此以前尉迟迥已任相州总管，朝廷命令韦孝宽去接替他。又任命小司徒叱列长义为相州刺史，让他先到相州治所邺城去。韦孝宽随后出后，到达朝歌时，尉迟迥派大都督贺兰贵带着书信在那儿迎接他。韦孝宽把贺兰贵留下，与他交谈，察言观色，怀疑事情不妙，便声称自己有病，慢慢前行。又派人到相州，借口寻医生和药物，暗中观察动静。到达汤阴时，碰上从相州逃回来的叱列长义。韦孝宽的侄子、魏郡太守韦艺又弃职南逃。韦孝宽弄清真实情况后，便乘马奔回。他所经过的桥梁，都下令拆毁，驿站马匹全部带走。又告诫驿将说："蜀公快到了，你们得多准备些酒菜和饲料，以便接待他。"尉迟迥果然派仪同梁子康率领几百骑兵追捕韦孝宽，各驿主管人都给他们以丰盛的款待，追兵每到一处，都擅自停留，因而没有追上。

时或劝孝宽，以为洛京虚弱，素无守备，河阳镇防，悉是关东鲜卑，迥若先往据之，则为祸不小。乃入保河阳。河阳城内旧有鲜卑八百人，家并在邺，见孝宽轻来，谋欲应迥。孝宽知之，遂密造东京官司，诈称遣行，分人指洛阳受赐。既至洛阳，并留不遣。因此离解，其谋不成。

六月，诏发关中兵，以孝宽为元帅东伐。七月，军次河阳。迥所署仪同薛公礼等围逼怀州，孝宽遣兵击破之。进次怀县永〔桥〕城之东南。其城既在要冲，雉堞牢固，迥已遣兵据之。诸将士以此城当路，请先攻取。孝宽曰："城小而固，若攻而不拔，损我兵威。今破其大军，此亦何能为也。"于是引军次于武陟，大破迥子惇，惇轻骑奔邺。军次于邺西门豹祠之南。迥自出战，又破之。迥穷迫自杀。兵士在小城中者，尽坑于游豫园。诸有未服，皆随机讨之，关东悉平。十月，凯还京师。十一月薨，时年七十二。赠太傅、十二州诸军事、雍州牧。谥曰襄。

【译文】

这时有人劝韦孝宽说，洛阳兵员很少，平时就没有多少守卫力量，在河阳城镇守的，都是原北齐的鲜卑兵，尉迟迥如果先一步占据河阳，将带来很大的危害。韦孝宽于是进入河阳，据城而守。河阳城中原有鲜卑族士兵八百人，他们的家属都在邺城，见韦孝宽没带多少人马，暗中商议，准备响应尉迟迥。韦孝宽知道他们的密谋，于是暗中伪造东京洛阳下达的公文，谎称将派他们出征，分一批人到洛阳接受赏赐。被派出的人到洛阳后，全被留下，不让他们回到河阳。鲜卑兵因此力量分散，他们的阴谋也就没有实现。

大象二年六月，朝廷命令征调关中的军队，委任韦孝宽为元帅，率军东征。七月，大军进驻河阳城。尉迟迥所任命的仪同薛公礼等人围攻怀州，韦孝宽派军队将他们打败。大军又进驻怀县永桥城的东南边，永桥城因为地理位置极其重要，城墙建造得很坚固，尉迟迥已经派兵将它占据。众将领认为该城处在进军路线上，请求首先将它攻拔。韦孝宽说："永桥城虽小却很坚固，如果我们发起攻击却攻不下，将使我军声威受到损害。现在我们打败他们的主力部队，永桥小城又能有什么作为呢。"于是率军进驻武陟，大败尉迟迥之子尉迟惇所部，尉迟惇单马逃回邺城。大军进驻邺城西门豹祠的南边。尉迟迥亲自出城应战，韦孝宽将他击败。尉迟迥因走投无路而自杀。尉迟迥部下在邺城内城中的，全被活埋在游豫园中。各地还有未降服的，韦孝宽都根据情况，派军攻打，使关东完全安定下来。十月，韦孝宽凯旋京城长安。十一月逝世，终年七十二岁。朝廷赠他太傅、十二州诸军事、雍州牧等官。谥号为"襄"。

孝宽在边多载，屡抗强敌。所有经略，布置之初，人莫之解；见其成事，方乃惊服。虽在军中，笃意文史，政事之余，每自披阅，末年患眼，犹令学士读而听之。又早丧父母，事兄嫂甚谨。所得俸禄，不入私房。亲族有孤遗者，必加振赡。朝野以此称焉。长子谌年已十岁，魏文帝欲以女妻之。孝宽辞以兄子世康年长。帝嘉之，遂以妻世康。孝宽有六子，总、寿、霁、津知名。

【译文】

韦孝宽在边疆镇守多年，多次抵御了强敌的进攻。他所做的一切事情，在开始布置的时候，别人都觉得不可理解；看见他把事情办成后，才感到惊奇，因而很佩服他。他虽身在军营中，却一心一意地学习文学和历史著作，在处理政事后的闲暇时间，常常亲自翻览。晚年的时候，他得了眼病，仍让有文化的人读书给他听。此外，韦孝宽的父母死得很早，他对哥嫂极恭谨。获得的俸禄，也不放进自己的小家。亲戚和同族如有孤儿，他定会救济。朝廷和民间都因此称赞他。韦孝宽的大儿子韦谌已年满十岁，西魏文帝元宝炬想把自己的女儿嫁给他做妻子。韦孝宽推辞，说自己哥哥的儿子韦世康比韦谌年龄大，（比较合适）。文帝称赏他，便把女儿嫁给韦世康。韦孝宽有六个儿子，其中以韦总、韦寿、韦霁、韦津比较有名气。

庾信传

庾信字子山，南阳新野人也。祖易，齐徵士。父肩吾，梁散骑常侍、中书令。

信幼而俊迈，聪敏绝伦。博览群书，尤善《春秋左氏传》，身长八尺，腰带十围，容止颓然，有过人者。起家湘东国常侍，转安南府参军。时肩吾为梁太子中庶子，掌管记。东海徐摛为左卫率。摛子陵及信，立为抄撰学士。父子在东宫，出入禁闼，恩礼莫与比隆。既有盛才，文并绮艳，故世号为徐、庾体焉。当时后进，竞相模范。每有一文，京都莫不传诵。累迁尚书度支郎中、通直正员郎。出为郢州别驾。寻兼通直散骑常侍，聘于东魏。文章辞令，盛为邺下所称。还为东宫学士，领建康令。

侯景作乱，梁简文帝命信率宫中文武千余人，营于朱雀航。及景至，信以众先退。台城陷后，信奔于江陵。梁元帝承制，除御史中丞。及即位，转右卫将军，封武康县侯，加散骑常侍，来聘于我。属大军南讨，遂留长安。江陵平，拜使持节、抚军将军、右金紫光禄大夫、大都督，寻进车骑将军、仪同三司。

【译文】

庾信，字子山，南阳新野（今河南新野）人。祖父庾易是南朝齐代的隐士。父亲庾肩吾，任过南朝梁朝散骑常侍、中书令。

庾信少年时代就长得英俊出众，聪明绝伦。他博览群书，特别精通《春秋左氏传》；身高八尺，腰带长十围，容貌举止恭顺，有超过凡人之处。起初，他任湘东（今湖南衡阳）国常侍，后转任安南府参军。当时，庾肩吾任梁太子中庶子，主持管记的工作，东海（今江苏东海沭阳连水以东、淮水以北地区）人徐摛任左卫率，徐摛的儿子徐陵和庾信一齐任抄撰学士。父子在太子的宫室里，出入于皇宫禁地，深受恩宠礼遇的荣耀，无人可以相比。他们都极具才华，文采显得绮丽华艳，因此世称为“徐庾体”。当时，后辈们都竞相模仿学习，他们每有一篇文章问世，便在京城广为传诵。后来，庾信升任为尚书度支郎中、通直正员郎，又出任郢州别驾。接着又兼任通直散骑常侍，出使东魏。他的诗文和应酬的言辞广泛地为邺下（今河北临漳县境）人士所赞许。从东魏回梁朝后，他又出任东宫学士、建康令。

侯景反叛作乱时，梁朝简文帝命令庾信率领宫中文武官员一千多人扎营于朱雀航（在今江苏南京镇淮桥东）。及至侯景兵到，他因敌军众多而先行撤退。台城（今南京玄武湖边）沦陷后，庾信逃到江陵（今属湖北）。梁元帝继承王位，授予他御史中丞之职。元帝登基时，转授右卫将军，并封他为武康县侯，又加授散骑常侍，奉命出使西魏。适值西魏大军进攻南朝，他便留在长安（今陕西西安）。江陵陷落后，他在西魏任使持节、抚军将军、右金紫光禄大夫、大都督。继之，又被引荐为车骑大将军、仪同三司。

孝闵帝践阼，封临清县子，邑五百户，除司水下大夫。出为弘农郡守，迁骠骑大将军、开府仪同三司、司宪中大夫，进爵义城县侯。俄拜洛州刺史。信多识旧章，为政简静，吏民安之。时陈氏与朝廷通好，有北流寓之士，各许还其旧国，陈氏乃请王褒及信等十数人。高祖唯放王克、殷不害等，信及褒并留而不遣。寻徵为司宗中大夫。

世宗、高祖并雅好文学，信特蒙恩礼。至于赵、腾诸王，周旋款至，有若布衣之交。群公碑志，多相请托。唯王褒颇与信相埒，自余文人，莫有逮者。

信虽住望通显，常有乡关之思。及作《哀江南赋》以致意云。其辞曰：

【译文】

孝闵帝即位后，封庾信为临清县子，赐给五百户的封地，授予司水下大夫。他还离京任弘农郡太守。又升迁为骠骑大将军、开府仪同三司、司宪中大夫，提升爵位为义城县侯。不久，任洛州（今河南洛阳）刺史。庾信精通以往的典章制度，为政简约沉静，下属官吏和百姓很安定。当时，陈朝和北周和好交往，羁留在对方国家的人士都被允许返回故国。陈朝便请王褒、庾信等十几个人回去。高祖只放走王克、殷不害等人。庾信和王褒两人都被留下而不得遣返。接着，庾信被征召为司宗中大夫。

周世宗、高祖都很爱好文学，庾信特别蒙受恩宠礼遇。乃至赵王、滕王几位王侯，对他更是多所应酬，款待备至，犹如百姓间的平等交往。众多王公的碑铭文志，多半拜托他撰写。只有诗人王褒和他不相上下，其余的文人就没有比得上他的了。

庾信虽然官位显达，名望显赫，但仍然经常怀有思乡的深情。于是，创作了《哀江南赋》以表达自己的这种情绪。赋是这样写的：

粤以戊辰之年，建亥之月，大盗移国，金陵瓦解。余乃窜身荒谷，公私涂炭。华阳奔命，有去无归，中兴道消，穷于甲戌。三日哭于都亭，三年囚于别馆。天道周星，物极不反。傅燮之但悲身世，无所求生；袁安之每念王室，自然流涕。昔桓君山之志事，杜元凯之生平，并有著书，咸能自序。潘岳之文彩，始述家风；陆机之词赋，多陈世德。信年始二毛，即逢丧乱，藐是流离，至于暮齿。《燕歌》远别，悲不自胜，楚老相逢，泣将何及。畏南山之雨，忽践秦庭；让东海之，遂餐周粟。下亭漂泊，皋桥羁旅，楚歌非取乐之方，鲁酒无忘忧之用。追为此赋，聊以记言，不无危苦之辞，唯以悲哀为主。

日暮途远，人间何世。将军一去，大树飘零；壮士不远，寒风萧瑟。荆璧睨柱，受连城而见欺；载书横阶，捧珠盘而不定。钟仪君子，入就南冠之囚；季孙行人，留守西河之馆。申包胥之顿地，碎之以首；蔡威公之泪尽，加之以血。钓台移柳，非玉关之可望；华亭唳鹤，岂河桥之可闻。

【译文】

戊辰年（548）十月，窃国大盗侯景反叛篡国，京城金陵沦陷，国家土崩瓦解。我于是逃窜于荒山野谷。朝廷与百姓都陷于泥潭炭火之中。从江陵奉命出使西魏，羁留北方，不得南归。复兴梁朝的希望在甲戌之年（554）便彻底破灭了。国家灭亡，我在长安亭舍遥哭了三天，在异国别馆被囚禁了三年。天理本如岁星运行一样周而复始，但梁朝消亡却不再复兴。我如同傅燮，只有悲叹身世而无处可以求生；又像袁安，每每思念先朝，自然而然地涕流满面。从前，桓谭有志于事业，杜预一生好运，两人都有著述，都在书中作序叙平生志向。潘岳的诗篇，最早叙述家族的风尚；陆机的辞赋，大多陈说祖先的功德。我从中年开始，便遭到丧国的变乱，遥远地离开故国，流落他邦，直到如今已届晚年。吟咏着《燕歌》远别家国，悲伤得无法忍受。遇到了故国遗老，哭泣又有什么用处？本来想隐居避害，却忽然奉命出使而失节于西魏，本以谦让自守，便又不能如伯夷、叔齐以身殉义。漂泊在路旁的亭舍，寄身于异邦的篱下。唱唱怀乡的悲歌，不是取乐的办法；喝喝乏味的薄酒，没起忘忧的效果。如今，追写这篇辞赋，姑且用来记述一朝兴亡之事，其中虽不乏个人危难悲苦的辞句，但还是以国家的悲哀为重。

年老岁残，乡关路远，这混乱多变的世道成了什么世界？冯异将军一旦离去，那大树自然凋零；荆轲壮士一去不返，寒风更加凄凉。蔺相如手持和氏璧斜视庭柱，为换回赵国十五城直面秦王的欺凌，终于完璧归赵；毛遂登上石阶，逼使楚王订立盟约，而我出使魏国，手捧珠盘，却未能使梁朝和西魏结盟。钟仪是楚国的君子，被俘而成了头戴南方楚帽的囚徒；季孙为鲁国的使臣，被晋人拘留在西河的使馆里。申包胥为救楚国向秦王叩头，把头叩破；蔡威公因亡国哭干了眼泪，泪尽泣血。钓台的移柳，不是漂泊玉门关的游子所能望得见的；华亭的鹤鸣，岂是遭河桥之难的人所能听得着的。

孙策以天下为三分，众裁一旅；项羽用江东之子弟，人唯八千。遂乃分裂山河，宰割天下。岂有百万义师，一朝卷甲，芟夷斩伐，如草木焉。江、淮无涯岸之阻，亭壁无藩篱之固。头会箕敛者，合纵缔交；锄耰棘矜者，因利乘便。将非江表王气，应终三百年乎？是知并吞六合，不免轵道之灾；混一车书，无救平阳之祸。呜呼！山岳崩颓，既履危亡之运；春秋迭代，必有去故之悲。天意人事，可以凄怆伤心者矣。况复舟楫路穷，星汉非乘槎可上；风飚道阻，蓬莱无可到之期。穷者欲达其言，劳者须歌其事。陆士衡闻而抚掌，是所甘心；张平子见而陋之，固其宜矣。

我之掌庾承周，以世功而为族；经邦佐汉，用论道而当官。禀嵩、华之玉石，润河、洛之波澜。居负洛而重世，邑临河而晏安。逮永嘉之艰虞，始中原之乏主。民枕倚于墙壁，路交横于豺虎。值五马之南奔，适三星之东聚。彼凌江而建国，此播迁于吾祖。分南阳而赐田，袭东岳而胙土。诛茅宋玉之宅，穿径临江之府。水木交运，山川崩竭。家有直道，人多全节。训子见于纯深，事君彰于义烈。新野有生祠之庙，河南有胡书之碣。况乃少微真人，天山逸民。阶庭空谷，门巷蒲轮。移谈讲树，就简书筠。降生世德，载诞贞臣。文词高于甲观，模楷盛于漳滨。嗟有道而无凤，叹非时而有麟。既奸回之奰匿，终不悦于仁人。

王子洛滨之岁，兰城射策之年，始含香于建礼，仍矫翼于崇贤。游洊雷之讲肆，齿明离之胄筵。既倾蠡而酌海，遂侧管以窥天。方塘水白，钓渚池圆。侍戎韬于武帐，听雅曲于文弦。乃解悬而通籍，遂崇文而会武。居笠毂而掌兵，出兰池而典午。论兵于江汉之君，拭圭于西河之主。

【译文】

孙策用以三分天下的士卒，起初只有五百；项羽起兵所带的江东子弟，也只有八千之众。他们就这样割据山河，主宰天下。哪有过百万义军一时丢盔弃甲，一败涂地，以致敌军滥杀百姓如同割草伐木？长江、淮河起不了普通河岸阻挡敌兵的作用，军营壁垒还不如一道篱笆牢固坚实。征税敛赋的各州官吏乘乱纠集起来，缔结盟约；出身卑微的人趁机窃取了国柄。莫非金陵的天子气数历经三百年理当完结了？由此可知，秦虽打败六国，吞并了天下，仍不能避免于轵道（今陕西西安东北）投降之灾，西晋虽统一了国家，也挽救不了国君于平阳（今山西临汾）丧身之祸。呜呼！大山崩塌，萧梁已走上灭亡的命运，改朝换代，必然会有典午（晋朝）前朝的哀伤。上天的意旨，朝代的更迭，足以使人感到凄凉悲怆，伤心不已。更何况行船到了航道的尽头，天河不是乘木筏可以上去的；暴风阻拦了仙境之路，蓬莱没有可以到达之日。不得志的人要作赋表达心头哀曲，困顿的人要咏唱所做之事。陆机听到我的吟咏会拍手取笑，这是我心甘情愿的；张衡看到这篇辞赋定要加以鄙辱，这本来就是理所当然的事。

我出身于周朝掌庾大夫的世家，因世代功勋而成为官族。辅佐汉室治理国家，凭学识而居官受职。禀承嵩山、华山玉石的灵气，浸润着黄河、洛河的波澜。迁居新野，背倚洛阳古都重新处世。城邑面临晏水，倒也优雅、安静。及至永嘉（307—313）年间，国事艰难多舛，国家失去主心骨，百姓苟延在断壁残垣之间，虎豹豺狼横行于道路之上。适逢中原五大姓南迁，三星聚会在东南，晋元帝迁都金陵，重建国家。我的八世祖也徙居江陵。他受封为遂昌侯而得到赐予的田产，侍奉天子而得到赐封的土地。铲锄茅草，住上了宋玉旧宅，穿路寻径，定居于江陵。

如太子晋游伊、洛时的年龄，我也在十五岁时高中射策甲科。起先，在建礼门任尚书郎，满含芒名；接着，在太子门为东宫学士，羽翼正矫健。游说于皇太子的讲舍，雄辩于帝胄的座席。既如以蠡测天高，池塘水色清纯，洲渚正宜垂钓。在帅帐中以兵戎韬略侍奉君王，在宫廷里听文人的琴弦奏出雅乐歌曲。于是，走出困境，为官做宦，继而又进崇文观为春官兵马兼任文武大臣。前呼后拥立于战事上执掌重兵，兵出兰池宫已拜授司马。与湘东王谈论军机，在北魏王面前显露了玉石的纯清。

于时朝野欢娱，池台钟鼓。里为冠盖，门成邹鲁。连茂苑于海陵，跨横塘于江浦。东门则鞭石成桥，南极则铸铜为柱。树则园植万株，竹则家封千户。西赆浮玉，南琛没羽。吴歈越吟，荆艳楚舞。草木之藉春阳，鱼龙之得风雨。五十年中，江表无事。王歙为和亲之侯，班超为定远之使。马武无预于兵甲，冯唐不论于将帅。岂知山岳暗然，江湖潜沸。渔阳有闾左戍卒，离石有将兵都尉。

天子方删诗书，定礼乐。设重云之讲，开士林之学。谈劫烬之灰飞，辨常星之夜落。地平鱼齿，城危兽角。卧刁斗如于荥阳，绊龙媒于平乐。宰衡以干戈为儿戏，缙绅以清谈为庙略。乘渍水而胶船，驭奔驹以朽索。小人则将及水火，君子则方成猿鹤。弊蓖不能救盐池之咸，阿胶不能止黄河之浊。既而鲂鱼赪尾，四郊多垒。殿狎江鸥，宫鸣野雉。湛卢去国，艅艎失水。见被发于伊川，知其时为戎矣。

彼奸逆之炽盛，久游魂而放命。大则有鲸有鲵，小则为枭为獍。负其牛羊之力，凶其水草之性。非玉烛之能调，岂璇玑之可正。值天下之无为，尚有欲于羁縻。饮其琉璃之酒，赏其虎豹之皮。见胡桐于大夏，识鸟卵于条支。豺牙密厉，虺毒潜吹。轻九鼎而欲问，闻三川而遂窥。

【译文】

当时，朝廷和民间都欢欣娱乐，高台深池撞钟鸣鼓。里巷冠盖如云，门庭尽是邹鲁大儒。在海陵兴建了连绵的花苑，在江边筑起了横塘大堤。国家的东门有神人用鞭子抽打过的石横桥，南端有金铜铸成的巨柱。蜀、江、江陵辟园遍植万株橘树，渭川人家有千亩竹林堪称千户侯。西方礼赠浮玉，南方进贡珍贵的“没羽”宝箭。吴国的曲子，越国的歌吟，荆州的美女，楚国的舞蹈。世人的欢乐有如草木遇上阳春，蛟龙适逢风雨。五十年间，江南一带安平无事。有如王歙那样和亲的王侯，如班超那样安定远邦的使臣。没有马武这样的人物提起兴兵之事，没有冯唐这样的人物谈论将帅韬略。哪里知道山岳暗然失色，江湖沸扬汹涌。渔阳有造反的北镇戍兵，离石有拥兵自重的都尉。

天子梁武帝正在删改诗书，制定礼乐。开设重云殿讲坛，建立士林学馆。奢谈大劫焚烧灰烬飘飞的原因，阔论恒星在夜空中消逝的缘故。守地没有鲁齿山（今河南宝丰东南）可以凭借，城防没有猛兽之角可以倚恃。刁斗躺臣在荥阳（今属河南兵库里），龙驹被拘律在平乐馆时。掌政的朱异视兵戎士戈如同儿戏。王公大臣以清谈作为定国安邦之方。乘坐用胶粘合的船只，用腐烂的绳索驾驭奔驰的壮马。于是，小民陷于水火之中，君子成了猿猴水鹤。坏了的蓖子不能阻止盐池的咸，阿胶不能改变黄河的浑浊。于是，鲂鱼有病，其尾变赤，城郊四野，营垒无数。江鸥在殿堂上亲昵，野雉在宫廷中鸣叫，湛卢宝剑离开了故国，艅艎名船沉落在水中。看见有披发的人在伊水祭奠，知道升平不足百年就又有了兵灾！

那奸逆侯景气焰嚣张，反叛之心由来已久。其罪行，大则蚕食诸国，凶如鲸、鲵；小则残灭己类，恶如枭、獍。任它牛羊一般的蛮力，肆虐它啃食水草的野性。这不是四季的和气所能调剂，也非北斗魁四星所能校正。乘天下尊奉释教无为而作乱，还有野心企图控制四方。天子却还请他痛饮精醇美酒，又赏给虎豹之皮。如同在大夏国（在今阿富汗北部一带）见到了胡杨树，在条支（在今底格里斯、幼发拉底两河之间）见到了鸟蛋。奸逆的豺狼牙齿密而厉，毒蛇之气暗中吹出。竟轻狂地举起九鼎，还侧耳窥视京都，妄图篡国称事。

始则王子召戎，奸臣介胄。既官政而离逖，遂师言而泄漏。望廷尉之逋囚，反淮南之穷寇，飞狄泉之苍鸟，起横江之困兽。地则石鼓鸣山，天则金精动宿。北阙龙吟，东陵麟斗，尔乃桀黠构扇，凭陵畿甸。拥狼望于黄图，填卢山于赤县。青袍如草，白马如练。天子履端废朝，单于长围高宴。两观当戟，千门受箭。白虹贯日，苍鹰击殿。竟遭夏台之祸，遂视尧城之变。官守无奔问之人，干戚非平戎之战。陶侃则空装米船，顾荣则虚摇羽扇。将军死绥，路绝重围。烽随星落，书逐鸢飞。遂乃韩分赵裂，鼓卧旗折。失群班马，迷轮乱辙。猛士婴城，谋臣卷舌。昆阳之战象走林，常山之阵蛇奔穴。五郡则兄弟相悲，三州则父子离别。

护军慷慨，忠能死节。三世为将，终于此灭。济阳忠壮，身参末将。兄弟三人，义声俱唱。主辱臣死，名存身丧。狄人归元，三军凄怆。尚书多算，守备是长。云梯可拒，地道能防。有齐将之闭壁，无燕师之卧墙。大事去矣，人之云亡。申子奋发，勇气咆勃。实总元戎，身先士卒。胄落鱼门，兵填马窟。屡犯通中，频遭刮骨。功业夭枉，身名埋没。或以隼翼鷃披，虎威狐假。沾渍锋镝，脂膏原野。兵弱虏强，城孤气寡。闻鹤唳而虚惊，听胡笳而泪下。据神亭而亡戟，临横江而弃马。崩于钜鹿之沙，碎于长平之瓦。于是桂林颠覆，长洲麋鹿。溃溃沸腾，茫茫惨黩。天地离阻，人神怨酷。晋郑靡依，鲁卫不睦。竞动天关，争回地轴。探雀鷇而未饱，待熊蹯而讵熟。乃有车侧郭门，筋悬庙屋。鬼同曹社之谋，人有秦庭之哭。

【译文】

开始，临川王萧宏之子（萧正德）引贼兵进入帝城，奸臣成了披甲戴盔的统兵之将。他先被奸逆侯景立为天子执政，马上又被降为侍中。于是，他密修书信、图求授兵，但又为贼兵截得，天机泄漏。奸逆侯景是觊觎廷尉之职的逃亡之囚，盘踞淮南造反的败兵，如从狄泉（在今河南洛阳）飞起的苍鸟，如从横江（在今安徽和县东南）挣脱的困兽。于是，地上石鼓鸣叫，震撼山岳，天上太白行空，星宿移动。朝廷群龙吟鸣，东陵（在今湖北广济东北及黄梅境内）麒麟相斗。贼兵凶残狡诈，横行滥杀，侵凌天子住处。如将匈奴的狼烟侯望之地移入京畿版图，把北庭的卢山搬至中原大地。贼兵青袍犹如绿草，白马好像系练。天子梁武帝正月不能上朝，奸逆筑长围置酒宴乐。宫前两座高台横遭刀兵攻击，宏伟的宫殿大门饱受箭矢射击。晕圈包围着太阳，苍鹰击拍着殿堂。天子竟然遭致了被囚夏台（在今河南禹县南）的灾祸，也终于看到了被囚尧城的变故。为官有责却没有勤王的人，空有盾斧却不能平定贼兵。王琳无陶侃的机遇，只好自沉米船，羊鸦仁无顾荣的善战，不能挥摇羽扇破敌。将军败退，台城被围，通路断绝。烽火随着星辰下落而熄灭，诏书随着纸鸢被射而飞落。于是，韩国割据，赵国分裂，戍鼓倒卧，牙旗折断。战马失群嘶鸣，败兵轮辙混乱。猛士倚城自守，谋臣瞠目结舌。昆阳（今河南叶县）的战斗如同大象奔逃山林，常山（在今山西浑源县）的战阵好像长蛇逃回洞穴。据有五郡的王子们相向悲泣，拥有三州强兵的儿子也只好与父王遥遥诀别。

护军将军慷慨勤王，忠贞不屈，战死阵前。他祖孙三代都为将领，却在此战中灭绝。济阳（在今河南兰考）的忠勇壮士身为末将，他们兄弟三人开城出战而死，同唱了一曲忠义之歌。天子蒙受耻辱，臣子忠贞而死。身体虽亡，英名永存。贼兵感其忠勇，归还遗体，三军怆然悲泣。都官尚书羊侃足智多谋，善于筹策，多方守城御敌。抵御了贼兵云梯攻城，又以地道挖陷了敌人临城而筑的土山。直如有坚壁固守的齐国将军，但他不幸病卒，失去了可以防护燕昌城的燕国军队。随之，台城沦陷，大势已去，这就是人们所说的国家灭亡了！柳仲礼精神振奋，怒勇冲天，统率前军，身先士卒与奸逆交战。头盔掉在郏城门，青塘败北，兵士陷入了马窟，他身负创伤，中气每每受抑，屡遭刮骨疼痛。以后他又降贼，以致功业短暂夭亡，身名两失。有时，贼兵如鸷鸟披上隼翼，狐狸假借虎威，滥杀无忌，刀刃箭矢满沾血渍，脂膏涂地，横尸原野。我兵转弱，贼兵变强。义军绕守孤城，士气低落，听到鹤叫而心惊胆寒，听到贼兵胡笳声响而伤心落泪。如太史慈在神亭（在今江苏丹阳）拒敌失掉手戟而被执，似孙策渡过横江击敌中箭弃马而还。如秦军崩溃于钜鹿（今河北平乡）的沙丘台，如赵军覆灭于长平。就这样，桂林（在今江苏南京北面）苑囿荒鞠倾覆，长洲（今江苏吴县西南）麋鹿漫游，溃溃然江河沸腾，茫茫然宇宙混浊。天地横遭分离阻隔，神与人都怨恨惨毒残酷。之后，诸王如晋国与郑国不能互相依存，鲁国与卫国互不和睦。其竞相杀戮震动了主边事的天官星，其争城夺地如同地轴回旋。梁武帝受饥困，如赵武灵王寻食雏鸟而难饱，又如楚成王求食熊掌，岂能得到？饿死后，被奸逆以轻车简葬于城门外。梁简文帝被杀，如齐王被抽筋，悬挂在庙屋上。人鬼同谋灭亡曹国。我因此逃奔江陵，乞求援救。

余乃假刻玺于关塞，称使者之酬对。逢鄂坂之讥嫌，值彤门之征税。乘白马而不前，策青骡而转碍。吹落叶之扁舟，飘长帆于上游。彼锯牙而勾爪，又巡江而习流。排青龙之战舰，斗飞燕之船楼。张辽临于赤壁，王浚下于巴丘。乍风惊而射火，或箭重而回舟。未辨声于黄盖，已先沈于杜侯，落帆黄鹤之浦，藏船鹦鹉之洲。路已分于湘汉，星犹看于斗牛。若乃阴陵失路，钓台斜趣。望赤岸而沾衣，舣乌江而不度。雷池栅浦，鹊陵焚戍。旅舍无烟，巢禽失树。谓荆、衡之杞梓，庶江、汉之可恃。淮海维扬，三千余里。过漂渚而寄食，托芦中而度水。届于七泽，滨于十死。嗟天保之未定，见殷忧之方始。本不达于危行，又无情于禄仕。谬掌卫于中军，滥尸丞于御史。

信生世等于龙门，辞亲同于河洛。奉立身之遗训，受成书之顾托。昔三世而无惭，今七叶而始落。泣风雨于《梁山》，惟枯鱼之衔索。入欹斜之小径，掩蓬藋之荒扉。就汀洲之杜若，待芦苇之单衣。

【译文】

于是，我诈称传御旨而蒙混出关隘，假称使臣身份应付盘查。遭受了伍子胥过鄂坂时的讥讽嫌疑和关卡的征税。乘着疲惫的白马艰难跋涉，又改策青骡而辗转前行。扁舟像风中落叶一样漂荡，驾长风逆江而上。那贼兵张牙舞爪，沿江乘胜奔袭，摆开青龙大阵，驾驶飞燕楼船。义师则如合肥之战中的张辽一样勇猛陷阵，如率水军从巴丘下东南的王浚一样势不可挡。贼兵逆风烧火而自焚，又受箭伤而回船败退。还不如中箭落水的黄盖，却如溺死水中的杜侯。我收帆于黄鹤矶（在今湖北武汉蛇山），藏船在鹦鹉洲（在今湖北武汉江中）。路已行至湘水和汉水境界，却仍抬头遥望吴地分野的斗星和牵牛星。我如项羽陷于阴陵沼泽（在今安徽定远西北），走投无路，在樊山钓台（在今湖北北武昌西北）上痛抒忧闷。远望赤岸涕泪沾衣。舟停乌江（在今安徽和县东北四十里）无心过渡。沿江望去，雷池（在今安徽望江南）成了筑栅的水浦，鹊陵成了焚后的军营。旅途中杳无人影，难以投宿，飞禽无树可以筑巢。我以为幸而荆州、衡阳有明君良才，江陵、汉水足以倚靠。从淮海扬州起程，溯江而上，走了三千余里。像韩信一样路过漂衣的小洲向漂母乞食，像伍员藏身芦苇，由渔夫渡江出逃。身临湖泊，十死一生。嗟叹还未报答皇恩，明白深忧还正当开始。本来够上不励行邦国之道，也无意任官食禄。梁元帝却让我错误地掌握右卫将军之职，不适当地充任御史中丞。

我类似生长于龙门（在今陕西韩城），与父亲诀别于黄河、洛水之间的司马迁，尊奉父亲立身扬名的遗训和著论传世的嘱托。过去，许多世代都无愧于公卿的大名。如今，传到自己却开始衰落。思先父，风雨中泣颂曾子《梁山》之曲，只悲叹父母如衔索的枯鱼，都难久留于世。避猜忌，我绕进曲折不平的小路，躲藏于野草丛生的空门里。如屈原戴上汀洲的香草，如诸葛恪穿芦苇做的单衣而待死。

于时西楚霸王，剑乃繁阳。鏖兵金匮，校战玉堂。苍鹰赤雀，铁舳牙樯。沈白马而誓众，负黄龙而渡湘。海潮迎舰，江萍送王。戎车屯于石城，戈船掩于淮、泗。诸侯则郑伯前驱，盟主则荀莹暮至。剖巢熏穴，奔魁走魅。埋长狄于驹门，斩蚩尤于中冀。然腹为灯，饮头为器。直虹贯垒，长星属地。昔之虎据龙盘，加以黄旗紫气，莫不随狐兔而窟穴，与风尘而殄瘁。

西瞻博望，北临玄圃。月榭风台，池平树古。倚弓于玉女窗扉，系马于凤凰楼柱。仁寿之镜徒悬，茂陵之书空聚。若夫立德立言，谟明赉亮。声超于系表，道高于河上。既不遇于浮丘，遂无言于师旷。指爱子而托人，知西陵而谁望。非无北阙之兵，犹有云台之仗。司徒之表里经纶，狐偃之惟王实勤。横雕戈而对霸主，执金鼓而问贼臣。平吴之功，壮于杜元凯；王室是赖，深于温太真。始则地名全节，终以山称枉人。南阳校书，去之已远。上蔡逐猎，知之何晚。镇北之负誉矜前，风飚懔然。水神遭箭，山灵见鞭。是以蛰熊伤马，浮蛟没船。才子并命，俱非百年。

【译文】

此时，梁元帝驰檄讨贼，义军锐不可挡，犹如西楚霸王剑抵城门。

众兵激战于书库，校尉争斗于殿堂。苍鹰船，赤誉舟，铁船舷，牙帆柱，声威赫赫。义军歃血结成白马之盟，典龙负舟速下江东破贼。兵船迎海潮飞驰，江萍助王师成行。兵马军车进驻石头城（在今江苏南京），戈船水军乘潮涌入淮水、泗水。义军挺进，如诸侯有郑伯为前驱，盟主晋国的荀氏在傍晚抵达。攻入敌巢，如以火熏穴，贼酋如魑魅，四散窜逃。奸逆侯景被斩，犹如长狄被埋于驹门，蚩尤被斩于中冀。其腹被作为灯火点燃。其头被作为饮酒器具。至此，白虹贯于军营，流星坠入大地。过去虎踞龙盘，黄旗紫气的金陵帝都，任凭狐兔筑窟结穴，随着风尘而王气消尽。

向西观瞻博望苑，向北进入玄辅园。有吟赏风月的台榭，波平如镜的池塘，苍劲参天的古树。可在玉女窗扉下放下弓弩，在凤凰楼柱上系马逗留。仁寿殿前空自悬挂着铜镜，茂陵里的经书也白白放置。至于简文帝，功德主行，堪称不配，确乎明智贤能，谨敬谅直，藻辞深于言表，道行高于精通《老子经》的河上公。却不能如太子晋遇浮，丘公而上嵩山，也不能像他那样先把后事告知师旷。只能像魏武临死那样，将爱子托付于人。哪知道他死后又有谁能探望他的西陵坟地？当时并非没有北阙的内应之兵，只是还有兵器精良的贼兵防守。司徒王僧辩表里都是济世经伦，如晋国的狐偃一心一意地勤王。敢于横执刻镂之戈向霸主挑战，手持金鞭斥责奸逆。平定吴地的功绩比杜元凯还壮伟。王室对他的依赖，比温太真还深重。开始，以保全气节而取地为名全节，最终，以死于枉人山的比干之名而著称。他功成被杀，如南阳宰文重，悔之不及，如上蔡游猎的李斯，知之已晚！曾镇守北方的邵陵王空负威名，兵败不前。其为人骄躁、暴虐，如秦始皇箭射水神，鞭击山灵。因此，神灵不佑，蛰熊啮伤座骑，浮蛟翻倒兵船。梁武帝终如高阳氏，虽有八子效命，终因史弟猜忌，国破家亡，不能有百年基业。

中宗之夷凶静乱，大雪冤耻。去代邸而承基，迁唐郊而纂祀。反旧章于司隶，归馀风于正始。沉猜则方逞其俗，藏疾则自矜于己。天下之事没焉，诸侯之心摇矣。既而齐交北绝，秦患西起。况背关而怀楚，异端委而开吴。驱绿林之散卒，拒骊山之叛徒。营军梁溠，搜乘巴渝。问诸淫昏之鬼，求诸厌劾之巫。荆门遭廪延之戮，夏首滥逵泉之诛。蔑因亲于教爱，忍和乐于弯孤。慨无谋于肉食，非所望于《论都》。未深思于五难，先自擅于二端。登阳城而避险，卧底柱而求安。既言多于忌刻，实志勇于刑残。但坐观于时变，本无情于急难。地为黑子，城犹弹丸。其怨则黩，其盟则寒。岂冤禽之能塞海，非愚叟之可移山。况以诊气朝浮，妖精夜殒。赤鸟则三朝夹日，苍云则七重围轸。亡吴之岁既穷，入郢之年斯尽。

周含郑怒，楚结秦冤。有南风之不竞，值西邻之责言。俄而梯冲乱舞，冀马云屯。栈秦车于畅毂，沓汉鼓于雷门。下陈仓而连弩，度临晋而横船。虽复楚有七泽，人称三户。箭不丽于六麋，雷无惊于九虎。辞洞庭兮落木，去涔阳兮极浦。炽火兮焚旗，贞风兮害蛊。乃使玉轴扬灰，龙文斫柱。下江馀城，长林故营。徒思钳马之秣，未见烧牛之兵。章曼支以毂走，宫之奇以族行。河无冰而马度，关未晓而鸡鸣。忠臣解骨，君子吞声，章华望祭之所，云梦伪游之地。荒谷缢于莫敖，冶父囚乎群帅。硎阱折拉，鹰□批攒。冤霜夏零，愤泉秋沸。城崩杞妇之哭，竹染湘妃之泪。

【译文】

中兴之主梁元帝平定了侯景的叛乱，洗雪了父兄百姓的冤耻。由湘东王砂接帝业，在江陵登基，如汉文帝被迎于代邸、帝尧在唐郊受禅。但却不能如光武帝任司隶时那样改变旧制，也不能恢复以往的正始之音。多猜忌而骄矜随意，嫉贤才而自以为是。国家大事因此完结，诸侯人心浮动。接着，与北齐绝交，遭西魏入侵之患。何况如西楚霸王离开关中想回楚地一样，他居江陵而不思返建邺；也不想如太伯以周礼开拓吴国那样，重返吴地。复用任约等侯景旧党去败自己的骨肉兄弟，如驱使绿林的散兵游勇去抗击在骊山（在今陕西临潼东南）造反的叛军。驻军于溠水，阅兵于巴渝。有事求问邪恶的鬼怪，乞灵于用迷信方法消灾除邪的巫术。杀武陵王于荆门（在今湖北宜都西北），如郑庄公追杀亲弟王廪延；使邵陵王死于夏首（在今湖北沙市东南），如咸季以弟害兄。无视骨肉之亲理当相受，残忍地以弯弓取代和乐。令人愤慨的是，当权者既无谋无略，又不能如天下所盼望的回旧都建邺。不能将立国之难深思熟虑，又自以为精通于文武二端。定都江陵，如登上阳城想逃避风险，倚卧砥柱想求得安宁。为人言谈多般猜忌，残忍更呈淫威。坐观时变，本性无情，不顾兄弟的急难。所拥有的狭小地方如同脸面上的黑闹，所据有的城池也只有弹丸一般大小。内外积怨甚深，兄弟之谊，国家之盟又都瓦解。冤禽精卫怎能填海，北山愚公哪能移山。何况灾象白天出现，妖气夜里降临，赤乌夹日而飞三日，青云围轸七重。元帝气数将尽，如同吴国灭亡的日子已经临近，兵入郢州的时间也已经到来。

如周和郑互相怨恨，秦和楚结下冤仇那样，梁元帝杀兄害弟，与梁王结下怨隙，使西魏有机可乘。如南风不劲，楚师无功，西邻责问，嫁女不宜那样，梁朝必败了。继而，西魏入侵，云梯横冲乱舞在城头，冀马如云屯集，大小兵车成阵，擂鼓响彻四方。如诸葛亮兵围陈仓使用连弩之箭，如韩信袭击安邑而横陈战船佯攻临晋。虽楚地有许多湖泊可以陷贼，三户人家就以亡秦，便如乐伯射麋只中其一，梁朝无力御敌。未能如光武帝摧九虎之军，雷震四海。此时，我已告别落叶纷纷的洞庭湖，离开了涔阳尽处的浦口，身在长安。烈火焚旗，其师必败，贞风吹送，君王受擒。于是，魏军烧栅，梁元帝焚烧书画，龙文宝剑折于石柱。魏兵入侵下江，攻陷长林。可惜只白想着养肥可供上阵的战马，见不到可摆火牛阵的军队。见国家将倾覆，士大夫纷纷出走，如章曼支驾毂而逃，宫之奇率族出走，如光武帝骑马涉水渡河，太子丹学鸡鸣，天未亮逃出潼关。忠臣以身殉国，君子饮恨吞声。梁朝既败，魏兵肆意屠戮，章华、云梦诸地成了楚人祭亡、遭拎的所在。文武大臣不死则囚，如莫敖自缢于荒谷，群帅被办于冶父（在今湖北江陵东南），群儒被害于坑井。如鹰隼追逐乌鸦，冤气使夏日凝霜，怨恨使秋泉沸腾，札妇哭夫，使城墙崩塌，湘妃血泪，染得竹纹斑斑。

水毒秦泾，山高赵陉。十里五里，长亭短亭。饥随蛰燕，暗逐流萤。秦中水黑，关上泥青。于时瓦解冰泮，风飞电散。浑然千里，淄、渑一乱。雪暗如沙，冰横似岸。逢赴洛之陆机，见离家之王粲。莫不闻陇水而掩泣，向关山而长叹。况复君在交河，妾在清波。石望夫而逾远，山望子而逾多。才人之忆代郡，公主之去清河。栩阳亭有离别之赋，临江王有愁思之歌。别有飘摇武威，羁序死而思归。李陵之双凫永去，苏武之一雁空飞。

昔江陵之中否，乃金陵之祸始。虽借人之外力，实萧墙之内起。拔乱之主忽焉，中兴之宗不祀。伯兮叔兮，同见戮于犹子。荆山鹊飞而玉碎，随岸蛇生而珠死。鬼火乱于平林，殇魂惊于新市。梁故丰徙，楚实秦亡。不有所废，其何以昌。有妫之后，遂育于姜。输我神器，居为让王。天地之大德曰生，圣人之大宝曰位。用无赖之子孙，举江东而全弃。惜天下之一家，遭东南之反气。以鹑首而赐秦，天何为而此醉！

【译文】

江陵百姓被掳往西魏，历尽跋涉之苦。水土不服，山高路远，如泾水施毒，井径险峻。十里一长亭，五里一短亭，道路迢遥。饿了就寻找冬天蛰藏的燕子充饥，天黑就追随荧火的微光行路。路过秦中黑水河，关中青泥城。那时，骨肉分离，冰消瓦解，风飞电散。既沦为奴，不分贵贱贤愚，混合一起，千里流亡，如淄水、渑水水味不同却相混合。白雪纷扬如寒沙，冰柱横凝似玉岩，遇到被俘的人，如适被征往洛阳的陆机，远离家乡的王粲。无不听到陇水声而掩面哭泣，无不望见关山无边而哀叹。何况夫君在西城交河（在今新疆吐鲁番西北雅尔和屯），妻子在河南清波（在今河南新蔡县西南）。岩上望夫更是遥不可及，山上望子愈增愁苦。贵妇人受尽凌辱，宫中妃子在追思邯郸生活，清河公主被卖为奴。栩阳亭侯写下了抒发离愁别恨的辞赋，临江王吟哦排遣愁思的诗歌。尚还有像我这样的人，漂泊在武威（今属甘肃），寄居于金微（今新疆北部、蒙古境内的阿尔泰山），回归无望。班超活着表达尸骨还乡的愿望。如李陵笔下的双凫永远北飞，苏武空放了寄书的大雁。

以往西魏克江陵，成为陈朝受禅金陵之祸的发端。虽然是借助外人之力，实际上是内部潜在的祸害。平定侯景之乱的梁元帝遭受杀戮，这位启中兴之业的人无人祭祀。其长子、幼子同时被其侄子梁王萧察所杀。乌鹊飞而荆山玉璧碎，大蛇生而随侯大珠死。臣民死伤无数。鬼火乱舞于平林（在今湖北京山东北）。梁朝的灭亡是因为从建邺迁都江陵，荆楚梁元帝的覆灭是因为西魏的入侵。梁朝不灭，西魏怎能昌盛，陈武帝哪能篡位？陈武帝这个有妫氏的后代，借助姜氏齐国而繁衍，篡夺梁朝的王位，受禅为帝。天地间最好的德行是使百姓安生，圣人最器重的是帝王的宝座。出现陈霸先这样的不肖子孙，江东大地全为他所占据。可惜萧梁一家的天下，被东南的叛逆所葬送。襄阳形胜之地为西魏所占有，梁朝的天下怎能不灭亡！

且夫天道回旋，民生预焉。余烈祖于西晋，始流播于东川。洎余身而七叶，又遭时而北迁。提挈老幼，关河累年。死生契阔，不可问天。况复零落将尽，灵光巍然。日穷于纪，岁将复始。逼切危虑，端忧暮齿。践长乐之神皋。望宣平之贵里。渭水贯于天门，骊山回于地市。幕府大将军之爱客，丞相平津侯之待士。见钟鼎于金、张，闻弦歌于许、史。岂知灞陵夜猎，犹是故时将军；咸阳布衣，非独思归王子。

大象初，以疾去职，卒。隋文帝深悼之，赠本官，加荆淮二州刺史。子立嗣。

【译文】

那往复的天道，预示着民间的生生不息。我的八世祖烈烈有为，举家迁居江陵，到我历经七代，又碰到时局变幻而北迁长安。扶老携幼，寄居关中又经多年，生死艰辛，苍天也难以言喻。何况家世败落，家业将尽，尚有巍巍灵光，唯己独存。一年将尽，岁将复始。忧心如焚，年老更甚。走在长乐宫这神武城门，望着宣平里高贵府邸，渭水流贯天门，骊山婉蜒在地市。幕府大将军对客人款待备至，丞相平津侯礼贤待士，得与贵戚交游，如在金氏、张氏府上观赏钟鼎古器，在许氏、史氏家中听奏弦歌。有谁知道，在灞陵（故址在今陕西西安东）夜猎的还是梁朝旧时的右卫将军，咸阳（在今陕西西安）百姓中盼望故乡的决非只有昔时梁朝的皇家贵胄！

大象初年，庾信因病离职，后病逝。隋文帝深切悼念他，赠予原来的官职，追认为荆州、淮州刺史。他的儿子庾立为继嗣。

炀帝本纪

炀皇帝讳广，一名英，小字阿麽，高祖第二子也。母曰文献独孤皇后。上美姿仪，少敏慧，高祖及后于诸子中特所钟爱。在周，以高祖勋，封雁门郡公。

开皇元年，立为晋王，拜柱国、并州总管，时年十三。寻授武卫大将军，进位上柱国、河北道行台尚书令，大将军如故。高祖令项城公韶、安道公李彻辅导之。上好学，善属文，沉深严重，朝野属望。高祖密令善相者来和遍视诸子，和曰："晋王眉上双骨隆起，贵不可言。"既而高祖幸上所居第，见乐器弦多断绝，又有尘埃，若不用者，以为不好声妓，善之。上尤自矫饰，当时称为仁孝。尝观猎遇雨，左右进油衣，上曰："士卒皆沾湿，我独衣此乎！"乃令持去。

六年，转淮南道行台尚书令。其年，征拜雍州牧、内史令。八年冬，大举伐陈，以上为行军元帅。及陈平，执陈湘州刺史施文庆、散骑常侍沈客卿、市令阳慧朗、刑法监徐析、尚书都令史暨慧，以其邪佞，有害于民，斩之右阙下，以谢三吴。于是封府库，资财无所取，天下称贤。进位太尉，赐辂车、乘马，衮冕之服，玄珪、白璧各一。复拜并州总管，俄而江南高智慧等相聚作乱，徙上为扬州总管，镇江都，每岁一朝。高祖之祠太山也，领武候大将军。明年，归藩。后数载，突厥寇边，复为行军元帅，出灵武，无虏而还。

及太子勇废，立上为皇太子。是月，当受册。高祖曰："吾以大兴公成帝业。"令上出舍大兴县。其夜，烈风大雪，地震山崩，民舍多坏，压死者百余口。

仁寿初，奉诏巡抚东南。是后高祖每避暑仁寿宫，恒令上监国。

【译文】

隋炀帝名杨广，又名杨英，小名叫阿麽，是隋高祖的第二个儿子。母亲是文献独孤皇后。杨广容貌俊美，小时聪明伶俐，在众多儿子中高祖和皇后特别喜爱他。北周时，因为高祖的功勋，杨广被封为雁门郡公。

开皇元年，杨广被立为晋王，任命为柱国、并州总管，那时他才十三岁。不久又授予武卫大将军的头衔，后来进升为上柱国、河北道行台尚书令，仍保留大将军衔。高祖让项城公王韶、安道公李彻辅佐教导杨广。杨广好学，擅长写文章，含蓄深沉，朝野都对他寄予厚望。高祖秘密命令会相面的人来和给所有的儿子相面，来和说："晋王眼眉上双骨突起，高贵极了。"不久，高祖到杨广住宅来，看见乐器的弦多数都断了，上面又落满灰尘，似乎长期不用，认为杨广不喜欢歌舞女伎，很赞赏他。杨广尤其善于弄虚作假，装得道貌岸然，时人都说他仁义孝顺。他曾参观狩猎，遇上大雨，左右侍臣进献油衣遮雨，他说："士兵都淋湿了，我能单独穿这个吗？"竟让侍臣拿走。

开皇六年，杨广转任淮南道行台尚书令。这一年，高祖征召杨广回京，拜为雍州牧、内史令。开皇八年冬天，大规模兴兵攻打陈国，杨广为行军元帅。平定陈国后，活捉了陈国湘州刺史施文庆、散骑常侍沈客卿、市令阳慧朗、刑法监徐析、尚书都令史暨慧，因为他们奸邪谄媚，害国害民，将他们在宫中右阙之下斩首示众，以此向三吴民众谢罪。杨广查封府库，秋毫无犯，天下人都称赞他贤明。他进升为太尉，高祖赏赐给他辂车、四匹马、礼帽礼服、黑珪白璧各一块。再次任命他为又并州总管。不久江南商智慧等聚众造反，高祖调杨广为杨州总管，镇守江都，每年朝见一次。高祖祭祀泰山的时候，杨广随任武侯大将军，第二年，回到封地。过了几年，突厥侵犯边境，杨广又出任行军元帅，从灵武出兵，没有遇上敌人，回来了。到太子勇被废黜后，杨广被立为皇太子。当月，接受册命。高祖说："我以大兴公的身份成就帝业。"于是让杨广离开京城，住到大兴县去。当夜，狂风大雪，地震山崩，百姓的住宅多数被破坏，压死了一百余人。仁寿初年，杨广奉诏书巡视安抚东南地区。此后，高祖每到仁寿宫避暑，总是让杨广主持国政。

四年七月，高祖崩，上即皇帝位于仁寿宫。八月，奉梓宫还京师。并州总管汉王谅举兵反，诏尚书左仆射杨素讨平之。九月乙巳，以备身将军崔彭为左领军大将军。十一月乙未，幸洛阳。丙申，发丁男数十万掘堑，自龙门东接长平、汲郡，抵临清关，度河，至浚仪、襄城，达于上洛，以置关防。癸丑，诏曰：

乾道变化，阴阳所以消息，沿创不同，生灵所以顺叙。若使天意不变，施化何以成四时，人事不易，为政何以厘万姓！《易》不云乎："通其变，使民不倦"；"变则通，通则久。""有德则可久，有功则可大。"朕又闻之，安安而能迁，民用丕变。是故姬邑两周，如武王之意，殷人五徙，成汤后之业。若不因人顺天，功业见乎变，爱人治国者可不谓欤！

然洛邑自古之都，王畿之内，天地之所合，阴阳之所和。控以三河，固以四塞，水陆通，贡赋等。故汉祖曰："吾行天下多矣，唯见洛阳。"自古皇王，何尝不留意，所不都者盖有由焉。或以九州未一，或以困其府库，作洛之制所以未暇也。我有隋之始，便欲创兹怀、洛，日复一日，越暨于今。念兹在兹，兴言感哽！

朕肃膺宝历，纂临万邦，遵而不失，心奉先志。今者汉王谅悖逆，毒被山东，遂使州县或沦非所。此由关河悬远，兵不赴急，加以并州移户，复在河南。周迁殷人，意在于此。况复南服遐远，东夏殷大，因机顺动，今也其时。群司百辟，佥谐厥议。但成周墟塉，弗堪葺宇。今可于伊、洛营建东京，便即设官分职，以为民极也。

夫宫室之制本以便生，上栋下宇，足避风露，高台广厦，岂曰适形。故《传》云："俭，德之共；侈，恶之大。"宣尼有云："与其不逊也，宁俭。"岂谓瑶台琼室方为宫殿者乎，土阶采椽而非帝王者乎？是知非天下以奉一人，乃一人以主天下也。民惟国本，本固邦宁，百姓足，孰与不足！今所营构，务以节俭，无令雕墙峻宇复起于当今，欲使卑宫菲食将贻于后世。有司明为条格，称朕意焉。

【译文】

仁寿四年七月，高祖去世，杨广在仁寿宫即皇帝位。八月，护送高祖灵柩返回京师。并州总管汉王杨谅起兵谋反，命尚书左仆射杨素讨伐平定了他。九月乙巳日，任命备身将军崔彭为左领军大将军。十一月乙未日，炀帝驾临洛阳。丙申日，征发数十万男壮丁挖壕沟，从龙门向东连接长平、汲郡，抵达临清关，过黄河到浚仪、襄城，抵达上洛，沿途设置关口防御。登丑日，颁下诏书说：

天道变化，阴阳才能消长；制度不同，百姓才能和顺。如果天的意志不变，所施行的教化怎么形成春、夏、秋、冬？人事如果不变，处理政事凭什么管理千家万户？《易》不是说："通过其变化，使民众不致疲倦。""变化就能通达，通达就能长久。""有德就能长久，有功就能壮大。"我又听说，安定天下而能迁都，百姓的财用就能有大的变化。因此，姬氏经营两周都城，合乎武王的心意；殷人五次迁徙，成就商汤的事业。如果不下合民意上顺天时，在变动中创建功业，那么，爱民治国的人能不明白这个道理吗？

而洛阳自古便是都城，周围千里之内，是天地交合之处，阴阳调和的地方。三河环绕，四塞巩固，水陆通达，贡赋均等。所以汉高祖说："我走遍天下，经过的地方可以说很多了，只有洛阳最好。"自古帝王，谁不留心洛阳，之所以不建都于此，都有原因。有的是因为九州尚未统一，有的是因为财政匮乏，无力创建洛阳城。我隋朝建立之初，便想创建这怀、洛二都，一天一天迁延到今天。朝思暮想，对于此事，说起来不胜感慨。我恭敬地接受皇位，统治万国，继承先帝意志，遵守而不敢遗忘。如今汉王杨谅叛乱，崤山以东地区遭受毒害，州县沦丧。这就是因为关河阻隔，路途遥远，军队不能赶赴应急，加上并州移民又在河南，无法协助。周代把殷人迁往东方，用意就在于此。况且，南方地区遥远，东方地区富庶广大，因势利导，顺时而动，现在正是时候。众官府和百官，都拥护这项动议。但是，成周宫殿废墟，无法修葺，于今可在伊、洛地区营建东京，就地设官府、分职务，树立万民的法则。

宫室的规模制度原本是为了便于生活，上有正梁，下有屋檐，就足以遮蔽风雨、雾露，高楼大厦，难道能够说是合适的形制？所以《传》说："节俭，是德行的总汇；奢侈，是罪恶的大端。"孔子说："与其不恭敬，不如节俭。"难道只有瑶台琼楼才是宫殿？而土墙草屋就不是帝王的住宅了？由此可知，不是用天下财物供奉一人，而是由一人主治天下。民是国家的根本，根本牢固则国家安宁，百姓富足，谁还会不富足！现在营建伊洛，务必节俭，不要让雕画的墙壁、崇高的楼房又在今天建起，想让低选择宫殿、简陋饭食遗传于后世。有关部门清楚地制定出条例，以便合乎我的心意。

十二月乙丑，以右武卫将军来护儿为右骁卫大将军。戊辰，以柱国李景为右武卫大将军。以右卫率周罗睺为右武候大将军。

大业元年春正月壬辰朔，大赦，改元。立妃萧氏为皇后。改豫州为溱州，洛州为豫州。废诸州总管府。丙申，立晋王昭为皇太子。丁酉，以上柱国宇文述为左卫大将军，上柱国郭衍为左武卫大将军，延寿公于仲文为右卫大将军。己亥，以豫章王暕为豫州牧。戊申，发八使巡省风俗。下诏曰：

昔者哲王之治天下也，其在爱民乎。既富而教，家给人足，故能风淳俗厚，远至迩安。治定功成，率由斯道。朕嗣膺宝历，抚育黎献，夙夜战兢，若临川谷。虽则聿遵先绪，弗敢失坠，永言政术，多有缺然。况以四海之远，兆民之众，未获亲临，问其疾苦。每虑幽仄莫举，冤屈不申，一物失所，乃伤和气，万方有罪，责在朕躬，所以寤寐增叹，而夕惕载怀者也。

今既布政惟始，宜存宽大。可分遣使人，巡省方俗，宣扬风化，荐拔淹滞，申达幽枉。孝悌力田，给以优复。鳏寡孤独不能自存者，量加赈济。义夫节妇，旌表门闾。高年之老，加其版授，并依别条，赐以粟帛。疾笃之徒，给侍丁者，虽有侍养之名，曾无赒赡之实，明加检校，使得存养。若有名行显著，操履修洁，及学业才能，一艺可取，咸宜访采，将身入朝。所在州县，以礼发遣。其有蠹政害人，不便于时者，使还之日，具录奏闻。

【译文】

十二月乙丑日，任命右武卫将军来护儿为右骁卫大将军。戊辰日，任命柱国李景为右武卫大将军，右卫率周罗睺为右武候大将军。

大业元年春正月壬辰初一，大赦天下，改年号。立妃子萧氏为皇后。把豫州改名溱州，洛州改名为豫州，废除各州总管府。丙申日，立晋王杨昭为皇太子。丁酉日，任命上柱国宇文述为左卫大将军，上柱国郭衍为左武卫大将军，延寿公于仲文为右卫大将军。己亥日，任命豫章王杨暕为豫州牧。戊申日，派遣八名使臣巡察各地风俗。下诏书说：

从前圣王治理天下，关键在于爱民。先让人民富足，然后进行教化，家给人足，所以能风俗淳厚，远方来朝，近地安宁。治理成功，都是循此途径。我继承皇位，抚育黎民。日夜战战兢兢，好像面对大峡谷，虽然遵守先帝功业，不敢有所闪失，但谈到政治措施，多有缺陷。况且，以四海之遥远，黎民之众多，我不能亲自前往，询问民间疾苦。每每想到，民间隐藏的贤人不能举荐，百姓的冤屈不能申诉，一件事情处置不当，就会伤害和顺的祥气，万方有罪，责任都在我身上。所以我昼夜叹息，早晚挂心。现在是施政初期，应该宽大。可分头派遣使者，巡察各方风俗，宣扬教化，推荐被埋没的人才，申诉深藏的冤屈。对孝顺父母、努力耕种的人，给以优待，免除租赋。鳏寡孤独不能养活自己的人，酌情给予救济。对义士、烈女，赐匾额表彰其门闾。对年高的老人，加官晋爵，并且依据别的条例，赏赐粟米布帛。对有残疾的人，供给服侍的壮丁，虽然有侍养的名义，并无赡养的实效，应公开检查核实，使他们得到奉养。名声显赫、品德高尚、操行廉洁以及有学问才能通一经的人，都应该查访清楚，推荐到朝廷中。所在州县官府，要根据礼仪发送。官员中有政治腐败、残害人民、妨碍农时的，使者回朝之日，详细记录上奏。

己酉，以吴州总管宇文弼为刑部尚书。

二月己卯，以尚书左仆射杨素为尚书令。

三月丁未，诏尚书令杨素、纳言杨达、将作大匠宇文恺营建东京，徙豫州郭下居人以实之。戊申，诏曰：“听采舆颂，谋及庶民，故能审政刑之得失。是知昧旦思治，欲使幽枉必达，彝伦有章。而牧宰任称朝委，苟为徼幸以求考课，虚立殿最，不存治实，纲纪于是弗理，冤屈所以莫申。关河重阻，无由自达。朕故建立东京，躬亲存问。今将巡历淮海，观省风俗，眷求谠言，徒繁词翰，而乡校之内，阙尔无闻。恇然夕惕，用忘兴寝。其民下有知州县官人政治苛刻，侵害百姓，背公徇私，不便于民者，宜听诣朝堂封奏，庶乎四聪以达，天下无冤。”又于皂涧营显仁宫，采海内奇禽异兽草木之类，以实园苑。徙天下富商大贾数万家于东京。辛亥，发河南诸郡男女百余万，开通济渠，自西苑引谷、洛水达于河，自板渚引河通于淮。庚申，遣黄门侍郎王弘、上仪同于士澄往江南采木，造龙舟、凤艒、黄龙、赤舰、楼船等数万艘。

夏四月癸亥，大将军刘方击林邑，破之。

五月庚戌，民部尚书义丰侯韦冲卒。

六月甲子，荧惑入太微。

秋七月丁酉，制战亡之家给复十年。丙午，滕王纶、卫王集并夺爵徙边。

闰七月甲子，以尚书令杨素为太子太师，安德王雄为太子太傅，河间王弘为太子太保。丙子，诏曰：

君民建国，教学为先，移风易俗，必自兹始。而言绝义乖，多历年代，进德修业，其道浸微。汉采坑焚之余，不绝如线，晋承板荡之运，扫地将尽。自时厥后，军国多虞，虽复黉宇时建，示同爱礼，函丈或陈，殆为虚器。遂使纡青拖紫，非以学优，制锦操刀，类多墙面。上陵下替，纲维靡立，雅缺道消，实由于此。

朕纂承洪绪，思弘大训，将欲尊师重道，用阐厥繇，讲信修睦，敦奖名教。方今宇宙平一，文轨攸同，十步之内，必有芳草，四海之中，岂无奇秀！诸在家及见入学者，若有笃志好古，耽悦典坟，学行优敏，堪膺时务，所在采访，具以名闻，即当随其器能，擢以不次。若研精经术，未愿进仕者，可依其艺业深浅，门荫高卑，虽未升朝，并量准给禄。庶夫循循善诱，不日成器，济济盈朝，何远之有！其国子等学，亦宜申明旧制，教习生徒，具为课试之法，以尽砥砺之道。

【译文】

己酉日，任命吴州总管宇文弼为刑部尚书。

二月己卯日，任命尚书左仆射杨素为尚书令。

三月丁未日，命令尚书令杨素、纳言杨达、将作大匠宇文恺营建东京，迁移豫州城郊居民充实东京。戊申日，颁布诏书说："由于听取并采纳公众的意见，政事和平民商议，所以才能清楚政治和刑罚的得失。由此可知，我早晚思虑治国，想使隐藏的冤屈上达朝廷，治国常道得以发扬。但州牧县宰等官职俱是朝廷委任，如果不认真进行考核，空定下优秀、劣等的虚名，不问治理的实际情形，纲纪就会紊乱，冤屈也就不能申诉。地方和朝廷有重重关河阻隔，百姓的意见无法自行上述。我因此建立东京，亲自过问民情。现在我将巡视淮海，观察了解各地风土人情，征求正直的意见，但呈上来的只是烦琐的辞章，乡校中议论朝政的话，听不到。我恐惧警惕，废寝忘食。民众中有知道州县官吏为政刻薄、侵害百姓、徇私枉法、刁难民众的，应该听任他们到朝廷申奏，希望能做到广开四方视听，使天下无冤屈。”又在阜涧营建显仁宫，采集海内珍禽奇兽名花异草，充实宫中花园兽苑。迁徙数百家富商大贾到东京。辛亥日，调发黄河以南各郡百余万男女开凿通济渠，从西苑引谷水、洛水抵达黄河，从板渚引黄河水通达淮河。庚申日，派黄门侍郎王弘、上信同于士澄到江南去采集木材，建造了数万艘龙舟、凤艒、黄龙、赤舰、楼船等。

夏四月癸亥日，大将军刘方进攻林邑，攻克了。

五月庚戌日，民部尚书义丰侯韦冲去世。

六月甲子日，火星进入太微星区。

秋七月丁酉日，规定战死的家庭免除十年赋税徭役。丙午日，滕王杨纶、卫王杨集都被剥夺爵位，迁往边境。

闰七月甲子日，任命尚书令杨素为太子太师，安德王杨雄为太子太傅，河间王杨弘为太子太保。丙子日，下诏书说：

治理民众，建立国家，应以教学为首要事务，移风易俗，必定由此开始。但圣人的言论断绝，大义遭违背。岁月流逝，虽然努力增进道德进修学业，而治国之道逐渐衰微。汉承秦焚书之后，广集经书，学术不绝如缕，而晋遭社会动乱，学术几乎扫地而尽。从此以后，国家军政忧患甚多，虽然不时兴建学舍，表示喜爱礼义，今老师虽在，却形同虚设。以至于佩带青紫印绶为宦的，并非学习优秀者；撰写文章的，多是不学无术之人。上行下效，纲纪无法确立。文化缺少，大道消亡，确实都是这个原因。

我继承皇位，想弘扬教育，尊敬师长，重视道义，发扬此道，讲究信用，谋求亲善，嘉奖礼教。如今天下统一，车同轨、书同文，十步以内一定有优秀人物，四海之中怎能没有奇才！无论是在家中还是入学的，如果有专门学习古代礼义、埋头经典、品学兼优、能处理政务的人，当地政府应加求访，详细列出名单报上，立即根据其才能越级提拔。如果精通经书而不愿做官，可根据其学业深浅，门第高下，虽然不上朝为官，也酌情给予俸禄。只要循循善诱，他们不日即可成器，不远的将来，朝廷就能人才济济。国子监等学堂，也应讲明旧制度，教育学生，详细规定考试方法，以达到磨炼、培育人才的目的。

八月壬寅，上御龙舟，幸江都。以左武卫大将军郭衍为前军，右武卫大将军李景为后军。文武官五品已上给楼船，九品已上给黄蔑。舳舻相接，二百余里。

冬十月己丑，赦江淮以南。扬州给复五年，旧总管内给复三年。十一月己未，以大将军崔仲方为礼部尚书。

二年春正月辛酉，东京成，赐监督者各有差。以大理卿梁毗为刑部尚书。丁卯，遣十使并省州县。

二月丙戌，诏尚书令杨素、吏部尚书牛弘、大将军宇文恺、内史侍郎虞世基、礼部侍郎许善心制定舆服。始备辇路及五时副车。上常服，皮弁十有二琪，文官弁服，佩玉，五品已上给犊车、通幰，三公亲王加油络，武官平巾帻，袴褶，三品已上给瓟槊。下至胥吏，服色皆有差。非庶人不得戎服。戊戌，置都尉官。

三月庚午，车驾发江都。先是，太府少卿何稠、太府丞云定兴盛修仪仗，于是课州县送羽毛。百姓求捕之，网罗被水陆，禽兽有堪氅毦之用者，殆无遗类。至是而成。

夏四月庚戌，上自伊阙，陈法驾，备千乘万骑，入于东京。辛亥，上御端门，大赦，免天下今年租税。癸丑，以冀州刺史杨文思为民部尚书。

五月甲寅，金紫光禄大夫、兵部尚书李通坐事免。乙卯，诏曰：“旌表先哲，式存飨祀，所以优礼贤能，显彰遗爱。朕永鉴前修，尚想名德，何尝不兴叹九原，属怀千载。其自古以来贤人君子，有能树声立德、佐世匡时、博利殊功、有益于人者，并宜营立祠宇，以时致祭。坟垄之处，不得侵践。有司量为条式，称朕意焉。”

六月壬子，以尚书令、太子太师杨素为司徒。进封豫章王暕为齐王。

秋七月癸丑，以卫尉卿卫玄为工部尚书。庚申，制百官不得计考增级，必有德行功能，灼然显著者，擢之。壬戌，擢藩邸旧臣鲜于罗等二十七人官爵有差。甲戌，皇太子昭薨。乙亥，上柱国、司徒、楚国公杨素死。

八月辛卯，封皇孙倓为燕王，侗为越王，侑为代王。

九月乙丑，立秦孝王俊子浩为秦王。

冬十月戊子，以灵州刺史段文振为兵部尚书。

十二月庚寅，诏曰：“前代帝王，因时创业，君民建国，礼尊南面。而历运推移，年世永久，丘垄残毁，樵牧相趋，茔兆堙芜，封树莫辨。兴言沦灭，有怆于怀。自古以来帝王陵墓，可给随近十户，蠲其杂役，以供守视。”

【译文】

八月壬寅日，炀帝乘龙舟到达江都。让左武卫大将军郭衍做前军统领，右武卫大将军李景做后军统领。文武百官五品以上的，供给楼船，九品以上的供给黄蔑。船只首尾相接，绵延二百余里。

冬十月己丑日，赦免江淮以南的罪人。扬州地区免除五年赋税徭役，旧扬州总管地区免除三年的赋税徭役。十一月己未日，任命大将军崔仲方为礼部尚书。

大业二年春正月辛酉日，东京建成，炀帝分别依照等级赏赐监督工程的人。任命大理卿梁毗为刑部尚书。丁卯日，派遣十名使臣裁减合并州县。

二月丙戌日，命令尚书令杨素、吏部尚书牛弘、大将军宇文恺、内史侍郎虞世基、礼部侍郎许善心制定车服制度。天子的车驾以及春、夏、季夏、秋、冬五个季节的天子侍从车才开始完备。皇帝的常礼服，皮帽子，上面饰有十二块琪玉；文官穿弁服，佩带玉；五品以上文官供给犊牛、挂帐幔，三公亲王车上加挂丝络；武官戴平头巾，穿裤褶，三品以上武官供给飑槊仪仗；往下直至胥吏，服饰各有差等。平民不能穿军服，戊戌日，设置都尉官。

三月庚午日，炀帝驾车从江都出发。事前，太府少卿何稠、太府丞云定兴大肆准备仪仗，规定各州县送羽毛。百姓寻捕禽兽，水陆遍设网罗，能够提供羽毛装饰的禽兽，几乎被一网打尽。到此时，仪仗制成。

夏四月庚戌日，炀帝从伊阙陈列车马，千车万马进入东京。辛亥日，炀帝到端门，大赦天下，免天下百姓当年租税。癸丑日，任命冀州刺史杨文思为民部尚书。

五月甲寅日，金紫光禄大夫、兵部尚书李通因为犯法而被免职。乙卯日，诏书说："表彰先贤，保存祭祀，是为了优待礼遇贤人，明显地表示对他们的敬爱。我永远借鉴前代的事业，思念先贤的功德，无时无刻不感叹九州土地上的贤哲，千载怀念。自古以来的圣贤君子，凡是能树立名声建立功德，辅佐朝政挽救时弊、获巨大利益、有特殊功劳，对人民有益的人，都应该营造祠庙，按时祭祀。他们的坟墓，不许侵犯践踏。有关官府酌情订立条例，以符合我的心意。"

六月壬子，任命尚书令、太子太师杨素为司徒。晋封豫章王杨倓为齐王。

秋七月癸丑日，任命卫尉卿卫玄为工部尚书。庚申日，规定百官不能累计考绩升级，一定要德行、功劳、才能明显优秀的人才能提拔。壬戌日，提拔晋王府的旧臣鲜于罗等二十七人，授予不同等级的官爵。甲戌日，皇太子杨昭去世。乙亥日，上柱国、司徒、楚国公杨素去世。

八月辛卯日，封皇孙杨倓为燕王，封杨侗为越王，封杨侑为代王。

九月乙丑日，立秦孝王杨俊的儿子杨浩为秦王。

冬十月戊子，任命灵州刺史段文振为兵部尚书。

十二月庚寅日，颁下诏书说："前代帝王借时势创立基业，治理人民，建立邦国，南面执政，受群臣尊崇。但随着岁月推移，世代久远，帝王的坟茔遭到毁坏，砍柴放牧者竞相光顾，坟墓荒芜废弃，坟堆和标志都分辨不出。谈到这种沦丧，不胜感慨。自古以来帝王的陵墓，可免除附近十户人家的杂役，让他们守护监视。"

三年春正月癸亥，敕并州逆党已流配而逃亡者，所获之处，即宜斩决。丙子，长星竟天，出于东壁，二旬而止。是月，武阳郡上言，河水清。

二月己丑，彗星见于奎，扫文昌，历大陵、五车、北河，入太微，扫帝坐，前后百余日而止。

三月辛亥，车驾还京师。壬子，以大将军姚辩为左屯卫将军。癸丑，遣羽骑尉朱宽使于流求国。乙卯，河间王弘薨。

夏四月庚辰，诏曰："古者帝王观风问俗，皆所以忧勤兆庶，安集遐荒。自蕃夷内附，未遑亲抚，山东经乱，须加存恤。今欲安辑河北，巡省赵、魏。所司依式。”甲申，颁律令，大赦天下，关内给复三年。壬辰，改州为郡。改度量权衡，并依古式。改上柱国已下官为大夫。

【译文】

大业三年春正月癸亥日，命令对并州叛党已逮捕发配而逃亡的，一旦捉到，就地斩首。丙子日，满天出现长星，出自东壁星，二十天后停止。这一月，武阳郡上奏，黄河水清。

二月己丑日，彗星出现于奎宿，扫过文昌星，经过大陵、五车、北河等星，进入太微星区，扫过帝座星，前后历时一百余天才停止。

三月辛亥日，炀帝车驾回到京师。壬子日，任命大将军姚辩为左屯卫将军。癸丑日，派遣羽骑尉朱宽出使流求国。己卯日，河间王杨弘去世。

夏四月庚辰日，诏书说：“古代帝王观察访问民间风俗，都是因为忧虑百姓，安抚边远地区。自从蛮夷归附，没来得及亲自安抚，崤山以东历经战乱，也需加以抚恤。现在想安定黄河以北，巡视赵、魏地区。有关官可依惯例安排。”甲申日，颁布法令，大赦天下，关内人民免除三年赋税徭役。壬辰日，把州改为郡。改变度量衡制度，完全按照古代的标准。把上柱国以下的官改为大夫。

戊子，次榆林郡。丁酉，启民可汗来朝。己亥，吐谷浑、高昌并遣使贡方物。甲辰，上御北楼，观渔于河，以宴百僚。

秋七月辛亥，启民可汗上表请变服，袭冠带。诏启民赞拜不名，位在诸侯王上。甲寅，上于郡城东御大帐，其下备仪卫，建旌旗，宴启民及其部落三千五百人，奏百戏之乐。赐启民及其部落各有差。丙子，杀光禄大夫贺若弼、礼部尚书宇文弼、太常卿高颎。尚书左仆射苏威坐事免。发丁男百余万筑长城，西距榆林，东至紫河，一旬而罢，死者十五六。

八月壬午，车驾发榆林。乙酉，启民饰庐清道，以候乘舆。帝幸其帐，启民奉觞上寿，宴赐极厚。上谓高丽使者曰：“归语尔王，当早来朝见。不然者，吾与启民巡彼土矣。”皇后亦幸义城公主帐。己丑，启民可汗归蕃。癸巳，入楼烦关。壬寅，次太原。诏营晋阳宫。九月己未，次济源。幸御史大夫张衡宅，宴享极欢。己巳，至于东都。壬申，以齐王暕为河南尹、开府仪同三司。癸酉，以民部尚书杨文思为纳言。

四年春正月乙巳，诏发河北诸郡男女百余万开永济渠，引沁水南达于河，北通涿郡。庚戌，百僚大射于允武殿。丁卯，赐城内居民米各十石。壬申，以太府卿元寿为内史令，鸿胪卿杨玄感为礼部尚书。癸酉，以工部尚书卫玄为右候卫大将军，大理卿长孙炽为民部尚书。

二月己卯，遣司朝谒者崔毅使突厥处罗，致汗血马。

三月辛酉，以将作大匠宇文恺为工部尚书。壬戌，百济、倭、赤土、迦罗舍国并遣使贡方物。乙丑，车驾幸五原，因出塞巡长城。丙寅，遣屯田主事常骏使赤土，致罗刹。

夏四月丙午，以离石之汾源、临泉、雁门之秀容，为楼烦郡。起汾阳宫。癸丑，以河内太守张定和为左屯卫大将军。乙卯，诏曰："突厥意利珍豆启民可汗率领部落，保附关塞，遵奉朝化，思改戎俗，频入谒觐，屡有陈请。以毡墙毳幕，事穷荒陋，上栋下宇，愿同比屋。诚心恳切，朕之所重。宜于万寿戍置城造屋，其帷帐床褥已上，随事量给，务从优厚，称朕意焉。"

五月壬申，蜀郡获三足乌，张掖获玄狐，各一。

秋七月辛巳，发丁男二十余万筑长城，自榆谷而东。乙未，左翊卫大将军宇文述破吐谷浑于曼头、赤水。

八月辛酉，亲祠恒岳，河北道郡守毕集。大赦天下。车驾所经郡县，免一年租调。

九月辛未，征天下鹰师悉集东京，至者万余人。戊寅，彗星出于五车，扫文昌，至房而灭。辛巳，诏免长城役者一年租赋。

冬十月丙午，诏曰："先师尼父，圣德在躬，诞发天纵之姿，宪章文、武之道。命世膺期，蕴兹素王，而颓山之叹，忽逾于千祀，盛德之美，不存于百代。永惟懿范，宜有优崇。可立孔子后为绍圣侯。有司求其苗裔，录以申上。"辛亥，诏曰："昔周王下车，首封唐、虞之胤，汉帝承历，亦命殷、周之后。皆所以褒立先代，宪章在昔。朕嗣膺景业，傍求雅训，有一弘益，钦若令典。以为周兼夏、殷，文质大备，汉有天下，车书混一，魏、晋沿袭，风流未远。并宜立后，以存继绝之义。有司可求其胄绪列闻。”乙卯，颁新式于天下。

【译文】

戊子日，炀帝驻扎榆林郡。丁酉日，启民可汗前来朝拜。己亥日，吐谷浑、高昌都派遣使臣贡献地方特产。甲辰日，炀帝到在北楼，到黄河去看捕鱼，宴请百官。

秋七月辛亥日，启民可汗上书请求改变服装，戴帽子，束腰带。命令启民可汗朝拜时不用报名了，地位在诸侯王之上。甲寅日，炀帝在郡城东设大帐，全部仪仗护卫，树立旌旗，宴请启民可汗及其部落三千五百人，演奏百戏。按不同级别赏赐启民及其部落。丙子日，杀死光禄大夫贺若弼、礼部尚书宇文弼、太常卿高颎。尚书右仆射苏威因犯罪被免职。征发百余万男丁修筑长城，西到榆林，东到紫河，十天修完，死去的男丁占十分之五六。

八月壬午日，炀帝车驾从榆树起程。乙酉日，启民可汗修饰庐舍，清扫道路，迎接车驾。炀帝到启民帐中，启民举杯祝寿，炀帝的宴请和赏赐都极丰厚。炀帝对高丽使臣说："回去告诉你们的国王，应早早前来朝见。不然的话，我和启民可汗将到你们的国土巡察。"皇后也到义城公主帐中。己丑日，启民可汗回突厥。癸巳日，炀帝进入楼烦关。壬寅日，驻扎太原。下令营建晋阳宫。九月己未日，炀帝驻扎济源。到御史大夫张衡家中，饮酒吃饭极尽欢乐。己巳日，到达东都。壬申日，任命齐王暕为河南尹、开府仪同三司。癸酉日，任命民部尚书杨文思为纳言。

大业四年春正月乙巳日，炀帝下诏书征发黄河以北各郡百余万男女开凿永济渠，引沁水向南到达黄河，向北通到涿郡。庚戌日，文武百官在允武殿举行射礼。丁卯日，赏赐京城内居民每人十石米。壬申日，任命太府卿元寿为内史令，鸿胪卿杨玄感为礼部尚书。癸酉日，任命工部尚书卫玄为右候卫大将军，大理卿长孙炽为民部尚书。

二月己卯日，派遣司朝谒者崔毅出使突厥处罗，招致汗血马。

三月辛酉日，任命将作大匠宇文恺为工部尚书。壬戌日，百济、倭、赤土、迦罗舍等国一齐派遣使臣贡献土产。乙丑日，炀帝车驾到五原，趁机出边塞巡视长城。丙寅日，派遣屯田主事常骏出使赤土，招到罗刹。

夏四月丙午日，把离石郡的汾源、临泉二县、雁门郡的秀容县，划为楼烦郡。兴建汾阳宫。癸丑日，任命河内太守张定和为左屯卫大将军。乙卯日，诏书说："突厥意利珍豆启民可汗率领部落归附我朝，保护关塞，遵奉我朝礼仪，想改变戎狄习俗，频繁地入朝谒见礼拜，多次陈述请求。因为毡墙羽帐，极其简陋，愿意建造有梁有檐的房屋。心意恳切，我很重视。应该在万寿戍建造城墙房屋，根据情况供给帷帐、床被等物品，待遇务必优厚，以合乎我的心意。"

五月壬申日，蜀郡捕获一只三脚乌鸦，张掖郡捕获一只黑狐狸。

秋七月辛巳日，征发二十余万男丁修筑长城，自榆谷向东延伸。乙未日，左翊卫大将军宇文述在曼头、赤水大破吐谷浑军。

八月辛酉日，炀帝亲自到恒岳祭祀，河北道的郡守全部到场，大赦天下。车驾经过的郡县，免除一年的租赋。

九月辛未日，征集全国的鹰师到东京集中，来了一万多人。戊寅日，彗星从五车星流出，扫过文昌星，到房星消失。辛巳日，下诏书对修长城的役夫免征一年租税。

冬十月丙午日，诏书说："先师孔子，道德圣明，发扬天赋英姿，效法文武之道。治理国家，承受天命，蕴育了这位素王，而圣人去世时的悲叹，很快就超过千年，崇高的德行，并没保存一百代。常常思念，他美好的风范应该加以推崇。可立孔子后代为绍圣侯。有关官府寻求其嫡系后裔，把名字报上来。"辛亥日，诏书说："从前，周王即位，首先封唐、尧、虞、舜的后代，汉高祖即位，也赐给殷、周的后裔名号，这都是为了表彰先代，效法古圣贤。我继承帝位，寻求文雅的教诲，凡有大益处的，都敬遵如法令。周代兼有夏、殷两朝传统，文质都具备，汉代拥有天下，统一车轫文字，魏晋沿袭汉朝，遗风仍在。这些朝代都应立其后裔，以便保存绝世的大义。有关官府应该寻求其后代，开列姓名上报。"乙卯日，向天下颁布新的度量衡规格。

五年春正月丙子，改东京为东都。癸未，诏天下均田。戊子，上自东都还京师。己丑，制民间铁叉、搭钩、䂍刀之类，皆禁绝之。太守每岁密上属官景迹。

二月戊戌，次于阌乡。诏祭古帝王陵及开皇功臣墓。庚子，制魏、周官不得为荫。辛丑，赤土国遣使贡方物。戊申，车驾至京师。丙辰，宴耆旧四百人于武德殿，颁赐各有差。己未，上御崇德殿之西院，愀然不怡，顾谓左右曰："此先帝之所居，实用增感，情所未安，宜于此院之西别营一殿。"壬戌，制父母听随子之官。

三月己巳，车驾西巡河右。庚午，有司言，武功男子史永遵与从父昆弟同居。上嘉之，赐物一百段，米二百石，表其门闾。乙亥，幸扶风旧宅。

夏四月己亥，大猎于陇西。壬寅，高昌、吐谷浑、伊吾并遣使来朝。乙巳，次狄道，党项羌来贡方物。癸亥，出临津关，渡黄河，至西平，陈兵讲武。

五月乙亥，上大猎于拔延山，长围周亘二千里，庚辰，入长宁谷。壬午，度星岭。甲申，宴群臣于金山之上。丙戌，梁浩亹，御马度而桥坏，斩朝散大夫黄亘及督役者九人。吐谷浑王率众保覆袁川，帝分命内史元寿南屯金山，兵部尚书段文振北屯雪山，太仆卿杨义臣，东屯琵琶峡，将军张寿西屯泥岭，四面围之。浑主伏允以数十骑遁出，遣其名王诈称伏允，保车我真山。壬辰，诏右屯卫大将军张定和往捕之。定和挺身挑战，为贼所杀。亚将柳武建击破之，斩首数百级。甲午，其仙头王被围穷蹙，率男女十余万口来降。

六月丁酉，遣左光禄大夫梁默、右翊卫将军李琼等追浑主，皆遇贼死之。癸卯，经大斗拔谷，山路隘险，鱼贯而出。风霰晦冥，与从官相失，士卒冻死者大半。丙午，次张掖。辛亥，诏诸郡学业该通、才艺优洽，膂力骁壮超绝等伦，在官勤奋、堪理政事，立性正直、不避强御四科举人。壬子，高昌王麴伯雅来朝，伊吾吐屯设等献西域数千里之地。上大悦。癸丑，置西海、河源、鄯善、且末等四郡。丙辰，上御观风行殿，盛陈文物，奏九部乐，设鱼龙曼延，宴高昌王、吐屯设于殿上，以宠异之。其蛮夷陪列者三十余国。戊午，大赦天下。开皇以来流配，悉放还乡，晋阳逆党，不在此例。陇右诸郡，给复一年，行经之所，给复二年。

秋七月丁卯，置马牧于清海渚中，以求龙种，无效而止。

九月癸未，车驾入长安。冬十月癸亥，诏曰："优德尚齿，载之典训，尊事乞言，义彰胶序。鬻熊为师，取非筋力，方叔元老，克壮其猷。

朕永言稽古，用求至治，是以庞眉黄发，更令收叙，务简秩优，无亏药膳，庶等卧治，伫其弘益。今岁耆者赴集者，可于近郡处置，年七十以上，疾患沉滞，不堪居职，即给赐帛，送还本郡；其官至七品以上者，量给廪，以终厥身。”

十一月丙子，车驾幸东都。

六年春正月癸亥朔，旦，有盗数十人，皆素冠练衣，焚香持华，自称弥勒佛，入自建国门。监门者皆稽首。既而夺卫士仗，将为乱。齐王暕遇而斩之。于是都下大索，与相连坐者千余家。丁丑，角抵大戏于端门街，天下奇技异艺毕集，终月而罢。帝数微服往观之。己丑，倭国遣使贡方物。

二月乙巳，武贲郎将陈棱、朝请大夫张镇州击流求，破之，献俘万七千口，颁赐百官。乙卯，诏曰："夫帝图草创，王业艰难，咸仗股肱，叶同心德，用能拯厥颓运，克膺大宝，然后畴庸茂赏，开国承家，誓以山河，传之不朽。近代丧乱，四海未一，茅土妄假，名实相乖，历兹永久，莫能惩革。皇运之初，百度伊始，犹循旧贯，未暇改作，今天下交泰，文轨攸同，宜率遵先典，永垂大训。自今以后，唯有功勋乃得赐封，仍令子孙承袭。”丙辰，改封安德王雄为观王，河间王子庆为郇王。庚申，征魏、齐、周、陈乐人，悉配太常。三月癸亥，幸江都宫。甲子，以鸿胪卿史祥为左骁卫大将军。

夏四月丁未，宴江淮以南父老，颁赐各有差。

六月辛卯，室韦、赤土并遣使贡方物。壬辰，雁门贼帅尉文通聚众三千，保于莫壁谷。遣鹰扬杨伯泉击破之。甲寅，制江都太守秩同京尹。

冬十月壬申，刑部尚书梁毗卒。壬子，民部尚书、银青光禄大夫长孙炽卒。

十二月乙未，左光禄大夫、吏部尚书牛弘卒。辛酉，朱崖人王万昌举兵作乱，遣陇西太守韩洪讨平之。

【译文】

大业五年春正月丙子日，把东京改为东都。癸未日，下诏书在全国实行均田制。戊子日，炀帝从东都回到京师。乙丑日，规定民间禁止收藏铁叉、搭钩、刀矛之类。太守每年都秘密奏报其属官的政绩。

二月戊戌日，炀帝驻扎阌乡。命令祭祀古代帝王陵墓以及开皇年间功臣坟墓。庚子日，规定北魏、北周官吏的子孙不能因父辈功勋而赏赐官爵。辛丑日，赤土国派遣使臣贡献土产。戊申日，车驾到达京师。丙辰日，在武德殿宴请四百名故旧老人，按不同等级进行赏赐。己未日，炀帝到崇德殿西院，心中很不高兴，回头对左右说："这是先帝居住的地方，确实增添伤感，心中不安，应该在此院的西边另外建造一殿。"壬戌日，规定听任父母跟随儿子到任职官府去。

三月己巳日，炀帝车驾向西巡视黄河右边。庚午日，有关官吏说，武功县的男子史永遵和叔父堂兄弟等住在一起。炀帝很赞赏他。赐给一百段布帛、二百石米，表彰他的门第。乙亥日，炀帝到扶风旧居去。

夏四月己亥日，在陇西大举狩猎。壬寅日，高昌、吐谷浑、伊吾都派遣使臣来朝见。乙巳日，驻扎狄道，党项羌来贡献土产。癸亥日，由临津关出发，渡过黄河，到达西平，排兵布阵演习军事。

五月乙亥日，炀帝在拔延山大举围猎，狩猎圈周围绵延二千里。庚辰日，进入长宁谷。壬午日，翻越星岭。甲申日，在金山上宴请群臣。丙戌日，在浩亹架桥，炀帝马过桥后桥坏了，朝散大夫黄亘及监督工程的九人被斩首。吐谷浑王率众屯守覆袁川，炀帝分别派内史元寿从南边驻扎金山，兵部尚书段文振从北边驻扎雪山，太仆卿义臣从东边驻扎琵琶峡，将军张寿从西边驻扎泥岭，将四面包围住。吐谷浑王伏允率数十名骑兵逃走，派他的藩王假称伏允，屯守车我真山。壬辰日，命右屯卫大将军张定和前往追捕。定和挺身出战，被吐谷浑杀死。副将柳武建击败吐谷浑军，杀死数百人。甲午日，吐谷浑被围走投无路，仙头王率十余万口男女来投降。

六月丁酉日，派左光禄大夫梁默、右翊卫将军李琼等追击吐谷浑王，二人都战死。癸卯日，炀帝经过大斗拔谷，山路险要狭隘，大军鱼贯而出。风雪交加，天气阴暗，炀帝和随从官员走散，士兵被冻死大半。丙午日，驻扎张掖。辛亥日，命令诸郡推举贤才，分四科：学业贯通，才能优异；身强力壮、武艺高超；任职勤奋、善理政务；秉性正直、不畏强暴。壬子日，高昌王麴伯雅来朝拜，伊吾吐屯设等献上西域数千里土地，炀帝十分高兴。癸丑日，设置西海、河源、鄯善、且末等四郡。丙辰日，炀帝到观风行殿，大量陈列文物，演奏九部乐，表演幻术魔法，在殿上宴请高昌王、吐屯设，表示特别优待。有三十余国少数民族使臣陪席。戊午日，大赦天下，开皇元年以来流放发配的罪人，全部放回故乡，但晋阳叛党不在内。陇西各郡，免除一年赋税徭役，炀帝车驾经过的地方，免除两年赋税徭役。

秋七月丁卯日，在青海的小岛上放牧马，以此寻求优良的良种马，没取得成效，停止了。

九月癸亥，炀帝车驾进入长安。

冬十月癸亥，诏书说："优待推崇年老德高者，典籍中都有记载，尊敬顾问，表彰学校。鬻熊能做周文王的老师，并非因为力气大，方叔是元老，计谋深沉。我常说要考察古代，寻求达到天下大治的途径。因此，对年老的人，重新起用，事情要少，待遇要优厚，不要缺了药和饭，希望能睡卧床上，治理好百姓，收到大的效益。今年集合起来的老人，可在附近州郡安置，七十岁以上有疾病行动不便，不能任职的，赏赐布帛送回本郡。官职在七品以上的，酌情给予俸禄，一直到死。"

十一月丙子日，炀帝车驾到东都。

大业六年春正月癸亥日初一，清晨，有数十名强盗，穿着白衣白帽，烧着香，手里拿着花，自称是弥勒佛，从建国门进来。守门人都跪下叩头。不一会他们夺下卫士的武器，企图谋反。齐王暕遇上，杀死了他们。于是京城大肆搜索，牵连犯罪的有一千余家。丁丑日，在端门街上演角抵大戏，天下的奇异技艺全部集中于此，演了一个月才停止。炀帝多次穿便服前往观看。己丑日，倭国派遣使臣贡献土产。

二月乙巳，武贲郎将陈棱、朝请大夫张镇州进攻流求，打败了他们。献上俘虏一万七千口，炀帝赏赐百官。乙卯日，诏书说："国家草创时期，王业艰难，全仗大臣辅佐，同心协力，才能拯救衰败的国运，荣登皇位，然后酬报功劳、赏赐功臣，开国建家，以山河宣誓，传山河于万代。近代以来天下动乱，四海未能统一，土地随便封赐，名实不符，很长时期未能改革。我朝开国之初，诸事都刚开始，还遵循旧规矩，来不及改制。现在天下太平，文字、车轨都已统一，应该遵奉先朝旧典，把先圣的教训永远留传后代。从此以后，只有有功劳的人才能有赐封，其子孙可以继承封爵。"丙辰日，安德王杨雄改封为观王，河间王之子杨庆改封为郇王。

庚申日，征集魏、齐、周、陈等地艺人，全部分配给太常寺。三月癸亥日，炀帝到江都宫。甲子日，任命鸿胪卿史祥为左骁卫大将军。

夏四月丁未日，宴请江淮以南的父老，分等级进行赏赐。

六月辛卯日，室韦、赤土都派遣使臣贡献土产。壬辰日，雁门盗贼头目尉文通聚集三千人马，驻守莫壁谷。派鹰扬杨伯泉打败了他。甲丙日，规定江都太守官秩和京尹相同。

冬十月壬申，刑部尚书梁毗去世。壬子日，民部尚书、银青光禄大夫长孙炽去世。

十二月己未，左光禄大夫、吏部尚书牛弘去世。辛酉，朱崖人王万昌兴兵作乱，炀帝派陇西太守韩洪平定了他。

七年春正月壬寅，左武卫大将军、光禄大夫、真定侯郭衍卒。

二月己未，上升钓台，临扬子津，大宴百僚，颁赐各有差。庚申，百济遣使朝贡。乙亥，上自江都御龙舟入通济渠，遂幸于涿郡。壬午，诏曰："武有七德，先之以安民；政有六本，兴之以教义。高丽高元，亏失藩礼，将欲问罪辽左，恢宣胜略。虽怀伐国，仍事省方。今往涿郡，巡抚民俗。其河北诸郡及山西、山东年九十以上者，版授太守；八十者，授县令。"

三月丁亥，右光禄大夫、左屯卫大将军姚辩卒。

夏四月庚午，至涿郡之临朔宫。

五月戊子，以武威太守樊子盖为民部尚书。

秋，大水，山东、河南漂没三十余郡，民相卖为奴婢。

冬十月乙卯，底柱山崩，偃河逆流数十里。戊午，以东平太守吐万绪为左屯卫大将军。

十二月己未，西面突厥处罗多利可汗来朝。上大悦，接以殊礼。于时辽东战士及馈运者填咽于道，昼夜不绝，苦役者始为群盗。甲子，敕都尉、鹰扬与郡县相知追捕，随获斩决之。

八年春正月辛巳，大军集于涿郡。以兵部尚书段文振为左候卫大将军。壬午，下诏曰：

天地大德，降繁霜于秋令；圣哲至仁，著甲兵于刑典。故知造化之有肃杀，义在无私；帝王之用干戈，盖非获已。版泉、丹浦，莫匪龚行，取乱覆昏，咸由顺动。况乎甘野誓师，夏开承大禹之业，商郊问罪，周发成文王之志。

永监前载，属当朕躬。

粤我有随，诞膺灵命，兼三才而建极，一六合而为家。提封所渐，细柳、盘桃之外，声教爰暨，紫舌、黄枝之域。远至迩安，罔不和会，功成治定，于是乎在。而高丽小丑，迷昏不恭，崇聚勃、碣之间，荐食辽、涉之境。虽复汉、魏诛戳，巢窟暂倾，乱离多阻，种落还集。萃川薮于往代，播实繁以迄今，眷彼华壤，翦为夷类。历年永久，恶稔既盈，天道祸淫，亡征已兆。乱常败德，非可胜图，掩慝怀奸，唯日不足。移告之严，未尝面受，朝觐之礼，莫肯躬亲。诱纳亡叛，不知纪极，充斥边垂，亟劳烽侯，关柝以之不静，生人为之废业。在昔薄伐，已漏天网，既缓前擒之戮，未即后服之诛，曾不怀恩，翻为长恶，乃兼契丹之党，虔刘海戍，习靺鞨之服，侵轶辽西。又青丘之表，咸修职贡，碧海之滨，同禀正朔，遂复夺攘琛赆，遏绝往来，虐及弗辜，诚而遇祸。辀轩奉使，爰暨海东，旌节所次，途经藩境，而拥塞道路，拒绝王人，无事君之心，岂为臣之礼！此而可忍，孰不可容！且法令苛酷，赋敛繁重，强臣豪族，咸执国钧，朋党比周，以之成俗，贿货如市，冤枉莫申。重以仍岁灾凶，比屋饥馑，兵戈不息，徭役无期，力竭转输，身填沟壑。百姓愁苦，爰谁适从？境内哀惶，不胜其弊。回首面内，各怀性命之图，黄发稚齿，咸兴酷毒之叹。省俗观风，爰屈幽朔，吊人问罪，无俟再驾。于是亲总六师，用申九伐，拯厥阽危，协从天意，殄兹逋秽，克嗣先谟。

今宜援律启行，分麾屈路，掩勃澥而雷震，历夫余以电扫。比戈按甲，誓旅而后行，三令五申，必胜而后战。左第一军可镂方道，第二军可长岑道，第三军可海冥道，第四军可盖马道，第五军可建安道，第六军可南苏道，第七军可辽东道，第八军可玄菟道，第九军可扶余道，第十军可朝鲜道，第十一军可沃沮道，第十二军可乐浪道。右第一军可黏蝉道，第二军可含资道，第三军可浑弥道，第四军可临屯道，第五军可候城道，第六军可提奚道，第七军可踏顿道，第八军可肃慎道，第九军可碣石道，第十军可东暆道，第十一军可带方道，第十二军可襄平道。凡此众军，先奉庙略，骆驿引途，总集平壤。莫非如豺如貔之勇，百战百胜之雄，顾眄则山岳倾颓，叱咤则风云腾郁，心德攸同，爪牙斯在。朕躬驭元戎，为其节度，涉辽而东，循海之右，解倒悬于遐裔，问疾苦于遗黎。其外轻赍游阙，随机赴响，卷甲衔枚，出其不意。又沧海道军舟舻千里，高帆电逝，巨舰云飞，横断浿江，迳造平壤，岛屿之望斯绝，坎井之路已穷。其余被发左衽之人，控弦待发，微、卢、彭、濮之旅，不谋同辞。杖顺临逆，人百其勇，以此众战，势等摧枯。

然则王者之师，义存止杀，圣人之教，必也胜残。天罚有罪，本在元恶，人之多僻，胁从罔治。若高元泥首辕门，自归司寇，即宜解缚焚榇，弘之以恩。其余臣人归朝奉顺，咸加慰抚，各安生业，随才任用，无隔夷夏。营垒所次，务在整肃，刍荛有禁，秋毫勿犯，布以恩宥，喻以祸福。若其同恶相济，抗拒官军，国有常刑，俾无遗类。明加晓示，称朕意焉。

【译文】

大业七年春正月壬寅日，左武卫大将军、光禄大夫、真定侯郭衍去世。

二月己未日，炀帝登上钓台，面对扬子津，大宴百官，分不同等级进行赏赐。庚申日，百济派遣使臣朝拜进贡。乙亥日，炀帝从江都乘龙舟进入通济渠，到达涿郡。壬午日，诏书说："军事有七德，首称是安定百姓。政治有六本，应以教育振兴。高丽国高元，有失藩国礼仪，我将赴辽东问罪，宣扬宏图大略。虽然想讨伐敌国，仍然要巡礼四方。现在到涿郡，巡视民间风俗，黄河以北各郡以及太行山以西、以东地区，年九十以上的人授太守衔，八十的人授县令衔。"

三月丁亥日，右光禄大夫、左屯卫大将军姚辩去世。

夏四月庚午，炀帝到涿郡的临朔宫。

五月戊子，任命武威太守樊子盖为民部尚书。

秋天，发生大水灾，太行山东及黄河以南淹没了三十余郡，民众都卖身为奴婢。

冬十月乙卯，底柱山崩溃，堵住黄河水向上倒流数十里。戊午日，任命东平太守吐万绪为左屯卫大将军。

十二月乙未日，西面突厥处罗多利可汗前来朝拜，炀帝十分高兴，用特殊礼仪接见了他。那时，辽东的战士以及运送给养的人，挤满道路，昼夜不断，苦于服役的人开始聚众为盗。甲子日，命令都尉、鹰扬和郡县相互联系追捕盗贼，随捕获随处决。

大业八年春正月辛巳日，大军在涿郡集中。任命兵部尚书段文振为左侯卫大将军。壬午日，下诏书说：

天地德行极大，却在秋天降下严霜；圣贤十分仁爱，却在刑法上著有杀伐。由此可知，天地造化有杀气，道理在于大公无私。帝王使用武器，乃是出于不得已。阪泉、丹浦之战，无非是替天行道，勘定昏乱，应天顺人。何况在甘地野外誓师，夏启继承了大禹的事业，在商城郊外兴兵问罪，周武王完成文王的志向。永远借鉴前代，是我的职责。

从我隋朝接受天命以来，兼具天、地、人三才而建立中正的准则，统一天下而成为一家。封地扩展到细柳、盘桃以外，教化达到了紫舌、黄枝地区。远人来朝，近人安定，无人不团结和睦，大功告成、治理成功就在于此。然而高丽这跳梁小丑，迷乱狂妄，团聚在勃海、碣石之间，侵犯辽东、猡猫土地。虽经汉、魏两代诛伐，巢穴暂时捣毁，但战乱频仍，道路阻隔，他们的部落又聚集起来。他们在前代会聚山川草泽，而在现代结成恶果。想那华夏土地，竟全是蛮夷。年代久远，恶贯满盈，天道惩罚淫乱，他们的败亡已显露征兆。他们破坏道德伦常，难以谋取，收藏奸徒，唯恐不足。送去的庄严书信，他们从不当面接受，朝见的礼仪，他们从不亲自参加。招降纳叛，不知法纪，聚集在边境，使瞭望的烽燧极端疲劳，边关巡夜木梆为此不得安静，边民无法耕种。古代的征伐，他们是漏网之鱼。既未遭前代俘虏，又没受到后代诛杀，他们从不感谢，反而更加作恶，兼并契丹党徒，劫掠海边，改穿靺鞨服装，侵犯辽西，又青丘之外，都按时朝贡，碧海之边，都接受我朝治理，而他们却夺取宝物，断绝往来，无辜的人受害，诚实的人遭祸。使臣奉使前往海东，沿路停留，途径藩国土地，而他们堵塞道路，拒绝王使，没有侍奉君王的忠心，哪有做臣的礼节！是可忍，孰不可忍。而且，他们法令严酷，赋税繁重，强臣和豪族执掌国政，结党营私，朋比为奸，形成风气，贿赂公行，冤屈不伸。再加上连年灾荒，户户饥饿，战乱不止，徭役没有期限，百姓输送给养竭尽全力，死尸填满沟壑。百姓忧愁悲苦，又能听从谁？境内一片哀叹，不胜凋弊。回头观看境内，人人都担心生命不保，老人孩子无不感叹残酷毒烈。我观察风俗来到幽州，悲悯百姓兴师问罪，不需等待再次动身了。于是亲统六军，进行制裁违犯王命的九伐之征，拯救危机，顺从天意，消灭这些丑类，继承先代的谋略。

现在应该传令动身，兵分数路，以雷霆之势占领勃澥，以闪电之速横扫夫余。整装振戈，誓师之后动身，三令五申，有必胜把握之后再战。左第一军当镂方道，第二军当长岑道，第三军当海冥道，第四军当盖马道，第五军当建安道，第六军当南苏道，第七军当辽东道，第八军当玄菟道，第九军当扶余道，第十军当朝鲜道，第十一军当沃沮道，第十二军当乐浪道。右第一军当黏蝉道，第二军当含资道，第三军当浑弥道，右第四军当临屯道，第五军当候城道，第六军当提奚道，第七军当踏顿道，第八军当肃慎道，第九军当碣石道，第十军当东暆道，第十一军当带方道，第十二军当襄平道。所有这些军队，先接受朝廷谋略，再络绎前往，在平壤集合，战士无不像豺、像貔一样勇猛，有百战百胜之雄风，回头一看就使山岳倒塌，开口一呼就使风云郁聚，同心同德，猛士俱在。我亲自统率士兵，节制军队，向东走过辽地，沿海右岸前行，解除远方百姓的疾苦，询问海外黎民的苦难。另外有轻装游击部队，随机应变，人卷甲马衔枚，出其不意，袭击敌人。还有海路大军，舟船千里，帆船疾驰，巨舰云飞，横断坝江，径至平壤，岛屿绝望，废井无路。其他随军异族士兵，手持弓矢等待出发，各种异民族军队，不用协商，众口一词。顺天行军，面对叛逆，人人勇气百倍，用这样的军队作战，势必如摧枯拉朽一般。

然而，王者的军队，照理不行杀戮，圣人的教化，一定要改造恶人。上天惩罚罪人，只惩办首恶，至于为奸邪的众人，胁从不问。如果高元用泥涂首辕门请罪，自行到司法部门投案，就应该解开绳索，焚烧棺木，宽大处理以示恩惠。其余的臣民如能归顺我朝，一律加以安抚，各自照旧生产，根据其才能录用为官，不问是蛮夷还是华夏。军营驻扎，一定要整齐严肃，不准放牧、砍柴，要做到秋毫无犯。对高丽百姓要施加恩惠，晓以利害。如果他们共同作恶，抗拒官兵，国家有一定的刑法，斩草除根。希望明白告知，合乎我的心意。

总一百一十三万三千八百，号二百万，其馈运者倍之。癸未，第一军发，终四十日，引师乃尽，旌旗亘千里。近古出师之盛，未之有也。乙未，以右候卫大将军卫玄为刑部尚书。甲辰，内史令元寿卒。

二月甲寅，诏曰："朕观风燕裔，问罪辽滨。文武协力，爪牙思奋，莫不执锐勤王，舍家从役，罕蓄仓廪之资，兼损播殖之务。朕所以夕惕愀然，虑其匮乏。虽复素饱之众，情在忘私，悦使之人，宜从其厚。诸行从一品以下，佽飞募人以上家口，郡县宜数存问。若有粮食乏少，皆宜赈给；或虽有田畴，贫弱不能自耕种，可于多丁富室劝课相助。使夫居者有敛积之丰，行役无顾后之虑。"壬戌，司空、京兆尹、光禄大夫观王雄薨。

三月辛卯，兵部尚书、左候卫大将军段文振卒。癸巳，上御师。甲午，临戎于辽水桥。戊戌大军为贼所拒，不果济。右屯卫大将军、左光禄大夫麦铁杖，武贲郎将钱士雄、孟金叉等，皆死之。甲午，车驾渡辽。大战于东岸，击贼破之，进围辽东。乙未，大顿，见二大鸟，高丈余，皜身朱足，游泳自若。上异之，命工图写，并立铭颂。

五月壬午，纳言杨达卒。

于时诸将各奉旨，不敢赴机。既而高丽各城守，攻之不下。

六月己未，幸辽东，责怒诸将。止城西数里，御六合城。

七月壬寅，宇文述等败绩于萨水，右屯卫将军辛世雄死之。九军并陷，将帅奔还亡者二千余骑。癸卯，班师。

九月庚辰，上至东都。己丑，诏曰："军国异容，文武殊用，匡危拯难，则霸德攸兴，化人成俗，则王道期贵。时方拨乱，屠贩可以登朝，世属隆平，经术然后升仕。丰都爰肇，儒服无预于周行，建武之朝，功臣不参于吏职。自三方未一，四海交争，不遑文教，唯尚武功。设官分职，罕以才授，班朝治人，乃由勋叙，莫非拔足行阵，出自勇夫，斅学之道，既所不习，政事之方，故亦无取。是非暗于在己，威福专于下吏，贪冒货贿，不知纪极，蠹政害民，实由于此。自今已后，诸授勋官者，并不得回授文武职事，庶遵彼更张，取类于调瑟，求诸名制，不伤于美锦。若吏部辄拟用者，御史即宜纠弹。"

冬十月甲寅，工部尚书宇文恺卒。

十一月己卯，以宗女华容公主嫁于高昌王。辛巳，光禄大夫韩寿卒。

甲申，败将宇文述、于仲文等并除名为民，斩尚书右丞刘士龙以谢天下。是岁，大旱，疫，人多死，山东尤甚。密诏江、淮南诸郡阅视民间童女，姿质端丽者，每岁贡之。

九年春正月丁丑，征天下兵，募民为骁果，集于涿郡。壬午，贼帅杜彦冰、王润等陷平原郡，大掠而去。辛卯，置折冲、果毅、武勇、雄武等郎将官，以领骁果。乙未，平原李德逸聚众数万，称“阿舅贼”，劫掠山东。灵武白榆妄，称“奴贼”，劫掠牧马，北连突厥，陇右多被其患。遣将军范贵讨之，连年不能克。戊戌，大赦。己亥，遣代王侑、刑部尚书卫玄镇京师。辛丑，以右骁骑将军李浑为右骁卫大将军。

二月己未，济北人韩进洛聚众数万为群盗。壬午，复宇文述等官爵。又征兵讨高丽。

三月丙子，济阴人孟海公起兵为盗，众至数万。丁丑，发丁男十万城大兴。戊寅，幸辽东。以越王侗、民部尚书樊子盖留守东都。庚子，北海人郭方预聚徒为盗，自号卢公，众至三万，攻陷郡城，大掠而去。

夏四月庚午，车驾渡辽。壬申，遣宇文述、杨义臣趣平壤。

五月丁丑，荧惑入南斗。己卯，济北人甄宝车聚众万余，寇掠城邑。

六月乙巳，礼部尚书杨玄感反于黎阳。丙辰，玄感逼东都。河南赞务裴弘策拒之，反为贼所败。戊辰，兵部侍郎斛斯政奔于高丽。庚午，上班师。高丽犯后军，敕右武卫大将军李景为后拒。遣左翊卫大将军宇文述、左候卫将军屈突通等驰传发兵，以讨玄感。

秋七月己卯，令所在发人城县府驿。癸未，余杭人刘元进举兵反，众至数万。

八月壬寅，左翊卫大将军宇文述等破杨玄感于阌乡，斩之。余党悉平。癸卯，吴人朱燮、晋陵人管崇拥众十万余，自称将军，寇江左。甲辰，制骁果之家蠲免赋役。丁未，诏郡县城去道过五里以上者，徙就之。戊申，制盗贼籍没其家。乙卯，贼帅陈瑱等众三万，攻陷信安郡。辛酉，司农卿、光禄大夫、葛国公赵元淑以罪伏诛。

九月己卯，济阴人吴海流、东海人彭孝才并举兵为盗，众数万。庚辰，贼帅梁慧尚率众四万，陷苍梧郡。甲午，车驾次上谷，以供费不给，上大怒，免太守虞荷等官。丁酉，东阳人李三儿、向但子举兵作乱，众至万余。

闰月己巳，幸博陵。庚午，上谓侍臣曰："朕昔从先朝周旋于此，年甫八岁，日月不居，倏经三纪，追惟平昔，不可复希！"言未卒，流涕呜咽，侍卫者皆泣下沾襟。

冬十月丁丑，贼帅吕明星率众数千围东郡，武贲郎将费青奴击斩之。乙酉，诏曰："博陵昔为定州，地居冲要，先皇历试所基，王化斯远，故以道冠《豳风》，义高姚邑。朕巡抚氓庶，爰届兹邦，瞻望郊廛，缅怀敬止，思所以宣播德泽，覃被下人，崇纪显号，式光令绪。可改博陵为高阳郡。赦境内死罪已下。给复一年。"于是召高祖时故吏，皆量材授职。壬辰，以纳言苏威为开府仪同三司。朱燮、管崇推刘元进为天子。遣将军吐万绪、鱼俱罗讨之，连年不能克。齐人孟让、王薄等众十余万，据长白山，攻剽诸郡，清河贼张金称众数万，渤海贼帅格谦自号燕王，孙宣雅自号齐王，众各十万，山东苦之。丁亥，以右候卫将军郭荣为右候卫大将军。

十一月己酉，右候卫将军冯孝慈讨张金称于清河，反为所败，孝慈死之。

十二月甲申，车裂玄感弟朝请大夫积善及党与十余人，仍焚而扬之。丁亥，扶风人向海明举兵作乱，称皇帝，建元白乌。遣太仆卿杨义臣击破之。

【译文】

总计一百一十三万三千八百兵马，号称二百万，运送给养的人多一倍。癸未日，第一军出发，四十天以后，所有的军队才都走光，旌旗绵延千里。近代出兵，没有像此次这样盛大的。乙未日，任命右兵卫大将军卫玄为刑部尚书。甲辰日，内史令元寿去世。

二月甲寅日，下诏说："我到燕地边境观察风俗，到辽东海滨兴师问罪。文臣武将协力同心，战士努力，无不手执武器为君王尽力，舍家从军，以致粮食很少积蓄，耕种受到损失。我因此朝夕忧虑，担心他们穷困。虽然饱食的兵众，理应公而忘私，但对踊跃服役之人，应该待遇优厚。随行人员中，从一品以下至佽飞骑士、招募士以上的人家，郡县都应该经常慰问。如果缺乏粮食，就应救济；有人虽有土地但无劳力不能耕种，可以劝说或者规定劳力多的富家帮助。让住家者有积蓄，使行役者无后顾之忧。”壬戌日，司空、京兆尹、光禄大夫观王杨雄去世。

三月辛卯日，兵部尚书、左候卫大将军段文振去世。癸巳日，炀帝亲临大军。甲午日，率军到辽水桥。戊戌日，大军遇到贼兵阻挡，不能渡河。右屯卫大将军、左光禄大夫麦铁杖、武贲郎将钱士雄、孟金叉等，都战死了。甲午日，车驾渡过辽水，在东岸大战，击败贼兵，进而包围辽东。乙未日，大军驻屯，看见两只大鸟，一丈多大，白身红足，自由翱翔。炀帝十分惊奇，让画师画下来，并且写文章赞颂。

五月壬午日，纳言杨达去世。

那时，各将领都接到圣旨，遇事必须奏报，故不敢出战。不久，高丽各城都固守，攻不下来。

六月己未日，炀帝到辽东，愤怒地责备各将领。车驾在城西数里停止，到达六合城。

七月壬寅日，宇文述等在萨水战败，右屯卫将军辛世雄战死。九路军队都战败，将帅逃回来的只有两千多人。癸卯日，班师回朝。

九月庚辰日，炀帝到东都。己丑日，诏书说："军事和政治内容不同，文臣和武将用途各异，拯救危难，则霸道兴起，教化民俗，则王道贵显。在平定战乱的时代，屠夫可以做官，太平盛世，则须学习经术才能升职。在丰都开创之始，周朝官员中没有儒生，在建武朝廷之中，则有军功的不能担任官职。自从国家分裂为三，四海交争，顾不上教化，只崇尚武功。设置官职，很少根据才能委任。朝中官员，都是因有功而录用的，无一不是从部队中选拔的。出身勇士，教学的内容从未学习，执政的方法也无一可取。自己是非不明，属下吏员就作威作福，贪污腐化，贿赂公行，无法无天，腐蚀政府，残害人民，原因都在于此。从此以后，因功授爵的，不得同时委任文武官职，希望改弦更张，就像调瑟一样，只有找到出色的裁缝才不会损伤美锦。如果吏部擅自任用，御史就应该弹劾纠察。"

冬十月甲寅日，工部尚书宇文恺去世。

十一月己卯日，皇族女儿华容公主嫁给高昌王。辛巳日，光禄大夫韩寿去世。甲申日，败将宇文述、于仲文等人被削职为民，把尚书右丞刘士龙斩首以向天下谢罪。这一年大旱，又发生瘟疫，死人很多，崤山以东地区尤其厉害。秘密命令长江、淮河以南各郡查看民间童女，有容貌美丽的，每年进贡。

大业九年春正月丁丑日，征集天下士兵，召募民众做骁果骑士，在涿郡集合。壬午日，盗贼头目杜彦冰、王润等攻陷平原郡，大肆抢劫而去。辛卯日，设置折冲、果毅、武勇、雄武等郎将官，统领骁果骑士。乙未日，平原李德逸聚集数万人，被称为“阿舅贼”，抢劫崤山以东地区。灵武白榆妄，被称为“奴贼”，抢劫牧马，向北勾结突厥，陇右地区大都遭其祸害。派遣将军前往讨伐，几年不能平定。戊戌日，大赦天下。己亥日，派代王杨侑、刑部尚书卫玄镇守京师。辛丑日，任命右骁骑将军李浑为右骁卫大将军。

二月己未日，济北人韩进洛聚集数万人做强盗。壬午日，恢复宇文述等人官职。又征兵讨伐高丽。

三月丙子日，济阳人孟海公起兵做强盗，人数达到数万。丁丑日，征发十万男丁修建大兴城。戊寅日，炀帝到辽东。让越王杨侗、民部尚书樊子益留守东都。庚子日，北海人郭方预聚众做强盗，自称卢公，人数达三万，攻下郡城，大肆抢劫而去。

夏四月庚午日，炀帝车驾渡过辽水。壬申日，派遣宇文述、杨义臣到平壤。

五月丁丑日，荧惑星进入南斗星。己卯日，济北人甄宝车聚集一万余人，抢掠城镇村落。

六月乙巳日，礼部尚书杨玄感在黎阳造反。丙辰日，杨玄感进逼东都。河南赞务裴弘策率兵抵御，反而被贼兵击败。戊辰日，兵部侍郎斛斯政逃奔高丽。庚午日，炀帝班师回国。高丽侵犯断后的部队，炀帝命令右武卫大将军李景断后抵御。派遣左翊卫大将军宇文述、左候卫将军屈突通等乘驿车调发军队，讨伐杨玄感。

秋七月己卯日，命令所在地方征发民夫，修筑县城、府城、驿站。癸未日，余杭人刘元进举兵谋反，人数达数万。

八月壬寅日，左翊卫大将军宇文述等在阌乡击败杨玄感，杀死了他。玄感余党全部被平定。癸卯日，吴地人朱燮、晋陵人管崇聚集十万余人，自称将军，抢掠江南。甲辰日，规定骁果骑士家庭免除赋税徭役。丁未日，命令郡县城离开道路超过五里的，都迁往道旁。戊申日，规定凡盗贼其家庭财产没收入官。乙卯日，盗贼头目陈瑱等率三万余人，攻下信安郡。辛酉日，司农卿、光禄大夫、葛国公赵元淑因犯罪被诛杀。

九月己卯日，济阴人吴海流、东海人彭孝才一齐起兵做盗贼，人数达数万。庚辰日，盗贼头目梁慧尚率四万人攻下苍梧郡。甲午日，炀帝车驾驻扎上谷，由于供应不足，炀帝大怒，罢免太守虞荷等人的官职。丁酉日，东阳人李三儿、向但子兴兵作乱，人数达一万余。

闰月己巳，炀帝到博陵。庚午日，炀帝对侍从官员说："我从前跟随先帝在此地盘桓，年刚八岁，日月如梭，不觉已经三十年过去了，追忆往昔生活，一去不复返了。"话未说完，呜咽流泪，侍卫人员都哭了，眼泪沾湿衣裳。

冬十月丁丑日，盗贼头目吕明星率数千人包围东郡。武贲郎将费青奴迎击，杀死了他。乙酉日，诏书说："博陵从前是定州，地处交通要道，是先皇出任官职的基地，皇统教化源远流长，所以道高于周之豳风，义高于舜之姚邑。我巡视黎民，来到此地，瞻望城乡，缅怀先人，充满敬意，就想传播宣扬先人的福泽恩德，广泛地布施给下层人民。应取一崇高的名号，以发扬光大先人的功业，可把博陵改为高阳郡。赦免境内死罪以下囚犯。百姓免除一年赋税徭役。"于是召来高祖时候的旧官吏，根据其才能授予官职。壬辰日，任命纳言苏威为开府仪同三司。朱燮、管崇推出刘元进当皇帝。派将军吐万绪、鱼俱罗讨伐，接连几年不能平定。齐地人孟让、王薄等十余万人占据长白山，攻打、抢劫各郡。清河盗贼张金称等数万人，渤海盗贼头目格谦自称燕王，孙宣雅自称齐王，人数各有十万，崤山以东地区都受到骚扰。丁亥日，任命右候卫将军郭荣为右候卫大将军。

十一月己酉，右候卫将军冯孝慈在清河讨伐张金称，反被张军打败，孝慈战死。

十二月甲申日，把杨玄感的弟弟朝请大夫杨积善以及党徒十余人车裂处死，尸体焚烧后随风扬散。丁亥日，扶风人向海明起兵谋反，自称皇帝，年号为白乌。派遣太仆卿杨义臣前往攻打，平定了他。

十年春正月甲寅，以宗女为信义公主，嫁于突厥曷娑那可汗。二月辛未，诏百僚议伐高丽，数日无敢言者。戊子，诏曰："竭力王役，致身戎事，咸由徇义，莫匪勤诚。委命草泽，弃骸原野，兴言念之，每怀愍恻。往年出车问罪，将届辽滨，庙算胜略，具有进止。而谅昏凶，罔识成败，高颎愎很，本无智谋，临三军犹儿戏，视人命如草芥，不遵成规，坐贻挠退，遂令死亡者众，不及埋藏。今宜遣使人分道收葬，设祭于辽西郡，立道场一所。恩加泉壤，庶弭穷魂之冤，泽及枯骨，用弘仁者之惠。"辛卯，诏曰：

黄帝五十二战，成汤二十七征，方乃德施诸侯，令行天下。卢芳小盗，汉祖尚且亲戎，隗嚣余烬，光武犹自登陇，岂不欲除暴止戈，劳而后逸者哉！

朕纂成宝业，君临天下，日月所照，风雨所沾，孰非我臣，独隔声教。蕞尔高丽，僻居荒表，鸱张狼噬，侮慢不恭，抄窃我边陲，侵轶我城镇。是以去岁出军，问罪辽、碣，殪长蛇于玄菟，戮封豕于襄平。扶余众军，风驰电逝，追奔逐北，行径逾浿水，沧海舟楫，冲贼腹心，焚其城郭，污其宫室。高元伏锧泥首，送款军门，寻请入朝，归罪司寇。朕以许其改过，乃诏班师。而长恶靡悛，宴安鸩毒，此而可忍，孰不可容！便可分命六师，百道俱进。朕当亲执武节，临御诸军，秣马丸都，观兵辽水，顺天诛于海外，救穷民于倒悬，征伐以正之，明德以诛之，止除元恶，余无所问。若有识存亡之分，悟安危之机，翻然北首，自求多福；必其同恶相济，抗拒王师，若火燎原，刑兹无赦。有司便宜宣布，咸使知闻。

丁酉，扶风人唐弼举兵反，众十万，推李弘为天子，自称唐王。

三月壬子，行幸涿郡。癸亥，次临渝宫，亲御戎服，祃祭黄帝，斩叛军者以衅鼓。

夏四月辛未，彭城贼张大彪聚众数万，保悬薄山为盗。遣榆林太守董纯击破，斩之。甲午，车驾次北平。

五月庚子，诏举郡孝悌廉洁各十人。壬寅，贼帅宋世谟陷琅邪郡。庚申，延安人刘迦论举兵反，自称皇王，建元大世。

六月辛未，贼帅郑文雅、林宝护等众三万，陷建安郡，太守杨景祥死之。

秋七月癸丑，车驾次怀远镇。乙卯，曹国遣使贡方物。甲子，高丽遣使请降，囚送斛斯政，上大悦。

八月己巳，班师。庚午，右卫大将军、左光禄大夫郑荣卒。

冬十月丁卯，上至东都。己丑，还京师。

十一月丙申，支解斛斯政于金光门外。乙巳，有事于南郊。己酉，贼帅司马长安破长平郡。乙卯，离石胡刘苗王举兵反，自称天子，以其弟六儿为永安王，众至数万。将军潘长文讨之，不能克。是月，贼帅王德仁拥众数万，保林虑山为盗。

十二月壬申，上如东都。其日，大赦天下。戊子，入东都。庚寅，贼帅孟让众十余万，据都梁宫。遣江都郡丞王世充击破之，尽虏其众。

十一年春正月甲午朔，大宴百僚。突厥、新罗、靺鞨、毕大辞、诃咄、传越、乌那曷、波腊、吐火罗、俱虑建、忽论、靺鞨、诃多、沛汗、龟兹、疏勒、于阗、安国、曹国、何国、穆国、毕、衣密、失范延、伽折、契丹等国并遣使朝贡。戊戌，武贲郎将高建毗破贼帅颜宣政于齐郡，虏男女数千口。乙卯，大会蛮夷，设鱼龙曼延之乐，颁赐各有差。

二月戊辰，贼帅杨仲绪率众万余，攻北平，滑公李景破斩之。庚午，诏曰："设险守国，著自前经，重门御暴，事彰往策，所以宅土宁邦，禁邪固本。而近代战争，居人散逸，田畴无伍，郛郭不修，遂使游惰实繁，寇歉未息。今天下平一，海内晏如，宜令人悉城居，田随近给，使强弱相容，力役兼济，穿窬无所厝其奸宄，萑蒲不得聚其逋逃。有司具为事条，务令得所。"丙子，上谷人王须拔反，自称漫天王，国号燕，贼帅魏刁儿自称历山飞，众各十余万，北连突厥，南寇赵。

五月丁酉，杀右骁卫大将军、光禄大夫、郕公李浑，将作监、光禄大夫李敏，并族灭其家。癸卯，贼帅司马长安破西河郡。己酉，幸太原，避暑汾阳宫。

秋七月己亥，淮南人张起绪举兵为盗，众至三万。辛丑，光禄大夫、右御卫大将军张寿卒。

八月乙丑，巡北塞。戊辰，突厥始毕可汗率骑数十万，谋袭乘舆，义成公主遣使告变。壬申，车驾驰幸雁门。癸酉，突厥围城，官军频战不利。上大惧，欲率精骑溃围而出，民部尚书樊子盖固谏乃止。齐王暕以后军保于崞县。甲申，诏天下诸郡募兵，于是守令各来赴难。

九月甲辰，突厥解围而去。丁未，曲赦太原、雁门郡死罪已下。

冬十月壬戌，上至于东都。丁卯，彭城人魏骐麟聚众万余为盗，寇鲁郡。壬申，贼帅卢明月聚众十余万，寇陈、汝间。东海贼帅李子通拥众度淮，自号楚王，建元明政，寇江都。

十一月乙卯，贼帅王须拔破高阳郡。十二月戊寅，有大流星如斛，坠明月营，破其冲军。庚辰，诏民部尚书樊子盖发关中兵，讨降郡贼敬盘陀、柴保昌等，经年不能克。谯郡人朱粲拥众数十万，寇荆襄，僭称楚帝，建元昌达，汉南诸郡多为所陷焉。

【译文】

大业十年春正月甲寅日，把一皇族女封为信义公主，嫁给突厥曷婆那可汗。

二月辛未日，命令百官商议讨伐高丽，接连几天没人敢发言。戊子日，下诏书说："战士尽力为国服役，献身战争，都是因为深明大义，忠诚勤劳，丧命于草莽，弃尸于原野，想起这些，心中充满悲伤。往年兴师问罪，将到辽海之滨，计谋深远，进退都有安排。但是杨谅凶恶昏愦，不懂军事，高颎固执偏狭，有勇无谋，率领三军犹如儿戏，视人命如同草芥，不遵守定好的计策，招致失败，使战士大批死亡，来不及埋藏。现在应派人分头收葬，在辽西郡建一所道场，祭祀亡灵。让恩德施于九泉之下，消除穷鬼的冤屈，恩泽加于枯骨之上，以弘扬仁者的恩德。"辛卯日，诏书说：

黄帝进行五十二次战斗，商汤进行二十七次征伐，然后才恩德遍施诸侯，号令行于天下。卢芳不过一名小盗，汉高祖还亲自征战；隗嚣不过是复燃的死灰，光武帝还亲自赴陇西讨伐。难道不是想铲除强暴制止战乱，先劳苦而后安逸吗？我登上皇位，治理天下，日月照到的地方，风雨淋到的地方，谁不是我的臣民？谁又能独不接受教化？小小的高丽，居住在偏远荒僻地区，气焰嚣张，态度傲慢，抢掠我边境，侵略我城镇。因此去年出动大军，到辽东、碣石问罪，在玄菟杀死长蛇，在襄平屠戮封豕。

扶余各路兵马，风驰电掣，追奔逐北，越过逾沨水。大海舟船，直捣贼人心脏，焚烧其城池，毁坏其宫殿。高元用泥涂首，伏在刀下，到军营前请罪，接着又请求进京朝见，到司法部门投案。我准许他改过，就下令班师回朝。不料他竟怙恶不悛，真是贪图安逸反遭毒害，是可忍，孰不可忍！可命令六军，后分百路，一齐进发。我应亲自出征，监领各军，在丸都喂马，在辽水观兵，顺应天意在海外诛杀凶顽，拯救苦难的穷苦百姓。用征伐来匡救时弊，用明德来诛杀坏人，只除首恶，胁从不问。如果有人认识生死的区别，明白安危的关键，幡然悔悟，自然能够获得福泽；如果一定要共同作恶，抗拒我朝大军，那就像烈火燎原，格杀无赦。有关官府要乘便宣布此意，让人人都知道。

丁酉日，扶风人唐弼起兵谋反，人数有十万，推李弘做皇帝，自称唐王。

三月壬子日，炀帝到涿郡。癸亥日，住在临渝宫，炀帝身穿军服，对黄帝进行祃祭，杀死叛逃军人衅鼓。

夏四月辛未日，鼓城贼人张大彪聚集数万人，屯守悬薄山为强盗。派遣榆林太守董纯去攻打，杀死了他。甲午日，车驾驻扎北平。

五月庚子日，命令各郡推举孝悌、廉洁的人各十名。壬寅日，盗贼头目宋世谟攻下琅邪郡。庚申日，延安人刘迦论起兵谋反，自称皇王，年号是大世。

六月辛未日，盗贼头目郑文雅、林宝护等三万人，攻下建安郡。太守杨景祥战死。

秋七月癸丑日，炀帝车驾驻扎怀远镇。乙卯日，曹国派遣使臣贡献土产。甲子日，高丽派遣使臣请求投降，把斛斯政囚禁送来，炀帝十分高兴。

八月己巳日，班师回朝。庚午日，右卫大将军、左光禄大夫郑荣去世。

冬十月丁卯日，炀帝到东都。己丑日，回到京城。

十一月丙申日，在金光门外肢解了斛斯政。乙巳日，炀帝在南郊祭祀。己酉日，盗贼头目司马长安攻破长平郡。乙卯日，离石胡人刘苗王起兵谋反，自称天子，让他弟弟六儿做永安王，人数达数万。将军潘长文前往讨伐，不能战胜。这月，盗贼头目王德仁聚集数万人，驻守林虑山做强盗。

十二月壬申日，炀帝去东都。这一天，大赦天下。戊子日，进入东都。庚寅日，盗贼头目孟让率十余万人占据都梁宫。派遣江都郡丞王世充打败了他，把他的部众全部俘虏了。

大业十一年春正月甲午日初一，设盛大宴席宴请百官。突厥、新罗、靺鞨、毕大辞、诃咄、传越、乌那曷、波腊、吐火罗、俱虑建、忽论、诃多、沛汗、龟兹、疏勒、于阗、安国、曹国、何国、穆国、毕、衣密、失范延、伽折、契丹等国都派遣使臣朝见进贡。戊戌日，武贲郎将高建毗在齐郡打败盗贼头目颜宣政，俘虏数千名男女。乙卯日，大会蛮夷各国，表演幻术戏乐，按不同等级进行赏赐。

二月戊辰日，盗贼头目杨仲绪率一万余人攻打北平，滑公李景击败并斩杀了他。庚午日，下诏书说："设置险关保卫国家，前代经典早有著录；牢固防守抵御强暴，事情将载入史册流传后世。这样做的目的在于安邦定国，禁止奸邪，巩固根基。但近年的战争，居民流散，田地荒芜，城郭破坏，使游手好闲的人增加，而盗匪骚扰不停。现在天下平定，海内安乐，应该让人全部住进城中，就近拨给土地，使得强弱互相包容，劳力同力相助，小偷无法行窃，强盗无法聚集。有关官府要准备好治事条例，务必让百姓各得其所。"丙子日，上谷人王须拔造反，自称漫天王，国号为燕；盗贼头目魏刁儿自称历山飞，人数都达到十余万，向北勾结突厥，向南侵略赵地。

五月丁酉日，杀死右骁卫大将军、光禄大夫、郕公李浑，将作监、光禄大夫李敏诛杀、并且灭掉二人家族。癸卯日，盗贼头目司马长安攻下西河郡。乙酉日，炀帝到太原，在汾阳宫避暑。

秋七月己亥日，淮南人张起绪起兵谋反，人数达三万。辛丑日，光禄大夫、右御卫大将军张寿去世。

八月乙丑日，炀帝巡视北部边塞。戊辰日，突厥始毕可汗计划率领数十万骑兵袭击炀帝车驾，义成公主派使者告知。壬申日，车驾奔到雁门。癸酉日，突厥包围雁门城，官军屡战屡败。炀帝十分恐惧，想率领精兵突围出城，民部尚书樊子盖坚决劝阻，没突围。齐王杨暕率后军守崞县。甲申日，命令全国各郡招募军队，于是各郡太守、县令纷纷前来救驾。

九月甲辰日，突厥解围回去。丁未日，因特殊情况赦免太原、雁门郡死罪以下囚徒。

冬十月壬戌日，炀帝到东都。丁卯日，彭城人魏骐麟聚集一万余人做强盗，侵犯鲁郡。壬申日，盗贼头目卢明月聚集十余万人侵犯陈、汝地区。东海盗贼头目李子通率部众渡过淮河，自称楚王，年号为明政，侵犯江都。

十一月乙卯日，盗贼头目王须拔攻下高阳郡。

十二月戊寅日，一颗像斛一样大的流星坠落在卢明月军营，砸破他的冲车。庚辰日，命令民部尚书樊子盖征发关中士兵，讨伐降郡盗贼敬盘陀、柴保昌等，打了一年也没能平定。谯郡人朱粲率数十万部众侵犯荆襄，妄称楚帝，年号为昌达。汉南各郡大多被他攻下。

十二年春正月甲午，雁门人翟松柏起兵于灵丘，众至数万，转攻傍县。

二月己未，真腊国遣使贡方物。甲子夜，有二大鸟似雕，飞入大业殿，止于御幄，至明而去。癸亥，东海贼卢公暹率众万余，保于苍山。

夏四月丁巳，显阳门灾。癸亥，魏刁儿所部将甄翟儿复号历山飞，众十万，转寇太原。将军潘长文讨之，反为所败，长文死之。

五月丙戌朔，日有蚀之，既。癸巳，大流星陨于吴郡，为石。壬午，上于景华宫征求萤火，得数斛，夜出游山，放之，光遍岩谷。

秋七月壬戌，民部尚书、光禄大夫济北公樊子盖卒。甲子，幸江都宫，以越王侗、光禄大夫段达、太府卿元文都、检校民部尚书韦津、右武卫将军皇甫无逸、右司郎卢楚等总留后事。奉信郎崔民象以盗贼充斥，于建国门上表，谏不宜巡幸。上大怒，先解其颐，乃斩之。戊辰，冯翊人孙华自号总管，举兵为盗。高凉通守洗珤彻举兵作乱，岭南溪洞多应之。己巳，荧惑守羽林，月余乃退。车驾次汜水，奉信郎王爱仁以盗贼日盛，谏上请还西京。上怒，斩之而行。

八月乙巳，贼帅赵万海众数十万，自恒山寇高阳。壬子，有大流星如斗，出王良阁道，声如隤墙。癸丑，大流星如瓮，出羽林。

九月丁酉，东海人杜扬州、沈觅敌等作乱，众至数万。右御卫将军陈棱击破之。戊午，有二枉矢出北斗魁，委曲蛇形，注于南斗。壬戌，安定人荔非世雄杀临泾令，举兵作乱，自号将军。

冬十月己丑，开府仪同三司、左翊卫大将军、光禄大夫、许公宇文述薨。

十二月癸未，鄱阳贼操天成举兵反，自号元兴王，建元始兴，攻陷豫章郡。乙酉，以右翊卫大将军来护儿为开府仪同三司、行左翊卫大将军。壬辰，鄱阳人林士弘自称皇帝，国号楚，建元太平，攻陷九江、庐陵郡。唐公破甄翟儿于西河，掳男女数千口。

十三年春正月壬子，齐郡贼杜伏威率众渡淮，攻陷历阳郡。丙辰，勃海贼窦建德设坛于河间之乐寿，自称长乐王，建元丁丑。辛巳，贼帅徐圆朗率众数千，破东平郡。弘化人刘企成聚众万余人为盗，傍郡苦之。

二月壬午，朔方人梁师都杀郡丞唐世宗，据郡反，自称大丞相。遣银青光禄大夫张世隆击之，反为所败。戊子，贼帅王子英破上谷郡。己丑，马邑校尉刘武周杀太守王仁恭，举兵作乱，北连突厥，自称定杨可汗。庚寅，贼帅李密、翟让等陷兴洛仓。越王侗遣武贲郎将刘长恭、光禄少卿房崱击之，反为所败，死者十五六。庚子，李密自号魏公，称元年，开仓以振群盗，众至数十万，河南诸郡相继皆陷焉。壬寅，刘武周破武贲郎将王智辩于桑乾镇，智辩死之。

三月戊午，庐江人张子路举兵反。遣右御卫将军陈棱讨平之。丁丑，贼帅李通德众十万，寇庐江，左屯卫将军张镇州击破之。

夏四月癸未，金城校尉薛举率众反，自称西秦霸王，建元秦兴，攻陷陇右诸郡。己丑，贼帅孟让，夜入东都外郭，烧丰都市而去。癸巳，李密陷回洛东仓。丁酉，贼帅房宪伯陷汝阴郡。是月，光禄大夫裴仁基、淮阳太守赵佗等并以众叛归李密。

五月辛酉，夜有流星如瓮，坠于江都。甲子，唐公起义师于太原。丙寅，突厥数千寇太原，唐公击破之。

秋七月壬子，荧惑守积尸。丙辰，武赋人李轨举兵反，攻陷河西诸郡，自称凉王，建元安乐。

八月辛巳，唐公破武牙郎将宋老生于霍邑，斩之。

九月己丑，帝括江都人女寡妇，以配从兵。是月，武阳郡丞元宝藏以郡叛归李密，与贼帅李文相攻陷黎阳仓。彗星见于营室。

冬十月丁亥，太原杨世洛聚众万余人，寇掠城邑。丙申，罗令萧铣以县反，鄱阳人董景珍以反，迎铣于罗县，号为梁王，攻陷傍郡。戊戌，武贲郎将高毗败济北郡贼甄宝车于嶭山。

十一月丙辰，唐公入京师。辛酉，遥尊帝为太上皇，立代王侑为帝，改元义宁。上起宫丹阳，将逊于江左。有乌鹊来巢幄帐，驱不能止。荧惑犯太微。有石自江浮入于扬子。日光四散如流血。上甚恶之。

二年三月，右屯卫将军宇文化及，武贲郎将司马德戡、元礼，监门直阁裴虔通，将作少监宇文智及，武勇郎将赵行枢，鹰扬郎将孟景，内史舍人元敏，符玺郎李覆、牛方裕，千牛左右李孝本、弟孝质，直长许弘仁、薛世良，城门郎唐奉义，医正张恺等，以骁果作乱，入犯宫闱。上崩于温室，时年五十。萧后令宫人撤床箦为棺以埋之。化及发后，右御卫将军陈棱奉梓宫于成象殿，葬吴公台下。发敛之始，容貌若生，众咸异之。大唐平江南之后，改葬雷塘。

【译文】

大业十二年春正月甲午日，雁门人翟松柏在灵丘起兵，人数达到数万，辗转进攻附近县城。

二月己未日，真腊国派遣使臣贡献土产。甲子日夜晚，有两只像老雕的大鸟飞进大业殿，落在炀帝的帷帐上，到天明才飞去。癸亥日，东海盗贼卢公暹率万余部众，屯守苍山。

夏四月丁巳，显阳门发生火灾。癸亥日，魏刁儿部将甄翟儿又自称历山飞，部众达十万，辗转进攻太原。将军潘长文讨伐，反被打败，潘长文战死。

五月丙戌日初一，发生日食，日食现象很快就过去了。癸巳日，大流星坠落到吴郡，成了石头。壬午日，炀帝在景华宫征求萤火虫，获得好几斛，夜晚到山上游玩，放出萤火虫，满山谷都照亮了。

秋七月壬戌，民部尚书、光禄大夫济北公樊子盖去世。甲子日，炀帝到江都宫，让越王杨侗、光禄大夫段达、太府卿元文都、检校民部尚书韦津、右武卫将军皇甫无逸、右司郎卢楚等留守总管政事。奉信郎崔民象因盗贼充斥，在建国门上奏章，劝谏说外出巡视不合适。炀帝大怒，先卸下他的面颊，然后杀死他。戊辰日，冯翊人孙华自称总管，起兵谋反。高凉通守洗珤彻兴兵作乱，岭南各溪洞人多数响应。己巳日，火星守在羽林星旁，一月多才消失。炀帝车驾驻扎汜水，奉信郎王爱仁因为盗贼一天天厉害，劝谏炀帝回西京。炀帝生气，杀死他，然后继续走。

八月乙巳日，贼帅赵万海率数十万部众，从恒山进犯高阳。壬子日，一颗像斗一样大的流星，从王良星、阁道星中出来，声音大得像墙壁倒塌。癸丑日，像瓮一样大的流星从羽林星出来。

九月丁酉日，东海人杜扬州、沈觅敌等谋反，人数达数万。右御卫将军陈棱击败了他们。戊午日，有两颗枉矢星，从北斗星魁星中出来，弯弯曲曲地流入南斗星。壬戌日，安定人荔非世雄杀死临泾县令，起兵谋反，自称将军。

冬十月己丑，开府仪同三司、左翊卫大将军、光禄大夫、许公宇文述去世。

十二月癸未，鄱阳盗贼操天成起兵造反，自称元兴王，年号为始兴，攻下豫章郡。乙酉日，任命右翊卫大将军来护儿为开府仪同三司、行左翊卫大将军。鄱阳人林士弘自称皇帝，国号称楚，年号为太平，攻下九江、庐陵郡。唐公李渊在西河打败甄翟儿，俘虏数千名男女。

大业十三年春正月壬子日，齐郡盗贼头目杜伏威率领部众渡过淮河，攻下历阳郡。丙辰日，勃海盗贼窦建德在河间乐寿地方设坛，自称长乐王，年号为丁丑。辛巳日，盗贼头目徐圆郎率数千部众攻下东平郡。弘化人刘企成聚集一万余人做强盗，附近郡县都受他的害。

二月壬午日，朔方人梁师都杀死郡丞唐世宗，占领朔方郡谋反，自称大丞相。派银青光禄大夫张世隆攻打，反而被梁师都打败。戊子日，盗贼头目王子英攻下上谷郡。己丑日，马邑校尉刘武周杀死太守王仁恭，兴兵谋反，向北勾结突厥，自称定杨可汗。庚寅日，盗贼头目李密、翟让等攻下兴洛仓。越王杨侗派遣武贲郎将刘长恭、光禄少卿房崱攻打，反被他们打败，士兵战死十分之五六。庚子日，李密自称魏公，改年号称元年，打开粮仓赈济众盗贼，人数达到数十万，黄河以南各郡相继失陷。壬寅日，刘武周在桑乾镇打败武贲郎将王智辩，王智辩战死。

三月戊午日，庐江人张子路起兵谋反，派右御卫将军陈棱讨伐平定了他。丁丑日，盗贼头目李通德率十万部众进犯庐江，左屯卫将军张镇州打败了他。

夏四月癸未日，金城校尉薛举率部众谋反，自称西秦霸王，年号为秦兴，攻下陇右各郡。己丑日，盗贼头目孟让夜晚进入东都外城，烧毁丰都市然后离去。癸巳日，李密攻下回洛东仓。丁酉日，盗贼头目房宪伯攻下汝阴郡。这月，光禄大夫裴仁基、淮阳太守赵佗等都率众背叛，投奔李密。

五月辛酉日，夜晚有流星像瓮一样大，坠落在江都。甲子日，唐公在太原起义。丙寅日，数千名突厥人侵犯太原，唐公打败了他们。

秋七月壬子日，火星守在积尸星旁。丙辰日，武威人李轨起兵谋反，攻下河西各郡，自称凉王，年号是安乐。

八月辛巳日，唐公在霍邑打败武牙郎将宋老生，杀死了他。

九月己丑日，炀帝搜括江都少女和寡妇，匹配给随军士兵。这月，武阳郡丞元宝藏率全郡造反，投奔李密，和盗贼头目李文相一起攻下黎阳仓。彗星在营室星出现。

冬十月丁亥日，太原杨世洛聚集一万多人，抢劫城乡。丙申日，罗县县令萧铣率全县谋反，鄱阳人董景珍率全郡谋反，董到罗县迎接萧铣，号称梁王，攻下邻近的郡。戊戌日，武贲郎将高毗在嶓山打败济北郡盗贼甄宝车。

十一月丙辰日，唐公进入京师。辛酉日，把炀帝遥尊为太上皇，立代王杨侑为皇帝，改年号为义宁。炀帝在丹阳兴建宫室，想在江南退位。有黑喜鹊来帷帐上居住，赶不走。火星侵入太微星。有石头从长江漂流到扬子江。太阳光四散，就像流血一样，炀帝十分厌恶。

义宁二年三月，右屯卫将军宇文化及，武贲郎将司马德戡、元礼，监门直阁裴虔通，将做少监宇文智及，武勇郎将赵行枢，鹰扬郎将孟景，内史舍人元敏，符玺郎李覆、牛方裕，千牛左右李孝本及其弟李质，直长许弘仁、薛世良，城门郎唐奉义，医正张恺等人，率骁果骑士造反，进入宫廷。炀帝在温室去世，享年五十岁。萧后命宫女撤去床席作棺材，埋葬了炀帝。宇文化及离开后，右御卫将军陈棱从成象殿护送灵柩，将其埋葬在吴公台下。开棺入殓时，炀帝面容就像活着一样，大家都很惊奇，大唐平定江南以后，改葬炀帝到雷塘。

初，上自以藩王，次不当立，每矫情饰行，以钓虚名，阴有夺宗之计。时高祖雅信文献皇后，而性忌妾媵。皇太子勇内多嬖幸，以此失爱。帝后庭有子，皆不育之，示无私宠，取媚于后。大臣用事者，倾心与交。中使至第，无贵贱，皆曲承颜色，申以厚礼。婢仆往来者，无不称其仁孝。又常私入宫掖，密谋于献后，杨素等因机构扇，遂成废立。自高祖大渐，暨谅暗之中，烝淫无度，山陵始就，即事巡游，以天下承平日久，士马全盛，慨然慕秦皇、汉武之事。乃盛治宫室，穷极侈靡，招募行人，分使绝域。诸蕃王者，厚加礼赐，有不恭命，以兵击之。盛兴屯田于玉门、柳城之外。课天下富室，益市武马，匹直十余万，富强坐是冻馁者十家而九。帝性多诡谲，所幸之处，不欲人知。每之一所，辄数道置顿，四海珍馐殊味，水陆必备焉，求市者无远不至。郡县官人，竞为献食，丰厚者进擢，疏俭者获罪。奸使侵渔，内外虚竭，头会箕敛，人不聊生。于时军国多务，日不暇给，帝方骄怠，恶闻政事，冤屈不治，奏请罕决。又猜忌臣下，无所专任，朝臣有不合意者，必构其罪而族灭之。故高颎、贺若弼先皇心膂，参谋帷幄，张衡、李金才藩邸惟旧，绩著经纶，或恶其直道，或忿其正议，求其无形之罪，加以刎颈之诛。其余事君尽礼，謇謇匪躬，无辜无罪，横受夷戮者，不可胜纪。政刑弛紊，贿货公行，莫敢正言，道路以目。六军不息，百役繁兴，行者不归，居者失业。人饥相食，邑落为墟，上不之恤也。东西游幸，靡有定居，每以供费不给，逆收数年之赋。所至唯与后宫流连耽湎，惟日不足，招迎老媪，朝夕共肆丑言，又引少年，令与宫人秽乱，不轨不逊，以为娱乐。区宇之内，盗贼蜂起，劫掠从官，屠陷城邑，近臣互相掩蔽，隐贼数不以实对。或有言贼多者，辄大被诘责，各求苟免，上下相蒙，每出师徒，败亡相继。战士尽力，必不加赏，百姓无辜，咸受屠戮。黎庶愤怨，天下土崩，至于就擒而犹未之悟也。

【译文】

最初，炀帝因为是诸侯王，按继承顺序不应做皇帝，所以常常假装正经，沽名钓誉，阴谋夺取皇位。那时高祖十分信任文献皇后，而生性忌恨妃妾。皇太子杨勇内宫有很多宠爱的姬妾，因此高祖不喜欢他。炀帝时对妾生的儿子，一概不抚养，以表示不宠爱妾，以此讨好文献皇后。对掌权的大臣，炀帝全力交往。宫中使臣到炀帝家，不论地位高低，炀帝都竭力讨好，厚礼相待。宫中奴仆往来炀帝家中的，无不称赞炀帝仁义孝顺。炀帝又常常私自进入宫中，和文献皇后密谋策划，杨素等人趁机煽动，终于废除太子杨勇，立炀帝为太子。从高祖病危至去世，在居丧期中，炀帝就纵情淫乐，高祖陵墓一修成，炀帝更四处巡游。因天下长期安定，兵马强盛，炀帝赞叹羡慕秦始皇、汉武帝的功业，就大量地兴建宫殿，极端豪华，招募使者，出使到偏远国家。异族国家来朝见的，都送给很厚的礼，有不恭敬听命的，就派兵攻打。在玉门、柳城以外，大规模屯田。向天下富户征取钱财，大量购置军马，每匹马价值十余万，富户因此十家有九家破产。炀帝生性诡诈，所到的地方，不想让人知道。每去一个地方，总是要在几条路上设置安歇地点，准备山珍海味、水陆珍品，为购买这些东西，多远的地方都去到了。郡县的官吏，竞相进献食物，进献丰富的得到提拔，进献贫乏的有罪。贪官污吏鱼肉百姓，朝廷和地方国库空虚，按人头向百姓征税，弄得民不聊生。那时国家军事、政治事务繁忙，从早到晚忙不过来，而炀帝骄傲懒惰，不愿过问政务，百姓冤屈得不到申诉，奏报的事情很少得到裁决。炀帝又猜疑臣子，用人不专，朝廷大臣有不合心意的，一定罗织罪名诛灭九族。高颎、贺若弼是先皇的心腹，为先皇运筹帷幄，张衡、李金才是炀帝做诸侯王时的旧臣，满腹经纶，有的因为正直而遭炀帝厌恶，有的因为发表正确的意见而激怒炀帝，都被加上莫须有的罪名，加以诛杀。其余的人，侍奉君王尽力符合礼仪、正直勤恳、没有罪过而横遭杀害的，数不胜数。政治紊乱，贿赂公行，无人敢发表正确的意见，人们都在路上用目光表示不满。军队连年作战，各种劳役频繁征调，服役的人不能回家，留在家里的人失去工作。饥荒严重，以至于人吃人，村庄变成废墟。而炀帝并不体恤民情，东西游玩，没有固定的居住地，常常因为供给不足，提前收取数年的赋税。每到一地，只是沉湎于和后宫妃妾淫乐，从早到晚犹觉不足。招进一些老年妇女，早晚说一些淫秽的话，又引进少年，命令他们和宫女发生关系，违法乱纪，以此取乐。全国盗贼风起云涌，抢劫官府，攻打城乡，屠杀百姓。朝廷大臣隐瞒欺骗，不据实情奏报盗贼的人数。有人说盗贼很多，总要被大加训斥，于是各自求得平安。上下欺骗。出兵作战，不断地吃败仗，士兵死的死逃的逃。尽力作战的士兵，得不到奖赏，无罪的百姓，都受到屠杀。黎民百姓愤恨抱怨，天下土崩瓦解，以至于被人逮捕之后还不明白是什么原因。

杨玄感列传

杨玄感，司徒素之子也。体貌雄伟，美须髯。少时晚成，人多谓之痴，其父每谓所亲曰："此儿不痴也。"及长，好读书，便骑射。以交军功，位至柱国，与其父俱为第二品，朝会则齐列。其后高祖命玄感降一等，玄感拜谢曰："不意陛下宠臣之甚，许以公廷获展私敬。"初拜郢州刺史，到官，潜布耳目，察长吏能不。其有善政及赃污者，纤介必知之，往往发其事，莫敢欺隐。吏民敬服，皆称其能。后转宋州刺史，父忧去职。岁余，起拜鸿胪卿，袭爵楚国公，迁礼部尚书。性虽骄倨，而爱重文学，四海知名之士多趋其门。

自以累世尊显，有盛名于天下，在朝文武多是父之将吏，复见朝纲渐紊，帝又猜忌日甚，内不自安，遂与诸弟潜谋废帝，立秦王浩。及从征吐谷浑，还至大斗拔谷，时从官狼狈，玄感欲袭击行宫。其叔慎谓玄感曰："士心尚一，国未有衅，不可图也。"玄感乃止。

【译文】

杨玄感是司徒杨素的儿子。他体貌雄伟，长着一部很好看的大胡须。他少年时很晚才懂事，因此很多人都说他痴。他的父亲却常对亲近的人说："这个孩子不痴。"等到长大后，他喜欢读书，并喜欢骑马射箭。他凭借父亲的军功，获得了柱国的高位，同他的父亲都属第二品，朝会的时候与父亲站在同一行列中。后来高祖命杨玄感朝会的时候后退一列，玄感拜谢说："没想到陛下如此宠爱臣，允许臣在公廷上体现私敬。"开始时朝廷任命他做郢州刺史，他上任后，暗中布下耳目，探索下面官吏的好坏。这些耳目发现下面的官吏有政事处理得好的以及贪赃枉法的，哪怕一丝一毫也一定报告杨玄感，因此玄感常常把这些官吏的表现公布出来，官吏们也就没有人敢于对他有什么欺骗隐瞒。吏民们敬服他，都称赞他贤能。后调任宋州刺史，因父亲去世而离职。过了一年多，他出来做官而被任命为鸿胪卿，并承袭父爵为楚国公，后又调升为礼部尚书。他的性情虽然倨傲，却十分爱好和重视文学，因此天下知名的文士多归附到他的门下。

杨玄感自以为杨家世世尊贵显耀，在天下享有盛名，在朝廷上的文武官员也多是他父亲原来的将吏，又发现朝廷纲纪渐渐混乱，而炀帝对杨家的猜忌又越来越厉害，因此他内心深感不安，于是就同他的弟弟们暗地谋划废掉炀帝，更立秦王杨浩为帝。到杨玄感随从炀帝出征吐谷浑，回来时走到名叫大斗拔谷的地方，这时从行的官吏们已十分疲劳狼狈，杨玄感便想趁机袭击炀帝的行宫。他的叔叔杨慎对他说："现在人心还一致，国政又没有出现大的问题，还不可采取行动。"玄感这才止而未发。

时帝好征伐，玄感欲立威名，阴求将领。谓兵部尚书段文振曰："玄感世荷国恩，宠逾涯分，自非立效边裔，何以塞责！若方隅有风尘之警，庶得执鞭行阵，少展丝发之功。明公兵革是司，敢布心腹。"文振因言于帝，帝嘉之，顾谓群臣曰："将门必有将，相门必有相，故不虚也。"于是赉物千段，礼遇益隆，颇预朝政。

帝征辽东，命玄感于黎阳督运。于时百姓苦役，天下思乱，玄感遂与武贲郎将王仲伯、汲郡赞治赵怀义等谋议，欲令帝所军众饥馁，每为逗留，不时进发。帝迟之，遣使者逼促，玄感扬言曰："水路多盗贼，不可前后而发。"其弟武贲郎将玄纵、鹰扬郎将万硕并从幸辽东，玄感潜遣人召之。时将军来护儿以舟师自东莱将入海，趣平壤城，军未发。玄感无以动众，乃遣家奴伪为使者，从东方来，谬称护儿失军期而反。玄感遂入黎阳县，闭城大索男夫。于是取帆布为牟甲，署官属，皆准开皇之旧。移书傍郡，以讨护儿为名，各令发兵，会于仓所。以东光县尉元务本为黎州刺史，赵怀义为卫州刺史，河内郡主簿唐祎为怀州刺史。有众且一万，将袭洛阳。唐祎至河内，驰往东都告之。越王侗、民部尚书樊子盖等大惧，勒兵备御。修武县民相率守临清关，玄感不得济，遂于汲郡南渡河，从乱者如市。数日，屯兵上春门，众至十余万。子盖令河南赞治裴弘策拒之，弘策战败。瀍、洛父老竞致牛酒。玄感屯兵尚书省，每誓众曰："我身为上柱国，家累钜万金，至于富贵，无所求也。今者不顾破家灭族者，但为天下解倒悬之急，救黎元之命耳。"众皆悦，诣辕门请自效者，日有数千。与樊子盖书曰：

【译文】

当时炀帝好出兵征伐，杨玄感想为自己树立威名，便暗地谋求做将领。他对兵部尚书段文振说："玄感世世蒙受国恩，获得朝廷过分的荣宠，如果不能立志效命边疆，用什么来报答朝廷呢！如果边疆有军情，希望能服役于行伍之中，多少做一点微薄的贡献。明公是执掌军事的，因此谨向您表白我内心的想法。"段文振把杨玄感的话转告炀帝，炀帝称赞他，看看群臣说："将门必有将才，相门必有相才，这话不假。"于是赐给杨玄感丝织物一千段，对他的礼遇越来越隆，杨玄感因此也很能参与一些朝政。

炀帝征伐辽东，命杨玄感在黎阳督运粮草。这时老百姓为徭役所苦，天下人心思乱，玄感于是同武贲郎将王仲伯、汲郡赞治赵怀义等谋议，想让炀帝所率的军队饥饿，因此每次运送粮草都故意逗留，不及时送发。炀帝嫌他们运送粮草太迟慢，遣使者来催逼。杨玄感扬言说："水路多盗贼，不可前后相继发送。"杨玄感的弟弟武贲郎将杨玄纵、鹰扬郎将万硕都跟从炀帝在辽东，玄感暗地派人召他们回来。当时名叫来护儿的将军正准备率水军从东莱入海，前往平壤城，军队还没有出发。杨玄感正愁没有借口发动众人，于是就派他的家奴伪装成使者，从东方来，谎称来护儿坐失军期而造反。杨玄感于是进入黎阳县城，关闭城门，大肆搜索成年男子。又取帆布做成盔甲，署置属官，都依照开皇年间的旧制。又写文告发送周围各郡，以讨伐来护儿为名，命令各郡发兵，到黎阳仓会师。杨玄感用东光县尉元务本做黎州刺史，赵怀义做卫州刺史，河内郡主簿唐祎做怀州刺史。这时杨玄感拥有军队将近一万人，将要袭击洛阳。唐屿到河内后，便飞马驰往东都洛阳报告。在洛阳城的越王杨侗、民部尚书樊子盖等大为恐惧，便率兵做防御准备。修武县的人民都相率前来守卫临清关，使杨玄感不能从这里渡河，于是便从汲郡南渡河，前来跟从杨玄感叛乱的人就像赶集市一样。过了几天，杨玄感把兵屯驻在上春门，已经拥有十多万人。樊子盖命令河南赞治裴弘策率兵抵御杨玄感，裴弘策被打败了。瀍水、洛水一带的父老们都竞相送牛送酒来慰问杨玄感的军队。玄感把兵屯驻在尚书省，常发誓言以鼓动众人说："我身为上柱国，家中有上万金钱，至于说富贵，我已经无所求了。今天之所以不顾破家灭族的大灾难，只是为了替天下人解救危如倒悬的急难，拯救百姓的性命罢了。”众人听了都很高兴，到杨玄感的营门前来请求效命的人，每天都有好几千。杨玄感写信给樊子盖说：

夫建忠立义，事有多途，见机而作，盖非一揆。昔伊尹放太甲于桐宫，霍光废刘贺于昌邑，此并公度内，不能一二披陈。

高祖文皇帝诞膺天命，造兹区宇，在琁玑以齐七政，握金镜以驭六龙，无为而至化流，垂拱而天下治。今上纂承宝历，宜固洪基，乃自绝于天，殄民败德。频年肆眚，盗贼于是滋多，所在修治，民力为之凋尽。荒淫酒色，子女必被其侵，耽玩鹰犬，禽兽皆离其毒。朋党相扇，货贿公行，纳邪佞之言，杜正直之口。加以转输不息，徭役无期，士卒填沟壑，骸骨蔽原野。黄河之北，则千里无烟，江淮之间，则鞠为茂草。

玄感世荷国恩，位居上将，先公奉遗诏曰：“好子孙为我辅弼之，恶子孙为我屏黜之。”所以上禀先旨，下顺民心，废此淫昏，更立明哲。四海同心，九州响应，士卒用命，如赴私仇，民庶相趋，义形公道。天意人事，较然可知。公独守孤城，势何支久！愿以黔黎在念，社稷为心，勿拘小礼，自贻伊戚。谁谓国家一旦至此，执笔潸泫，言无所具。

【译文】

要想建立忠义之名，有多种途径，应当见机而行，恐怕不应只遵循一种标准。从前伊尹把商帝太甲放逐到桐宫，霍光把汉帝刘贺废掉而让他回到昌邑，这都是公所知道的，类似的事情不能一一陈述。

高祖文皇帝大受天命，缔造了隋的天下，像北斗处天极以节制日月与金木水火土的运行，握英明之道以驾驭贤才能士，从容安静而使最好的教化流布全国，拱手垂衣不操劳细务而天下得到治理。当今皇上继承帝位，应该巩固大业，他竟自绝于天，残害人民而败坏德行。连年肆行过恶，盗贼因此越来越多。他到处大兴工程，致使民力耗尽。他荒淫酒色，臣民的女子就必然被他侵侮。他酷好玩弄鹰犬，致使禽兽都遭受他的毒害。他治下的官吏结党营私互相煽惑，致使贿赂公行。他纳用邪恶谗佞之言，而堵塞正直者之口。加上为战争转运粮草不停，徭役没个头，士卒大量死亡，骸骨布满原野。黄河以北，千里不见人烟；江淮之间，长满茂草。

玄感之家世世蒙受国恩，位居上将。我的先公曾接受先帝遗诏说：“如果是好子孙您就为我辅佐他，如果是坏子孙您就为我除掉他。”所以我上禀先帝遗旨，下顺天下民心，废掉这个荒淫昏乱之君，更立明哲的君主。四海同心，九州响应，士卒听命而行，如同前去报私仇一般，百姓竞相归附，正义之气显现于大路上。天意民心如何，已经清楚可知了。公独守此座孤城，这种形势难道可以支持长久？愿以百姓为念，把国家社稷放在心上，不要被小礼所束缚，自己给自己留下忧患。谁知国家今天到了这步田地，握笔流泪，不知所云。

遂进逼都城。

刑部尚书卫玄，率众数万，自关中来援东都。以步骑二万渡瀍、涧挑战，玄感伪北。玄逐之，伏兵发，前军尽没。后数日，玄复与玄感战，兵始合，玄感诈令人大呼曰：“官军已得玄感矣。”玄军稍怠。玄感与数千骑乘之，于是大溃，拥八千人而去。玄感骁勇多力，每战亲运长矛，身先士卒，喑呜叱咤，所当者莫不震慑。论者方之项羽。又善抚驭，士乐致死，由是战无不捷。玄军日蹙，粮又尽，乃悉众决战，阵于北邙，一日之间，战十余合。玄感弟玄挺中流矢而毙，玄感稍却。樊子盖复遣兵攻尚书省，又杀数百人。

【译文】

于是杨玄感率兵进逼东都洛阳城。

刑部尚书卫玄，率兵好几万人，从关中前来支援东都。卫玄用步兵和骑兵两万人渡过瀍水、涧水来向杨玄感挑战。玄感假装败走。卫玄在后追赶，玄感布置的伏兵发起攻击，使卫玄的前军全部被消灭。此后过了几天，卫玄又与杨玄感作战，双方刚交手，玄感就诈令人大声呼喊道：“官军已经抓获玄感了。”卫玄的军队听到这消息便有些懈怠了。玄感与好几千骑兵乘机袭来，卫玄的军队于是大溃败，只带得八千人逃走。杨玄感勇敢而又有力量，每次战斗都亲握长矛，身先士卒，叱咤怒吼，使敌方无人不害怕，人们把他比作项羽。又善于抚慰和使用部下，将士多乐于为他效死力，因此战无不胜。卫玄军的处境一天天窘迫，粮食也吃完了，于是带领全部军队同杨玄感决战，在北邙山上布阵，一天之内，与杨玄感交战十多次。玄感的弟弟玄挺被流矢射中而死，于是玄感率军稍退。樊子盖派兵攻尚书省，又杀了玄感好几百人。

帝遣武贲郎将陈稜攻元务本于黎阳，武卫将军屈突通屯河阳，左翊卫大将军宇文述发兵继进，右骁卫大将军来护儿复来赴援。玄感请计于前民部尚书李子雄，子雄曰："屈突通晓习兵事，若一渡河，则胜负难决，不如分兵拒之。通不能济，则樊、卫失援。"玄感然之，将拒通。子盖知其谋，数击其营，玄感不果进。通遂济河，军于破陵。玄感为两军，西抗卫玄，东拒屈突通。子盖复出兵，于是大战，玄感军频北。复请计于子雄，子雄曰："东都援军益至，我师屡败，不可久留。不如直入关中，开永丰仓以赈贫乏，三辅可指麾而定。据有府库，东面而争天下，此亦霸王之业。"会华阴诸杨请为乡导，玄感遂释洛阳，西图关中，宣言曰："我已破东都，取关西矣。"宇文述等诸军蹑之。至弘农宫，父老遮说玄感曰："宫城空虚，又多积粟，攻之易下。进可绝敌人之食，退可割宜阳之地。"玄感以为然，留攻之，三日城不下，追兵遂至。玄感西至阌乡，上槃豆，布阵亘五十里，与官军且战且行，一日三败。复阵于董杜原，诸军击之，玄感大败，独与十余骑窜林木间，将奔上洛。追骑至，玄感叱之，皆惧而返走。至葭芦戍，玄感窘迫，独与弟积善步行。自知不免，谓积善曰："事败矣。我不能受人戮辱，汝可杀我。"积善抽刀斫杀之，因自刺，不死，为追兵所执，与玄感首俱送行在所。磔其尸于东都市三日，复脔而焚之。余党悉平。其弟玄奖为义阳太守，将归玄感，为郡丞周琁玉所杀。玄纵弟万硕，自帝所逃归，至高阳，止传舍，监事许华与郡兵执之，斩于涿郡。万硕弟民行，官至朝请大夫，斩于长安。并具枭磔。公卿请改玄感姓为枭氏，诏可之。

初，玄感围东都也，梁郡人韩相国举兵应之，玄感以为河南道元帅。旬月间，众十余万，攻剽郡县。至于襄城，遇玄感败，兵渐溃散，为吏所执，传首东都。

【译文】

炀帝派遣武贲郎将陈稜进攻据守黎阳的元务本，派武卫将军屈突通屯兵河阳，左翊卫大将军宇文述发兵继后而进，右骁卫大将军来护儿又奔赴洛阳来增援。杨玄感向前民部尚书李子雄请教计策，李子雄说："屈突通熟悉军事，如果他一渡过黄河，那就胜负难定了，不如分出一部分兵力来抵御他。屈突通不得渡河，樊子盖、卫玄就失去了支援。"玄感赞同他的意见，将要分兵抵御屈突通。樊子盖得知杨玄感的计谋，多次派兵攻击玄感的营地，结果使玄感未能分兵前往。屈突通于是渡过河来，把军队驻扎在破陵。杨玄感把部队分成两军，西抗卫玄，东拒屈突通。樊子盖又出兵，于是大战，玄感军连连被打败。玄感又向李子雄请教计策，李子雄说："东都的援军越来越多，我军屡次被打败，不可久留此地。不如直入关中，开永丰仓以救济贫民，这样京师周围地区就很容易平定。占据了府库，再向东争夺天下，这是霸王之业。"正好华阴县各杨氏家族的人请求为入关做向导，杨玄感于是放弃洛阳，想西向谋取关中。他向军士们宣称："我军已攻破了东都，现在要夺取关西之地了。"宇文述等各率官兵跟踪追赶。到达弘农宫的时候，当地父老拦住杨玄感劝说道："现在宫城空虚，又多积粮，进攻它很容易拿下来，这样进可以断绝敌人的粮食，退可以割据宜阳之地。"玄感认为这话说得不错，便留下来攻夺弘农宫城，攻了三天也未能攻下来，追兵赶到了。杨玄感于是向西到达阌乡，上槃豆山，布阵横亘五十里，与官军边打边走，一天被打败多次。杨玄感又在董杜原布阵。官兵各军发起攻击，杨玄感大败，只与十几个骑兵逃窜到树林中，将奔上洛。追兵赶到，玄感大声呵斥，都害怕得返身退走。到达葭芦戍，玄感被困，只能同弟弟积善步行。杨玄感自知不免于死，便对积善说："事情已经失败了。我不能被别人杀戮和侮辱，你可以把我杀掉。"积善于是抽刀砍杀了玄感，然后自杀，却没有死，被追兵抓住，把玄感的头和他一起送到军营所在地，把积善在东都肢解了，并陈尸三天，又剁成肉泥而后用火焚烧了。杨玄感的余党也全部被平定了。玄感的弟弟玄奖为义阳太守，将要去归附玄感的时候，被郡丞周琁玉所杀。玄纵的弟弟万硕，从炀帝那里逃回来，到达高阳，住在旅社里，监事许华和郡兵把他抓住，送到涿郡斩杀了。万硕的弟弟行民，做官做到朝请大夫，被斩杀在长安。被害的杨氏兄弟几人都被斩首示众并被肢解。公卿们向炀帝请求把玄感的姓改为"枭氏"，炀帝同意了。

当初，杨玄感包围东都的时候，有个叫韩相国的梁郡人举兵响应他，玄感命他为河南道元帅。一个月的时间，韩相国的兵力就发展到十多万人，攻打郡县。打到襄城的时候，遇到玄感战败，韩相国的兵也就逐渐溃散了。后来韩相国被官吏抓获，杀死后把他的头传送到东都。

谯国夫人列传

谯国夫人者，高凉洗氏之女也。世为南越首领，跨据山洞，部落十余万家。夫人幼贤明，多筹略，在父母家，抚循部众，能行军用师，压服诸越。每劝亲族为善，由是信义结于本乡。越人之俗，好相攻击，夫人兄南梁州刺史挺，恃其富强，侵掠傍郡，岭表苦之。夫人多所规谏，由是怨隙止息，海南、儋耳归附者千余洞。梁大同初，罗州刺史冯融闻夫人有志行，为其子高凉太守宝娉以为妻。融本北燕苗裔。初，冯弘之投高丽也，遣融大父业以三百人浮海归宋，因留于新会。自业及融，三世为守牧，他乡羁旅，号令不行。至是，夫人诫约本宗，使从民礼。每共宝参决辞讼，首领有犯法者，虽是亲族，无所舍纵。自此政令有序，人莫敢违。

遇侯景反，广州都督萧勃征兵援台。高州刺史李迁仕据大皋口，遣召宝。宝欲往，夫人止之曰："刺史无故不合召太守，必欲诈君共为反耳。"宝曰："何以知之？"夫人曰："刺史被召援台，乃称有疾，铸兵聚众，而后唤君。今者若往，必留质，追君兵众。此意可见，愿且无行，以观其势。"数日，迁仕果反，遣主帅杜平虏率兵入赣石。宝知之，遽告，夫人曰："平虏，骁将也，领兵入灨石，即与官兵相拒，势未得还。迁仕在州，无能为也。若君自往，必有战斗。宜遣使诈之，卑辞厚礼，云身未敢出，欲遣妇往参。彼闻之喜，必无防虑。于是我将千余人，步担杂物，唱言输赕，得至栅下，贼必可图。"宝从之，迁仕果大喜，觇夫人众皆担物，不设备。夫人击之，大捷。迁仕遂走，保于宁都。夫人总兵与长城侯陈霸先会于赣石。还谓宝曰："陈都督大可畏，极得众心。我观此人必能平贼，君宜厚资之。"

【译文】

谯国夫人，是高凉洗氏的女儿，世代为南越人首领，跨据山洞，拥有部落十多万家。夫人自幼贤明，多谋略。她在父母家时，就能安抚部众，并能行军用兵，压服各南越部落。她常劝自己的亲族行善，因此在本乡取得了信义。越人风俗，喜欢互相攻击。夫人的哥哥南凉州刺史冼挺，依仗自己的富强，侵害和掠夺周围的郡民，岭南人都深受其苦。夫人对他多次规谏，因此止息了人们的仇怨情绪，并使海南、儋耳一带一千多洞前来归附她。梁朝大同初年，罗州刺史冯融听说夫人很有志向和德行，便为他的儿子高凉太守冯宝娉她为妻。冯融本是北燕的后代。当初。冯弘投奔高丽的时候，打发冯融的祖父冯业带着三百人从海路归附于宋，因此留居在新会。从冯业到冯融，三代都做过州郡之长，但因为是异乡人寄居在此，所以号令常常行不通。到这时，（冯宝娶了夫人之后）夫人告诫并约束本宗族的人，使他们服从州郡所制定的民礼。夫人常参与冯宝审理案件，部落首领有犯法的，即使是自己的亲族，也不饶恕或宽纵。从此以后政令井然有序，没有人敢违犯了。

遇梁朝侯景造反，广州都督萧勃征兵支援朝廷。高州刺史李迁仕占据大皋口，并派人召冯宝。冯宝想去，夫人劝止他说："刺史无故不应当召太守，他一定是想诈召你去同他一道谋反。"冯宝说："你怎么知道的？"夫人说："李刺史被召支援朝廷，他竟称病不往，却又铸造武器，聚结兵众，而后又唤你去。今天你如果去了，一定会被扣留为人质，再追调你的军队。他的这个意思是很清楚的，希望你姑且不要去，以静观形势的变化。"过了几天，李迁仕果然造起反来，派遣他的主帅杜平虏率兵进入赣石。冯宝知道这情况后，迅速告诉夫人。夫人说："杜平虏是一员勇将，领兵进入赣石，就将与官兵相对抗，这形势必然牵制住他使他不能回师高州。而李迁仕在高州，不可能有什么作为。你如果亲自前往高州，一定会发生战斗。应该先派使者到李迁仕那里，卑辞厚礼，诈称自己不敢离州而出，想派妇人前往参加行动。李迁仕听了这话一定会高兴，而对我不加防备。于是我率领一千多人，担着各种物品步行，宣称是为州里输送财物，这样到达李迁仕的军栅前，反贼就一定可以被擒拿了。"冯宝听从夫人的计谋，李迁仕果然大喜，看见夫人和众人都担着东西，于是丝毫不设防备。夫人发起攻击，获得大胜利。李迁仕于是逃走，到宁都以求自保。夫人统帅军队与长城侯陈霸先在赣石会师。回来后夫人对冯宝说："陈都督这个人大可敬畏，他极得众人之心，我看此人一定能平灭反贼，你应该好好赞助他。"

及宝卒，岭表大乱，夫人怀集百越，数州晏然。至陈永定二年，其子仆年九岁，遣帅诸首领朝于丹阳，起家拜阳春郡守。后广州刺史欧阳纥谋反，召仆至高安，诱与为乱。仆遣使归告夫人，夫人曰："我为忠贞，经今两代，不能惜汝辄负国家。"遂发兵拒境，帅百越酋长迎章昭达。内外逼之，纥徒溃散。仆以夫人之功，封信都侯，加平越中郎将，转石龙太守。诏使持节册夫人为中郎将、石龙太夫人，赍绣幰油络驷马安车一乘，给鼓吹一部，并麾幢旌节，其卤簿一如刺史之仪。至德中，仆卒。后遇陈国亡，岭南未有所附，数郡共奉夫人，号为圣母，保境安民。

高祖遣总管韦洸安抚岭外，陈将徐璒以南康拒守。洸至岭下，逡巡不敢进。初，夫人以扶南犀杖献于陈主，至此，晋王广遣陈主遗夫人书，谕以国亡，令其归化，并以犀杖及兵符为信。夫人见杖，验知陈亡，集首领数千，尽日恸哭。遣其孙魂帅众迎洸，入至广州，岭南悉定。表魂为仪同三司，册夫人为宋康郡夫人。

【译文】

等到冯宝死后，岭南大乱，夫人安抚百姓，使好几个州都安然无事。到陈永定二年，她儿子冯仆九岁的时候，她打发冯仆率领各部落首领到丹阳朝见陈武帝，陈武帝命冯仆为阳春郡太守。后来广州刺史欧阳纥谋反，并召冯仆前往高安，引诱他一起叛乱。冯仆派使者回去报告夫人，夫人说："我们坚守忠贞，到今天已经两代人了，不能到你头上就辜负国家。"于是发兵拒守边境，并率百越酋长迎陈将章昭达前来。在内外交逼之下，欧阳纥的人马溃散了。冯仆因为母亲的功劳，被陈封为信都侯，又加平越中郎将，并转任石龙郡太守。朝廷下诏书派使者拿着节杖前来册封夫人为中郎将、石龙太夫人，赐给设有绣花车幔、带有丝质网状车饰、四马所驾安车一辆，乐队一支，并赐给指挥用的旗帜和象征权力的旌节，她的仪仗队也完全依照刺史的规格。陈后主至德年间，冯仆死。后遇陈朝灭亡，岭南无所归附，好几个郡的人共同尊奉夫人为首领，号称圣母，以保卫州郡的土地和安定境内人民。

隋高祖派遣总管韦洸前往安抚岭南，原陈朝将领徐璒在南康拒守。韦洸来到岭下。徘徊而不敢前进。当初，夫人曾把一支扶南产的犀杖献给陈后主，到这时，隋朝的晋王杨广打发被俘的陈后主给夫人写信，告诉她陈已亡国，让她归化隋朝，并用犀杖和兵符作为信物。夫人见到犀杖，证实陈已经亡了，便召集好几千首领，整日痛哭。夫人派遣她的孙子冯魂率众人去迎韦洸。韦洸进入广州，岭南地区便全都安定了。韦洸上表朝廷，任命冯魂为仪同三司官，册封夫人为宋康郡夫人。

未几，番禺人王仲宣反，首领皆应之，围洸于州城，进兵屯衡岭。夫人遣孙暄帅师救洸。暄与逆党陈佛智素相友善，故迟留不进。夫人知之，大怒，遣使执暄，系于州狱。又遣孙盎出讨佛智，战克，斩之。进兵至南海，与鹿愿军会，共败仲宣。夫人亲被甲，乘介马，张锦伞，领彀骑，卫诏使裴矩巡抚诸州，其苍梧首领陈坦、冈州冯岑翁、梁化邓马头、藤州李光略、罗州庞靖等皆来参谒。还令统其部落，岭表遂定。高祖异之，拜盎为高州刺史，仍赦出暄，拜罗州刺史。追赠宝为广州总管、谯国公，册夫人为谯国夫人。以宋康邑回授仆妾冼氏。仍开谯国夫人幕府，置长史以下官属，给印章，听发部落六州兵马，若有机急，便宜行事。降敕书曰："朕抚育苍生，情均父母，欲使率土清净，兆庶安乐。而王仲宣等辄相聚结，扰乱彼民，所以遣往诛翦，为百姓除害。夫人情在奉国，深识正理，遂令孙盎斩获佛智，竟破群贼，甚有大功。今赐夫人物五千段。暄不进愆，诚合罪责，以夫人立此诚效，故特原免。夫人宜训导子孙，敦崇礼教，遵奉朝化，以副朕心。"皇后以首饰及宴服一袭赐之，夫人并盛于金箧，并梁、陈赐物各藏于一库。每岁时大会，皆陈于庭，以示子孙，曰："汝等宜尽赤心向天子。我事三代主，唯用一好心。今赐物具存，此忠孝之报也，愿汝皆思念之。"

时番州总管赵纳贪虐，诸俚獠多有亡叛。夫人遣长史张融上封事，论安抚之宜，并言讷罪状，不可以招怀远人。上遣推讷，得其赃贿，竟致于法。降敕委夫人招慰亡叛。夫人亲载诏书，自称使者，历十余州，宣述上意，谕诸俚獠，所至皆降。高祖嘉之，赐夫人临振县汤沐邑，一千五百户。赠仆为崖州总管、平原郡公。仁寿初，卒，赙物一千段，谥为诚敬夫人。

【译文】

不久，番禺人王仲宣造反，岭南首领们都响应他，把韦洸包围在州城中，并进兵屯驻衡岭。夫人派遣孙子冯暄率兵前往救韦洸。冯暄与叛党陈佛智一向很要好，因此军队迟留而不前进。夫人知道后，大怒，派遣使者前往抓获冯暄，把他关押在州的监狱中。夫人又派孙子冯盎带兵讨伐陈佛智，把陈佛智打败，并把他斩杀了。冯盎进兵到南海。与隋将鹿愿的军队会合，共同打败了王仲宣。夫人亲自身披甲衣，骑着披甲的马，张设锦伞，率领着使用弓弩的骑兵保卫奉朝廷诏书前来巡抚岭南各州的使者裴矩。苍梧首领陈坦、冈州的冯岑翁、梁化的邓马头、藤州的李光略、罗州的庞靖等人都来参见裴矩。夫人令他们回去统领各自的部落，岭南于是安定下来。隋高祖对夫人甚感惊异，于是任命冯盎为高州刺史，赦免并放出冯暄，还任命冯暄为罗州刺史。朝廷又追赠冯宝为广州总管、谯国公，册封夫人为谯国夫人，而把宋康邑转授给冯仆的妾冼氏。谯国夫人仍然开设府署，设置长史以下属官，授给印章，听任夫人调发部落和六州的兵马，如果有紧急情况，可由夫人相机行事。高祖下书告诫说："朕抚育百姓，情义均平如父母，想要使全国的土地都得清净，人民安居乐业。而王仲宣等人却互相聚结，扰乱当地人民，所以派兵前往消灭，为百姓除害。夫人的心情在于报效国家，深识正理，于是命令孙子冯盎斩杀了陈佛智，终于打败了群贼，立下大功。今赐夫人丝织物五千段。冯暄拥兵不进，确实应加罪责，因夫人立有如此忠诚之功效，所以特加宽免。夫人应该训导子孙，努力崇奉礼教，遵奉朝廷的教化，以称朕的心意。"独孤皇后把自己的首饰和一套宴服赐给夫人。夫人把皇后的赏赐物都保存在金箧子中，连同梁、陈时期所得的赏赐物，各封藏在一个仓库中。每逢年节大会，就把这些赏赐物陈列在庭中，展示给子孙们看，说："你们应尽赤心以向天子。我侍奉三代君主，只用一颗好心。现在我所得赏赐物都保存着，这是三代朝廷对于忠孝的报答，希望你们都经常想着这些赏赐物。"

当时番州总管赵讷贪婪暴虐，俚、獠各族多有背叛或逃亡的。夫人命长史张融密封上书朝廷，谈论对于岭南人民应加安抚的道理，并指陈赵讷的罪状，说明他不可安抚远方的人民。皇上派人追究赵讷的罪行，查获了他的赃财，最后依法处置了。朝廷降命委托夫人招抚叛亡者。夫人亲自带着诏书，自称使者，经历了十多个州，宣布皇上的旨意，让俚、獠各族的人都知道，所到之处，叛亡都都归降了。高祖对夫人很是称赞，将临振县一千五百户赐给夫人作为供她收取赋税的私邑。朝廷又赠赐冯仆为崖州总管、平原郡公。高祖仁寿初年，夫人死，朝廷赐给丝织物一千段，赐谥号为“诚敬夫人”。

〔南史〕

陈后主本纪

后主讳叔宝，字元秀，小字黄奴，宣帝嫡长子也。梁承圣二年十一月戊寅，生于江陵。明年，魏平江陵，宣帝迁于长安，留后主于穰城。天嘉三年，归建邺，立为安成王世子。光大二年，累迁侍中。

太建元年正月甲午，立为皇太子。十四年正月甲寅，宣帝崩。乙卯，始兴王叔陵构逆伏诛。丁巳，太子即皇帝位于太极前殿，大赦，在位文武及孝悌力田为父后者，并赐爵一级，孤老鳏寡不能自存者，赐谷人五斛、帛二匹。癸亥，以侍中、丹阳尹、长沙王叔坚为骠骑将军、开府仪同三司、扬州刺史。乙丑，尊皇后为皇太后。丁卯，立皇弟叔重为始兴王，奉昭烈王祀。己巳，立妃沈氏为皇后。辛未，立皇弟叔俨为寻阳王，叔慎为岳阳王，叔达为义阳王，叔熊为巴山王，叔虞为武昌王。甲戌，设无碍大会于太极前殿。

【译文】

陈后主名为叔宝，宣帝陈顼嫡长子，字元秀，小字黄奴。承圣二年十一月戊寅日，生于江陵。第二年，西魏攻陷江陵，陈顼被俘虏到长安，将陈叔宝留在穰城。陈文帝天嘉三年，陈顼回到建邺，立陈叔宝为安成王陈顼的世子。光大二年，官位多次得到提升，官至侍中。

太建元年正月甲午日，陈叔宝被立为皇太子。太建十四年正月甲寅日，宣帝驾崩。乙卯日，始兴王陈叔陵反叛被杀。丁巳日，陈叔宝在太极殿前即皇位，大赦天下，在位的文武官员以及民间孝顺父母、友爱兄弟、致力耕作的民户嫡长子一律赐给爵位一级，孤老鳏寡不能维持生活的，每人赐谷五斛、帛二匹。癸亥日，任用侍中、丹阳尹、长沙王陈叔坚为骠骑将军、开府仪同三司、扬州刺史。乙丑日，王妃沈氏被立为皇太后。丁卯日，皇弟陈叔重被立为始兴王，继承始兴昭烈王陈道谈一支。己巳日，皇妃沈氏被立为皇后。辛未日，皇弟陈叔俨被立为寻阳王，陈叔慎为岳阳王，陈叔达为义阳王，陈叔熊为巴山王，陈叔虞为武昌王。甲戌日，在太极前殿举行无碍法会。

三月癸亥，诏内外众官九品以上，各荐一人。又诏求忠谠，无所隐讳。己巳，以新除翊左将军永阳王伯智为尚书仆射。

夏四月丙申，立皇子永康公胤为皇太子，赐天下为父后者爵一级，王公以下赉帛各有差。庚子，诏："镂金银薄、庶物化生、土木人、彩华之属，及布帛短狭轻疏者，并伤财废业，尤成蠹患。又僧尼道士，挟邪左道，不依经律，人间淫祀袄书诸珍怪事，详为条制，并皆禁绝。"

秋七月辛未，大赦。是月，自建邺至荆州，江水色赤如血。

八月癸未，天有声如风水相激。乙酉夜，又如之。

九月丙午，设无碍大会于太极前殿，舍身及乘舆御服，大赦。辛亥夜，天东北有声如虫飞，渐移西北。丙寅，以骠骑将军、开府仪同三司、扬州刺史长沙王叔坚为司空，征南将军、江州刺史豫章王叔英即本号开府仪同三司。

【译文】

三月癸亥日，陈后主诏令朝廷内外九品以上的官员，各推荐一人。又下诏书寻求忠言直谏，不要有隐讳。己巳日，任命新任翊左将军永阳王陈伯智为尚书仆射。

夏四月丙申日，立皇子永康公陈胤为皇太子，赏赐天下民户嫡长子每人晋爵一级，王公以下按等级赐给数量不等的丝帛。庚子日，颁布诏书说："雕镂黄金制作银薄、各种绸布和蜡制婴儿、土木偶人、五彩丝绸之类的奢侈物品，以及布帛尺寸、横幅、重量、质量不足的，都耗费财物荒废本业，特别容易形成祸害。又有僧尼道士，利用歪门邪道，不遵守佛经戒律，世间泛滥的祭祀妖书和各种怪事，官府都应当用条例详加限制，加以禁绝。"

秋七月辛未日，大赦天下。这个月，从建邺到荆州，江水红得像血。

八月癸未日，天上发出有如风水互相撞击的响声。乙酉日的夜里，又出现了这种情况。

九月丙午日，在太极前殿举行无碍大法会，陈后主舍身并捐赠銮舆御服等，大赦天下。辛亥日夜里，天空东北方发出如同昆虫飞行一样的声音，逐渐向西北移动。丙寅日，任命骠骑将军、开府仪同三司、扬州刺史长沙王陈叔坚为司空，征南将军、江州刺史豫章王陈叔英以本号被授予开府仪同三司。

至德元年春正月壬寅，大赦，改元。以征南将军、江州刺史豫章王叔英为中卫大将军；以司空、骠骑将军、开府仪同三司、扬州刺史长沙王陈叔坚为江州刺史；征东将军、开府仪同三司、东扬州刺史司马消难进号车骑将军。癸卯，立皇子琛为始安王。

秋八月丁卯，以骠骑将军、开府仪同三司长沙王叔坚为司空。

九月丁巳，天东南有声如虫飞。

冬十一月丁酉，立皇弟叔平为湘东王，叔敖为临贺王，叔宣为阳山王，叔穆为西阳王，叔俭为南安王，叔澄为南郡王，叔兴为沅陵王，叔韶为岳山王，叔纯为新兴王。

十二月丙辰，头和国遣使朝贡。司空、长沙王叔坚有罪免。戊午夜，天开，自西北至东南，其内有青黄杂色，隆隆若雷声。

【译文】

后主至德元年春正月壬寅日，大赦天下，更改年号。将征南将军、江州刺史豫章王陈叔英封为中卫大将军；司空、骠骑将军、开府仪同三司、扬州刺史陈叔坚为江州刺史；征东将军、开府仪同三司、东扬州刺史司马消难进号为车骑将军。癸卯日，立皇子陈琛为始安王。

秋八月丁卯日，任命骠骑将军、开府仪同三司长沙王陈叔坚为司空。

九月丁巳日，天空的东南方传来如同昆虫飞行的声响。

冬十一月丁酉日，陈后主立皇弟陈叔平为湘东王，陈叔敖为临贺王，陈叔宣为阳山王，陈叔穆为西阳王，陈叔俭为安南王，陈叔澄为南郡王，陈叔兴为沅陵王，陈叔韶为岳山王，陈叔纯为新兴王。

十二月丙辰日，头和国派使臣前来朝贡。司空、长沙王陈叔坚因为有罪而被免除了官职。在戊午日的夜里，天空裂开，从西北绵延至东南，其中有青黄杂色，轰隆隆的有如雷鸣般响声。

二年春正月丁卯，分遣大使，巡省风俗。癸巳，大赦。

夏五月戊子，以吏部尚书江总为尚书仆射。

秋七月壬午，皇太子加元服，在位文武赐帛各有差。孝悌力田为父后者，赐爵一级；鳏寡癃老不能自存者，人谷五斛。

冬十一月丙寅，大赦。是月，盘盘、百济国并遣使朝贡。

三年春正月戊午朔，日有蚀之。庚午，镇左将军长沙王叔坚即本号开府仪同三司。

三月辛酉，前丰州刺史章大宝举兵反。

夏四月庚戌，丰州义军主陈景详斩大宝，传首建邺。

冬十月己丑，丹丹国遣使朝贡。

十一月己未，诏修复仲尼庙。辛巳，幸长干寺，大赦。

十二月癸卯，高丽国遣使朝贡。

是岁，梁明帝殂。

【译文】

二年春正月丁卯日，分别派出使者，巡视各地风俗。癸巳日，大赦天下。

夏五月戊子日，陈后主任用吏部尚书江总为尚书仆射。

秋七月壬午日，皇太子举行加冠仪式，在位的文武官员按等级赐给不等的丝绸布帛。孝顺父母、友爱兄弟、致力耕作的民户嫡长子，赐爵位一级；鳏寡病弱不能维持生活的，每人赐谷五斛。

冬十一月丙寅日，大赦天下。本月，盘盘国、百济国都派遣使臣前来朝贡。

三年春正月戊午初一日，出现日食。庚午日，镇左将军长沙王陈叔坚按照原来的封号授予开府仪同三司。

三月辛酉日，前丰州刺史章大宝举兵反叛。

夏四月庚戌日，丰州义军主将陈景祥斩杀章大宝，把他的首级传送到建邺。

冬十月己丑日，丹丹国派使臣前来朝贡。

十一月己未日，下诏修复孔子庙。辛巳日，皇帝驾临长干寺，大赦天下。

十二月癸卯，高丽国派使臣前来朝贡。

这一年，梁明帝逝世。

四年春正月甲寅，诏王公以下各荐所知，无隔舆皂。

二月丙申，立皇弟叔谟为巴东王，叔显为临江王，叔坦为新会王，叔隆为新宁王。

夏五月丁巳，立皇子庄为会稽王。

秋九月甲午，幸玄武湖，肄舻舰阅武。丁未，百济国遣使朝贡。

冬十月癸亥，以尚书仆射江总为尚书令，吏部尚书谢伷为尚书仆射。

十一月己卯，大赦。

祯明元年春正月戊寅，大赦，改元。乙未，地震。

秋九月庚寅，梁太傅安平王萧岩、荆州刺史萧瓛，遣其都官尚书沈君公诣荆州刺史陈慧纪请降。辛卯，岩等帅其文武官男女济江。甲午，大赦。

冬十一月丙子，以萧岩为平东将军、开府仪同三司、东扬州刺史。丁亥，以骠骑大将军、开府仪同三司豫章王叔英为兼司徒。

十二月丙辰，以前镇卫大将军、开府仪同三司、东扬州刺史鄱阳王伯山为镇卫大将军、开府仪同三司。

【译文】

四年春正月甲寅日，陈后主诏令王公以下官员，各自举荐所知晓的贤才，即使是出身卑微的车夫和小吏也都在举荐之内。

二月丙申日，立皇弟陈叔谟为巴东王，陈叔显为临江王，陈叔坦为新会王，陈叔隆为新宁王。

夏五月丁巳日，立皇子陈庄为会稽王。

秋九月甲午日，驾临玄武湖，排列军舰，检阅军队。丁未日，百济国派使臣前来朝贡。

冬十月癸亥日，陈后主任命尚书仆射江总为尚书令，吏部尚书谢伷为尚书仆射。

十一月己卯日，大赦天下。

祯明元年春正月戊寅日，大赦天下，改换年号。乙未日，发生地震。

秋九月庚寅日，后梁国的太傅安平王萧岩、荆州刺史萧瓛，派遣他们的都官尚书沈君公拜见荆州刺史陈慧纪请求归降。辛卯日，萧岩等率领文武官员及儿女家眷渡过长江。甲午日，大赦天下。

冬十一月丙子日，任命萧岩为平东将军、开府仪同三司、东扬州刺史。丁亥日，任命骠骑大将军、开府仪同三司豫章王陈叔英兼任司徒。

十二月丙辰日，任命前镇卫大将军、开府仪同三司、东扬州刺史鄱阳王陈伯山为镇卫大将军、开府仪同三司。

二年春正月辛巳日，立皇子陈为东阳王，恬为钱唐王。

夏四月戊申，有群鼠无数，自蔡洲岸入石头，渡淮至于青塘两岸，数日自死，随流出江。是月，郢州南浦水黑如墨。

五月甲午，东冶铸铁，有物赤色，大如数升，自天坠熔所，有声隆隆如雷，铁飞出墙外，烧人家。

六月戊戌，扶南国遣使朝贡。庚子，废皇太子胤为吴兴王，立扬州刺史始安王深为皇太子。辛丑，以太子詹事袁宪为尚书仆射。丁巳，大风自西北激涛水入石头城，淮渚暴溢，漂没舟乘。

冬十月己亥，立皇子藩为吴王。己酉，幸莫府山，大校猎。

十一月丁卯，诏克日于大政殿讯狱。丙子，立皇弟叔荣为新昌王，叔匡为太原王。

【译文】

祯明二年春正月辛巳日，立皇子陈为东阳王，陈恬为钱唐王。

夏四月戊申日，无数成群的老鼠，从蔡洲岸涌进石头城，渡过秦淮河到达青塘两岸，几天后又自行死去，随水流进长江。这个月，郢州南浦的河水色黑如墨。

五月甲午日，东冶铸铁处，有个巨大的红色物体，有几升大，从天上坠入熔炉之中，发出雷鸣般的隆隆声，铁水飞溅出墙外，烧毁民房住宅。

六月戊戌日，扶南国派使臣前来朝贡。庚子日，陈后主废黜皇太子陈胤为吴兴王，立扬州刺史始安王陈深为皇太子。辛丑日，任命太子詹事袁宪为尚书仆射。丁巳日，西北大风激起浪涛涌入石头城，秦淮河暴涨，掀翻淹没了船只。

冬十月己亥日，立皇子陈藩为吴王。己酉日，驾临莫府山，大规模地打猎。

十一月丁卯日，下诏即日在大政殿审讯狱案。丙子日，立皇弟陈叔荣为新昌王，陈叔匡为太原王。

初隋文帝受周禅，甚敦邻好，宣帝尚不禁侵掠。太建末，隋兵大举，闻宣帝崩，乃命班师，遣使赴吊，修敌国之礼，书称姓名顿首。而后主益骄，书末云："想彼统内如宜，此宇宙清泰。"隋文帝不说，以示朝臣。清河公杨素以为主辱，再拜请罪，及襄邑公贺若弼并奋求致讨。后副使袁彦聘隋，窃图隋文帝状以归，后主见之，大骇曰："吾不欲见此人。"每遣间谍，隋文帝皆给衣马，礼遣以归。

后主愈骄，不虞外难，荒于酒色，不恤政事，左右嬖佞珥貂者五十人，妇人美貌丽服巧态以从者千余人。常使张贵妃、孔贵人等八人夹坐，江总、孔范等十人预宴，号日"狎客"。先令八妇人襞采笺，制五言诗，十客一时继和，迟则罚酒。君臣酣饮，从夕达旦，以此为常。而盛修宫室，无时休止。税江税市，征取百端。刑罚酷滥，牢狱常满。

【译文】

开始，隋文帝接受北周的禅让，与邻国友好相处，陈宣帝还不能制止北兵的入侵掠夺。太建末年，隋朝大军南下，听说陈宣帝去世，于是就下令班师回朝，派遣使臣到南朝来吊唁，采用平等国家之间的礼仪，在书信上隋文帝自己称名并用顿首的字样。但是陈后主却由此傲慢起来，在回信中最后写道："想到北国的境内会是安定的，这里的天地广大清明安泰。"隋文帝看了信很不高兴，把信给朝臣们看。清河公杨素认为这是对隋国君主的侮辱，再三叩首请罪。同时与襄邑公贺若弼等人都激愤地请求讨伐陈国。后来陈国副使袁彦出使隋朝，暗地里描绘隋文帝的容貌送回朝，陈后主见了隋文帝的画像，大为惊恐说："我不想看到这个人。"陈朝每次派间谍北来，隋文帝都会供给衣服马匹，以礼待之而遣送回陈朝。

陈后主更加骄傲，不担忧境外强敌，沉湎于酒色之中，不关心国家政事，左右亲幸的侍从冠上佩带貂尾的有五十人，形容美貌、服饰华丽，陪从在身边的女子有一千多。陈后主经常让张贵妃、孔贵人等八个美女央着自己坐着，江总、孔范等十人参加欢宴作乐，号称"狎客"。每次先让八个女子叠好彩笺，作五言诗，十个客人相继和诗，超过时间就罚酒。君臣经常通宵达旦畅饮，并且大修宫殿，没有停工的时候。他还从江上市上征税，征税的名目繁多，百般掠夺。滥用酷刑，监狱常常人满为患。

覆舟山及蒋山柏林，冬月常多采醴，后主以为甘露之瑞。前后灾异甚多。有神自称老子，游于都下，与人对语而不见形，言吉凶多验，得酒辄酹之，经三四年乃去。船下有声云"明年乱"。视之，得婴儿长三尺而无头。蒋山众鸟鼓两翼以拊膺，曰"奈何帝！奈何帝！"又建邺城无故自坏。青龙出建阳门，井涌雾，赤地生黑白毛，大风拔朱雀门，临平湖草旧塞，忽然自通。后主又梦黄衣人围城，乃尽去绕城橘树。又见大蛇中分，首尾各走。夜中索饮，忽变为血。有血沾阶至于坐床头而火起。有狐入其床下，捕之不见。以为祆，乃自卖于佛寺为奴以禳之。于郭内大皇佛寺起七层塔，未毕，火从中起，飞至石头，烧死者甚众。又采木湘州，拟造正寝，筏至牛渚矶，尽没水中，既而渔人见筏浮于海上。起齐云观，国人歌曰："齐云观，寇来无际畔。"始北齐末，诸省官人多称省主，未几而灭。至是举朝亦有此称，识者以为省主，主将见省之兆。

【译文】

覆舟山与蒋山柏树林，冬月经常有很多从树皮上分泌出来的汁液，陈后主认为这是天降甘露的祥瑞。先后出现了许多灾异之事。有神仙自称是老子，在京城里游荡，同别人谈话但看不到他的身形，预言吉凶的事常常应验，得到酒便一饮而尽，历经三四年才从街面消失。有人听到在船底下有说话声音，说："明年大乱。"往船下看，发现一个三尺长的婴儿没有头。蒋山上有许多鸟鼓动双翅拍打胸脯，鸣叫的声音就像"奈何帝！奈何帝！"还有建邺城墙无缘无故自己塌坏。由青龙飞出建阳门，井里喷涌出雾气，地上长出黑草白草，大风卷起朱雀门。临平湖过去被水草堵塞不流，忽然水自通流出。陈后主又梦到穿黄衣的人来围攻都城，于是把环绕城墙四周的橘树全都砍掉。他又曾梦到一条大蛇从中分成两段，头和尾各自爬走。夜里要水喝，忽然水变成了血。有血沾湿台阶又浸润到坐床，忽然变成火烧起来。有只狐狸钻到床下，派人捕捉时却又不见了。陈后主认为这些都是妖异，于是便到佛寺去卖身为奴以便禳除灾祸。在外城的大皇佛寺建造七层塔，还没完工，火从塔中烧起，大火飞到石头城，烧死很多人。又在湘州采购木材，打算修建正殿。木排到达牛渚矶时，全都沉入水中，不久打鱼人看见木排都在大海上漂浮。造齐云观，国内有人唱歌说："齐云观，与云齐，敌人到来无边又无际。"先前在北齐末年，各省长官大多称为省主，不久北齐灭亡。后主时，整个朝廷也有这种称号，有见识的人认为省主，将是国主被省去的预兆。

隋文帝谓仆射高颎曰："我为百姓父母，岂可限一衣带水不拯之乎？"命大作战船。人请密之，隋文帝曰："吾将显行天诛，何密之有！使投绥于江，若彼能改，吾又何求。"及纳梁萧瓛、萧岩，隋文愈忿，以晋王广为元帅，督八十总管致讨。乃送玺书，暴后主二十恶。又散写诏书，书三十万纸，遍喻江外。

诸军既下，江滨镇戌相继奏闻。新除湘州刺史施文庆、中书舍人沈客卿掌机密，并抑而不言。

初萧岩、萧瓛之至也，德教学士沈君道梦殿前长人，朱衣武冠，头出栏上，攘臂怒曰："那忽受叛萧误人事。"后主闻之，忌二萧，故远散其众，以岩为东扬州刺史，瓛为吴州刺史。使领军任忠出守吴兴郡，以襟带二州。使南平王嶷镇江州，永嘉王彦镇南徐州。寻召二王赴期明年元会，命缘江诸防船舰，悉从二王还都为威势，以示梁人之来者，由是江中无一斗船。上流诸州兵，皆阻杨素军不得至。都下甲士尚十余万人。及闻隋军临江，后主曰："王气在此，齐兵三度来，周兵再度至，无不摧没。虏今来者必自败。”孔范亦言无渡江理。但奏伎纵酒，作诗不辍。

【译文】

隋文帝对仆射高颎说：“我身为百姓的父母，哪能因为隔着一条衣带宽的长江而不拯救南方的百姓呢？”于是大造战船。有人请求秘密制造，隋文帝说：“我将公开替天讨伐陈国，不用躲藏，假如扔块木片到长江里，陈后主就能改恶从善，我有什么理由去讨伐他呢？”当陈后主接纳后梁萧瓛、萧岩之后，隋文帝更加气愤，命令晋王杨广为元帅，统领八十个总管率军去攻打。于是传送檄书，列举揭露陈后主二十条罪状。又到处散发诏书，写出三十万张，告知江南百姓。

隋朝的各路大军南下，长江沿岸陈朝的镇守官员接连送来警报。新任湘州刺史施文庆、中书舍人沈客卿掌握机要大权，把警报都压住不上奏。

起初萧岩、萧瓛到来，德教学士沈君道梦见宫殿前有个穿红衣戴武士帽高大的人，头超过木栏之上，挥动手臂发怒说：“怎么轻易地接受叛变的萧氏，这是要误大事的。”后主听说后，就开始猜忌二萧，所以将他们手中的兵力远远地调离，任萧岩为东扬州刺史，萧瓛为吴州刺史。陈后主派遣领军任忠出京城镇守吴兴郡，以便控制东扬州和吴州。又派南平王陈嶷镇守江州，永嘉王陈彦镇守南徐州。不久召二王前来参加第二年元旦的朝会，下令沿江各处江防用的战船，全都随从二王回家以壮声势，借此向归降的后梁人显示军威，因此江里再没有一条战船。上流各驻军，都在堵截杨素的部队而不能前来。京城里屯驻的士兵还有十多万人。当听说隋军也攻到江边时，后主说：“帝王之气在此，齐兵来攻三次，周兵来攻两次，都被打退了。敌寇如今又来进攻必然自取失败”孔范也说隋兵没有渡江的可能。陈后主只是听歌伎奏乐纵情饮酒，仍不停作诗。

三年春正月乙丑朔，朝会，大雾四塞，入人鼻皆辛酸。后主昏睡，至晡时乃罢。是日，隋将贺若弼自北道广陵济，韩擒趋横江济，分兵晨袭采石，取之。进拔姑孰，次于新林。时弼攻下京口，缘江诸戍望风尽走，弼分兵断曲阿之冲而入。丙寅，采石戍主徐子建至告变。戊辰，乃下诏曰：“犬羊陵纵，侵窃郊畿，蜂虿有毒，宜时扫定，朕当亲御六师，廓清八表，内外并可戒严。”于是以萧摩诃为皇畿大都督，樊猛为上流大都督，樊毅为下流大都督，司马消难、施文庆并为大监军，重立赏格，分兵镇守要害，僧尼道士尽皆执役。

【译文】

三年春正月乙丑初一日，这日举行朝会，雾气弥漫，人吸入雾气后，鼻孔感到一阵辛酸。后主昏睡到傍晚时分才醒过来。这天隋将贺若弼从北道广陵渡江，韩擒虎赶到横江渡江，分兵在凌晨袭击并占领采石。隋军又挺进攻占姑孰，进军到新林。这时贺若弼又攻下京口，陈朝沿江的驻军望风而逃，贺若弼分兵闯过曲阿的要冲继续深入。丙寅日，采石戍守主将徐子建前来报告说形势急变。戊辰日，陈后主下诏说："隋军像犬羊一般的欺凌狂放，侵犯京城郊区，剧毒有害的蜂毒，应当及时扫除，朕将亲率六军，肃清国内八方，京城内外应当全严阵以待。"于是任萧摩诃为皇都大都督，樊猛为上流大都督，樊毅为下流大都督，司马消难、施文庆都为大监军，确立优厚的奖赏条例，分兵镇守要害地区，僧尼道士都被强迫执行各种劳役。

庚午，贺若弼攻陷南徐州。辛未，韩擒又陷南豫州。隋军南北道并进。辛巳，贺若弼进军钟山，顿白土冈之东南，众军败绩。弼乘胜进军宫城，烧北掖门。是时，韩擒率众自新林至石子冈，镇东大将军任忠出降擒，仍引擒经朱雀航趣宫城，自南掖门入。城内文武百司皆遁出，唯尚书仆射袁宪、后阁舍人夏侯公韵侍侧。宪劝端坐殿上，正色以待之。后主曰："锋刃之下，未可及当，吾自有计。"乃逃于井。二人苦谏不从，以身蔽井，后主与争久之方得入。沈后居处如常。太子深年十五，闭而坐，舍人孔伯鱼侍焉。戍士叩阁而入，深安坐劳之曰："戎旅在涂，不至劳也。"既而军人窥井而呼之，后主不应。欲下石，乃闻叫声。以绳引之，惊其太重，及出，乃与张贵妃、孔贵人三人同乘而上。隋文帝闻之大惊。开府鲍宏曰："东井上于天文为秦，今王都所在，投井其天意邪。"先是江东谣多唱王献之《桃叶辞》，云："桃叶复桃叶，度江不用楫，但度无所苦，我自接迎汝。"及晋王广军于六合镇，其山名桃叶，果乘陈船而度。丙戌，晋王广入据台城，送后主于东宫。

【译文】

在庚午日这天，贺若弼攻陷南徐州。辛未日，韩擒虎又攻陷南豫州。隋军南北两路齐头并进。辛巳日，贺若弼进军到达钟山，驻军于白土冈的东南方，陈朝各军战败。贺若弼乘胜攻打宫城，火烧北掖门。这时，韩擒虎率领众军从新林到达石子冈，镇东大将军任忠出城向韩擒虎投降，然后引导韩擒虎经过朱雀航攻打宫城，从南掖门攻入。城内的文武百官都出城逃命，只有尚书仆射袁宪、后阁舍人夏侯公韵守在皇帝身边。袁宪劝陈后主端正地坐在正殿上，以庄重的表情等待隋军的到来。后主说："在锋利的剑刃之下，来不及抵挡，我自有计谋来对付。"于是逃入井中。袁宪、夏侯公韵二人苦劝不止，他们用身子挡住井口，后主和他们争执很久才躲进井里。沈皇后坐在宫里如往常一样。太子陈深十五岁，关闭阁门独坐，舍人孔伯鱼在旁服侍。隋兵推开阁门进来，陈深安然地坐着慰劳他们说："途中行军，不过于劳累吧！"不久，隋军向井里察看并且呼喊，陈后主不敢应声。隋军要向井里扔石头，才听到下边的叫喊声。隋军拿来绳子把他拉上来，大家都惊奇地感到陈后主很沉重，当拉上来一看，才知道是陈后主和张贵妃、孔贵人三个人同拉一根绳子上来的。隋文帝听到后大为吃惊。开府鲍宏说："东井星宿在天上是秦地的分野，如今是王都所在的地方，他投入井中，怕是天意吧！"先前江东歌谣多唱王献之的《桃叶辞》，说："桃叶又桃叶，渡江不用桨，过江无困难，我来迎接你。"等到隋朝晋王杨广在六合镇驻军，那里的山名叫桃叶，后来果真是乘陈朝的船渡了江。丙戌日，晋王杨广进兵占据宫城，将陈后主送入东宫居住。

三月己巳，后主与王公百司，同发自建邺，之长安。隋文帝权分京城人宅以俟，内外修整，遣使迎劳之，陈人讴咏，忘其亡焉。使还奏言："自后主以下，大小在路，五百里累累不绝。"隋文帝嗟叹曰："一至于此。"及至京师，列陈之舆服器物于庭，引后主于前，及前后二太子、诸父诸弟众子之为王者，凡二十八人；司空司马消难、尚书令江总、仆射袁宪、骠骑萧摩诃、护军樊毅、中领军鲁广达、镇军将军任忠、吏部尚书姚察、侍中中书令蔡征、左卫将军樊猛，自尚书郎以上二百余人，文帝使纳言宣诏劳之。次使内史令宣诏让后主，后主伏地屏息不能对，乃见宥。隋文帝诏陈武、文、宣三帝陵，总给五户分守之。

初，武帝始即位，其夜奉朝请史普直宿省，梦有人自天而下，导从数十，至太极殿前，北面执玉策金字曰："陈氏五帝三十二年。"及后主在东宫时，有妇人突入，唱日"毕国主"。有鸟一足，集其殿庭，以嘴画地成文，曰："独足上高台，盛草变为灰，欲知我家处，朱门当水开。"解者以为独足盖指后主独行无众，盛草言荒秽，隋承火运，草得火而灰。及至京师，与其家属馆于都水台，所谓上高台当水也。其言皆验。或言后主名叔宝，反语为"少福"，亦败亡之征云。

【译文】

陈后主和王公百官一同在三月己巳日从建邺出发，到长安去。隋文帝暂时腾出京城人家的住宅等待陈朝君臣，对住宅加以修整，又派出使臣去迎接慰劳他们，陈朝的人却咏诗吟唱，竟忘记了他们是亡国的俘虏。使臣回来报告说："自陈后主以下，男女老少都在路上走着，足有五百里，络绎不绝。"隋文帝叹息说："竟落到这样的下场。"当陈朝人到了长安，把陈朝皇帝的车服器物陈列在庭中，引导后主排列在前列，以及前后两个皇太子、陈后主的叔父兄弟儿子封王的，总计二十八人；还有司空司马难消、尚书令江总、仆射袁宪、骠骑萧摩诃、护军樊毅、中领军鲁广达、镇军将军任忠、吏部尚书姚察、侍中中书令蔡征、左卫将军樊猛，自尚书郎以上官员二百多人。另外派内史令宣布诏令责备陈后主，陈后主跪伏在地屏住气不能回答，于是得到了宽恕。隋文帝下诏说陈武帝、文帝、宣帝三个帝陵，总共给五户守陵户分别守陵。

起初，陈武帝即位后，当夜奉朝请史普在宫中值宿，梦见有人从天而降，来到太极殿前的导引和随从有几十人，朝北手执写着金字的玉板说："陈氏五个皇帝在位三十二年。"当后主在东宫时，有个女人突然闯进宫来，唱着说："最后的国主。"有只鸟长着一条腿，飞落在殿庭，用嘴在地上写画文字："独脚上高台，盛草变成灰，欲知我家处，朱门当水开。"解释的人认为独脚是指陈后主独断专行不得人心；盏草说的是荒秽腐败，隋朝承继五行中的火运，草遇到火便烧成灰；当后主来到京城长安，他和家属都住在都水台，就是说上高台对着水。歌谣里说的都应验了。有的人说陈后主名叫叔宝，反语为“少福”，这也是败亡的征兆。

既见宥，隋文帝给赐甚厚，数得引见，班同三品。每预宴，恐致伤心，为不奏吴音。后监守者奏言：“叔宝云，‘既无秩位，每预朝集，愿得一官号’。”隋文帝曰：“叔宝全无心肝。”监者又言：“叔宝常耽醉，罕有醒时。”隋文帝使节其酒，既而曰：“任其性；不尔，何以过日。”未几，帝又问监者叔宝所嗜。对曰：“嗜驴肉。”问饮酒多少？对曰：“与其子弟日饮一石。”隋文帝大惊。及从东巡，登芒山，侍饮，赋诗曰：“日月光天德，山川壮帝居，太平无以报，愿上东封书。”并表请封禅，隋文帝优诏谦让不许。后从至仁寿宫，常侍宴，及出，隋文帝目之曰：“此败岂不由酒；将作诗功夫，何如思安时事。当贺若弼度京口，彼人密启告急，叔宝为饮酒，遂不省之。高颎至日，犹见启在床下，未开封。此亦是可笑，盖天亡也。昔苻氏所征得国，皆荣贵其主。苟欲求名，不知违天命，与之官，乃违天也。”

隋文帝以陈氏子弟既多，恐京下为过，皆分置诸州县，每岁赐以衣服以安全之。

后主以隋仁寿四年十一月壬子，终于洛阳，时年五十二。赠大将军，封长城县公，谥曰炀。葬河南洛阳之芒山。

【译文】

陈后主被饶恕后，隋文帝对他的封赐非常优厚，并屡次予以召见，班位与三品官相等。每次参加隋文帝举行的宴会，隋文帝从来不命令演奏吴地的歌曲，是为了担心陈后主闻旧音而伤心。后来负责监视的官员上奏说：“陈叔宝说，‘既然没有官位，可是常常参加朝廷的集会，希望能得到一个官号’。”隋文帝说：“陈叔宝全无心肝。”监视的官员又报告说：“陈叔宝经常醉酒昏睡，很少有清醒的时候。”隋文帝下令减少酒的供给，不久又说：“由着他的性子，不这样，他怎么过日子。”过了不久，隋文帝问监视的人陈叔宝有什么嗜好。回答说：“爱吃驴肉。”又问能喝多少酒？回答说："陈叔宝和他的子弟们每天要喝一石。"隋文帝听了大惊。后来陈后主随从隋文帝往东去巡守，登上芒山，陈后主陪酒，作诗说："日月光示上天恩德，山川壮丽衬映帝王所居，安享太平无以报答，愿意献上东封泰山的奏书。"并且撰写表章请求祭祀泰山，隋文帝下了宽慰的诏书表示谦让没有答应。后来陈后主又随从隋文帝到仁寿宫，经常陪宴，当退席走出来，隋文帝目送着陈后主说："这人败亡，难道不是因为喝酒吗？如果将精力都放在诗歌创作上，他哪有时间来思量国家大事？当贺若弼打到京口时，陈朝人秘密上奏告急，陈叔宝因为贪杯，所以不知道这件事。高颎打进宫中的那天，看见密件在床底下放着，还没开封。这也的确可笑，这是天要亡陈。先前苻坚对待被征服的国家，都让亡国之主享受荣华富贵。这只是为了沽名钓誉，却不知违背天意；如果真给陈叔宝官职，这便是违背天意了。"

隋文帝认为陈氏子弟人数过多，恐怕留在京城里会形成祸害，就将其分别安置到各个州县去，每年赐给衣服使他们安稳生活。

隋文帝仁寿四年十一月壬子日，陈后主死在洛阳，时年五十二岁。追赠大将军，封长城县公，谥号为炀，葬在河南洛阳的芒山。

谢灵运列传

谢灵运，安西将军弈之曾孙而方明从子也。祖玄，晋车骑将军。父瑍，生而不慧，位秘书郎，早亡。灵运幼便颖悟，玄甚异之。谓亲知曰："我乃生瑍，瑍儿何为不及我。"

灵运少好学，博览群书，文章之美，与颜延之为江左第一。纵横俊发过于延之，深密则不如也。从叔混特知爱之。袭封康乐公，以国公例除员外散骑侍郎，不就。为琅邪王大司马行参军。性豪侈，车服鲜丽，衣物多改旧形制，世共宗之，咸称谢康乐也。累迁秘书丞，坐事免。

宋武帝在长安，灵运为世子中军谘议、黄门侍郎，奉使慰劳武帝于彭城，作《撰征赋》。后为相国从事中郎，世子左卫率，坐辄杀门生免官。宋受命，降公爵为侯，又为太子左卫率。

【译文】

谢灵运，是安西将军谢奕的曾孙，是谢方明的侄子。祖父谢玄，是晋车骑将军。父谢瑍，生来不聪明，做官秘书郎，早死。谢灵运幼年时便聪明过人，谢玄认为他很出众。对亲近相识的人说："我生了瑍儿，可是瑍儿怎么不及我。"

谢灵运少年时便好学，广泛阅览各种书籍，写的文章辞藻华美，和颜延之的文章都是江南第一流的作品。文章纵横流畅、俊逸新颖超过了颜延之，但深奥周密不如颜延之。族叔谢混特别了解并喜爱他。谢灵运承袭祖父的封爵为康乐公，按照国公的惯例规定授予员外散骑侍郎，没有就职。做琅邪王的大司马行参军。谢灵运喜欢豪华奢侈的生活，车马服饰新美华丽，衣物也多改变旧有的样式加以创新，世人全都模仿他，人们全都称他谢康乐。调做秘书丞，由于犯事被免官。

宋武帝刘裕在长安时，谢灵运做世子中军咨议、黄门侍郎，曾奉命出使去彭城慰劳宋武帝，写作《撰征赋》一篇。后来做相国从事中郎，世子左卫率，由于犯了随意杀死门生罪被免官。刘宋皇朝建立后，爵位由公降为侯，又做太子左卫率。

灵运多愆礼度，朝廷唯以文义处之，不以应实相许。自谓才能宜参权要，既不见知，常怀愤惋。庐陵王义真少好文籍，与灵运情款异常。少帝即位，权在大臣，灵运构扇异同，非毁执政，司徒徐羡之等患之，出为永嘉太守。郡有名山水，灵运素所爱好。出守既不得志，遂肆意游遨，遍历诸县，动逾旬朔。理人听讼，不复关怀，所至辄为诗咏以致其意。

在郡一周，称疾去职，从弟晦、曜、弘微等并与书止之，不从。灵运父祖并葬始宁县，并有故宅及墅，遂移籍会稽，修营旧业。傍山带江，尽幽居之美。与隐士王弘之、孔淳之等放荡为娱，有终焉之志。每有一首诗至都下，贵贱莫不竞写，宿昔间士庶皆遍，名动都下。作《山居赋》，并自注以言其事。

【译文】

谢灵运的行为多有违背礼仪和法度之处，朝廷只是在有关文义的职位上安置他，不给他有实权的官职。谢灵运认为自己的才干应当担任朝中执掌权要的大臣，既然不受重视，心中常怀有怨恨不平的情绪。庐陵王刘义真年轻时喜好文籍，和谢灵运的交情不比寻常。宋少帝刘义符即位后，朝中权力掌握在大臣手中，谢灵运散布不同的见解，诽谤执政的人物，司徒徐羡之等人都有点怕他，调他出京做永嘉太守。永嘉郡中有名山秀水，这些都是谢灵运平素喜爱的。出京做郡守后既感到不得志，于是便尽情地四处遨游玩乐，走遍了全郡各个县，每出去一次就超过十天或一个月。对于管理官吏和办理公务的事，他不再关心，他每到一处便作诗歌咏，借此抒发自己的心意和志趣。

在郡满一年，便称病离职，从弟谢晦、谢曜和谢弘微等都写信来劝导他，不听。谢灵运的祖父、父亲都安葬在始宁县，县里还有谢家的旧宅和别墅，于是谢灵运便移居到会稽郡，修葺营建原有的房舍。谢家的住宅依山临江，充分显示出幽雅山居美丽的景致。谢灵运和隐士王弘之、孔淳之等人纵情游乐，有在这里终老一生的心愿。每当写作一首诗传到京城来，不论贵贱人物莫不争着抄写，一夜之间在文士和平民中间就传遍，名声震动了京城。谢灵运又写作一篇《山居赋》，并且自己做出注解用来说明赋中写到的事情。

文帝诛徐羡之等，征为秘书监，再召不起。使光禄大夫范泰与书敦奖，乃出。使整秘阁书遗阙，又令撰晋书。粗立条流，书竟不就。寻迁侍中，赏遇甚厚。灵运诗书皆兼独绝，每文竟，手自写之，文帝称为二宝。既自以名辈，应参时政，至是唯以文义见接，每侍上宴，谈赏而已。王昙首、王华、殷景仁等名位素不逾之，并见任遇，意既不平，多称疾不朝直。穿池植援，种竹树果，驱课公役，无复期度。出郭游行，或一百六七十里，经旬不归。既无表闻，又不请急。上不欲伤大臣，讽旨令自解。灵运表陈疾，赐假东归。将行，上书劝伐河北。而游娱宴集，以夜续昼。复为御史中丞傅隆奏免官，是岁，元嘉五年也。

灵运既东，与族弟惠连、东海何长瑜、颍川荀雍、泰山羊璿之以文章赏会，共为山泽之游，时人谓之四友。惠连幼有奇才，不为父方明所知。灵运去永嘉还始宁，时方明为会稽，灵运造方明，遇惠连，大相知赏。灵运性无所推，唯重惠连，与为刎颈交。时何长瑜教惠连读书，亦在郡内，灵运又以为绝伦。谓方明曰："阿连才悟如此，而尊作常儿遇之；长瑜当今仲宣，而饴以下客之食。尊既不能礼贤，宜以长瑜还灵运。"载之而去。荀雍字道雍，官至员外散骑郎。璿之字曜璠，为临川内史，被司空竟陵王诞所遇，诞败坐诛。长瑜才亚惠连，雍、璿之不及也。临川王义庆招集文士，长瑜自国侍郎至平西记室参军。尝于江陵寄书与宗人何勖，以韵语序义庆州府僚佐云："陆展染白发，欲以媚侧室，青青不解久，星星行复出。"如此者五六句。而轻薄少年遂演之，凡人士并为题目，皆加剧言苦句，其文流行。义庆大怒，白文帝，除广州所统曾城令。及义庆薨，朝士并诣第叙哀，何勖谓袁淑曰："长瑜便可还也。"淑曰："国新丧宗英，未宜以流人为念。"庐陵王绍镇寻阳，以长瑜为南中郎行参军，掌书记之任。行至板桥，遇暴风溺死。

【译文】

宋文帝杀掉徐羡之等大臣之后，召谢灵运做秘书监，两次下召令他都不赴任。宋文帝让光禄大夫范泰写信劝导和鼓励，谢灵运才去就职。文帝让他整理宫中秘阁藏书的遗失缺漏，又命令他写作晋朝的历史。他粗略地草拟出条例和目录，书没有写成。不久升做侍中，受到的赏赐和待遇都很优厚。谢灵运作的诗、写的字都是绝好的杰作，每当作完文章，便亲手把它写下来，宋文帝称他的诗和字是二宝。过去谢灵运认为自己是名流，应该参与国家大政，到这时他还只能以文才被接待，每当侍从皇帝宴会时，只是谈论赏析诗文而已。王昙首、王华、殷景仁等人的名望和地位一向都超不过他，可是都受到朝廷的信任和重用，为此谢灵运心中不平，经常装病不上朝值差。谢灵运在住宅里挖池塘植树木，栽竹子种果树，驱使民众充当公家的劳役，一切都没有固定的日期和限度。谢灵运离城出游，有时能走出一百六七十里，过十天也不返回。既不上表报告，又不告病请假。皇帝不想伤害大臣，传话让他自己辞职。于是谢灵运便上表陈述有病，皇帝准奏让他东归。刚要出发的时候，他又上书劝说皇帝征伐河北。谢灵运游乐宴会，以夜继日。又被御史中丞傅隆启奏免除官职，这年，正是宋文帝元嘉五年。

谢灵运东归到会稽之后，和本家兄弟谢惠连、东海何长瑜、颍川荀雍、泰山羊璿之经常聚会欣赏文章，一同游览山水，当时人称他们为“四友”。谢惠连少年时便有出众的才华，但不被他父亲谢方明所了解。谢灵运离开永嘉回到始宁，当时谢方明正做会稽郡守，谢灵运去拜望谢方明，遇见谢惠连，极其赞赏谢惠连。谢灵运本性从不推崇别人，唯独推崇谢惠连，和他成为生死之交。当时何长瑜正教谢惠连读书，也在会稽郡任职，谢灵运认为他也是杰出无比的人才。谢灵运对谢方明说：“阿连兄弟有如此聪明才智，可是大人竟把他当作一般孩子看待；何长瑜是当今的王粲，可是大人竟用下客的饭食待他。大人既不能礼遇贤士，应该把何长瑜还给侄儿灵运。”便同何长瑜一起乘船离去。荀雍，字道雍，官做到员外散骑侍郎。羊璿之字曜璠，做临川内史，受到司空竟陵王刘诞的相知和恩遇，刘诞失败后羊璿之被杀。何长瑜的才智不如谢惠连，但是荀雍、羊璿之又不及何长瑜。临川王刘义庆招集文士，何长瑜的官职从国侍郎做到平西记室参军。何长瑜曾经在江陵寄信给本家人何勖，用韵语的形式记述刘义庆府中僚佐的情况说：“陆展染黑白发，想着取媚小妾，黑色不能持久，点点白苼又露。”像这样的有五六句。有些轻薄少年便加以铺叙，一些士人都来给它加上题目，全用些刻薄挖苦的言辞，使它到处流传。刘义庆知道后大怒，向文帝报告，把何长瑜贬到广州管下的曾城做县令。刘义庆死后，朝中人士都到宅里来吊唁致哀，何勖对袁淑说：“何长瑜就可以回京了。”袁淑说：“国家新死了宗室的英才，还不是想起流放者的时候。”庐陵王刘绍镇守寻阳，用何长瑜做南中郎行参军，掌书记的职务。何长瑜走到板桥，遇到暴风落水淹死。

灵运因祖父之资，生业甚厚，奴僮既众，义故门生数百，凿山浚湖，功役无已。寻山陟岭，必造幽峻，岩嶂数十重，莫不备尽。登蹑常着木履，上山则去其前齿，下山去其后齿。尝自始宁南山伐木开径，直至临海，从者数百。临海太守王琇惊骇，谓为山贼，末知灵运乃安。又要琇更进，琇不肯。灵运赠琇诗曰：“邦君难地崄，旅客易山行。”在会稽亦多从众，惊动县邑。太守孟𫖮事佛精恳，而为灵运所轻，尝谓𫖮曰：“得道应须慧业，丈人升天当在灵运前，成佛必在灵运后。”𫖮深恨此言。又与王弘之诸人出千秋亭饮酒，裸身大呼，𫖮深不堪，遣信相闻。灵运大怒曰：“身自大呼，何关痴人事。”

会稽东郭有回踵湖，灵运求决以为田，文帝令州郡履行。此湖去郭近，水物所出，百姓惜之，𫖮坚执不与。灵运既不得回踵，又求始宁休崲湖为田，𫖮又固执。灵运谓𫖮非存利人，政虑决湖多害生命，言论伤之。与𫖮遂隙。因灵运横恣，表其异志，发兵自防，露板上言。灵运驰诣阙上表，自陈本末。文帝知其见诬，不罪也。不欲复使东归，以为临川内史。

【译文】

谢灵运继承了祖父的资产，家业丰厚，奴僮很多，义从故吏门生也有几百人，开山浚湖，工程劳役没有停止过。每次登山爬岭，一定要到最幽静奇险的去处观赏，重岩叠嶂几十里，没有不全去看过的。登山时经常穿着特制的带齿的木底鞋，上山时取下鞋的前齿，下山时取下鞋的后齿。又曾经亲自带着人从始宁南山伐树开路，直到临海，随从的人员有几百人。

临海太守王琇听到信后很惊骇，认为是山贼，事后知道是谢灵运才安下心来。谢灵运便邀请王琇一同前进，王琇不肯应邀。谢灵运写诗赠给王琇说："太守害怕险峻，来客乐于山行。"谢灵运在会稽也有很多从人，经常惊动县邑的长官。太守孟颛精勤诚恳拜佛，遭到谢灵运的轻蔑，他曾经对孟颛说："得道成佛必须要有慧根，大人升天将在灵运之前，但是成佛要落在灵运之后。"孟颛对这话怀恨在心。谢灵运又会同王弘之等人到千秋亭饮酒，脱光衣服大喊大叫，孟颛极为不满，派人去朝廷报告，谢灵运大怒说："我自己大喊，和傻子白痴有什么相干。"

会稽东城外有回踵湖，谢灵运请求打开口子放水改湖造田，文帝下令让州郡照办。这湖距离城郭很近，水中所出物产，百姓都很珍惜，孟颛坚决不同意把湖给谢灵运改田。谢灵运得不到回踵湖之后，又请求要始宁的休崲湖改田，孟颛又固执不给。谢灵运认为孟颛并非心存利民的想法，正是借口怕决湖之后将会伤害众多人命，制造言论来中伤谢灵运。因此他和孟颛结下了怨恨。因为谢灵运横行放肆，孟颛上表说谢灵运心怀异志，出兵自加防备，封书送上朝廷。谢灵运亲自骑马前去朝廷上表，陈述自己和孟颛争执的缘由。文帝知道谢灵运受到诬告，没有给他加罪。文帝不想让他再回东方去，便用他做临川内史。

在郡游放，不异永嘉，为有司所纠。司徒遣使随州从事郑望生收灵运。灵运兴兵叛逸，遂有逆志。为诗曰："韩亡子房奋，秦帝鲁连耻，本自江海人，忠义感君子。"追讨擒之，送廷尉，廷尉论正斩刑。上爱其才，欲免官而已。彭城王义康坚执，谓不宜恕。诏以"谢玄勋参微管，宜宥及后嗣，降死徙广州"。

后秦郡府将宋齐受使至涂口，行达桃墟村，见有七人下路聚语，疑非常人，还告郡县，遣兵随齐掩讨禽之。其一人姓赵名钦，云："同村薛道双先与灵运共事，道双因同村成国报钦云：'灵运犯事徙广州，给钱令买弓箭刀盾等物，使道双要合乡里健儿于三江口篡之。若得志如意后，功劳是同。'遂合部党要谢不得，及还饥馑，缘路为劫。'"有司奏收之，文帝诏于广州弃市。临死作诗曰："龚胜无余生，李业有终尽，嵇公理既迫，霍生命亦殒。"所称龚胜、李业，犹前诗子房、鲁连之意也。时元嘉十年，年四十九。所著文章传于世。

【译文】

谢灵运在临川郡里遨游，和在永嘉时没有不同，遭到有关官员的纠缠。司徒遣使随州从事郑望生去收捕谢灵运。谢灵运便起兵叛逃，从此产生了反逆的心思。作诗说：“韩国被灭，张良奋起复仇，秦始皇称帝鲁仲连感到受辱，我本是寄身江海的人士，无限感佩古代的忠义君子。”郡中追击并擒获谢灵运，并交朝中廷尉，廷尉判处斩刑。文帝爱惜他的才华，打算只免除他的官职就罢了。彭城王刘义康坚持执行廷尉的判决，认为不该宽恕。诏书说：“谢玄的功勋和管仲相等，应该宽恕他的后代，减去死刑把他流放到广州。”

后来秦郡府将宋齐接受使命到涂口去，路过桃墟村时，发现有七个人聚在路边一起说话，宋齐怀疑他们不是好人，回头报告给郡县长官，派兵跟随宋齐去袭击并把他们活捉。其中一个人姓赵名钦，他供说：“同村人薛道双先前曾给谢灵运做事，薛道双托同村人成国告诉赵钦说：‘谢灵运犯事被流放去广州，谢灵运出钱让买弓箭刀盾等兵器，并让薛道双集合乡里中健壮的汉子在三江口劫下谢灵运。如果得手成功之后，都有同样的功劳赏赐。’于是我便集合同伙的人前去拦截谢灵运没成，回来后都很饿，顺便打算在路上抢劫。”主管官员上奏并把这伙人收监，文帝下诏命令把这些人在广州处决。谢灵运临刑前作诗说：“龚胜不贪生，李业忠节尽，嵇康守理死，霍原恨殒命。”诗里称赞龚胜、李业，是和先前在诗中称道张良和鲁仲连是同样的心意。当时是元嘉十年，谢灵运年纪四十九岁。谢灵运所作的文章流传在世上。

祖冲之列传

祖冲之字文远，范阳遒人也。曾祖台之，晋侍中。祖昌，宋大匠卿。父朔之，奉朝请。

冲之稽古，有机思，宋孝武使直华林学省，赐宅宇车服。解褐南徐州从事、公府参军。

始元嘉中，用何承天所制历，比古十一家为密。冲之以为尚疏，乃更造新法，上表言之。考武令朝士善历者难之，不能屈。会帝崩不施行。

【译文】

祖冲之字文远，范阳郡遒县人。他的曾祖祖台之，是晋朝侍中。祖父祖昌，是宋朝大匠卿。父亲祖朔之，是奉朝请。

祖冲之研习古事，思维机智灵巧，宋孝武帝让他在华林学中值勤，赐给住宅和车服。离家出仕，任南徐州从事、公府参军。

早先，元嘉年间，使用何承天所制作的历法，比古代十一家历法精密。祖冲之认为何承天的历法仍然比较粗疏，于是重新制作历法，上表奏请此事。孝武帝让朝士中精通历法的人驳难祖冲之，不能让他屈服。逢皇帝去世而没有颁布执行。

历位为娄县令，谒者仆射。初，宋武平关中，得姚兴指南车，有外形而无机杼，每行，使人于内转之。升明中，齐高帝辅政，使冲之追修古法。冲之改造铜机，圆转不穷，而司方如一，马钧以来未之有也。时有北人索驭驎者亦云能造指南车，高帝使与冲之各造，使于乐游苑对共校试，而颇有差僻，乃毁而焚之。晋时杜预有巧思，造欹器，三改不成。永明中，竟陵王子良好古，冲之造欹器献之，与周庙不异。文惠太子在东宫，见冲之历法，启武帝施行。文惠寻薨又寝。

转长水校尉，领本职。冲之造《安边论》，欲开屯田，广农殖。建武中，明帝欲使冲之巡行四方，兴造大业，可以利百姓者，会连有军事，事竟不行。

【译文】

他历职为娄县县令，谒者仆射。起初，宋武帝平定关中地区，得到后秦姚兴的指南车，有外形却没有内部机械，让人在里面转动它。升明年间，齐高帝辅政，让祖冲之追究古代方法修造。祖冲之重新改造铜制机械，指南车运转不停，而指的方向始终如一，这是从马钧以来没有过的。当时有个北方人名叫索驭驎的也说能制造指南车，高帝让他和祖冲之各自制造，然后在乐游苑一同比试，索驭驎的指南车多有误差，于是被毁坏然后焚烧。晋朝人杜预有精巧的心思，制造倾斜易覆的器具，三次改造而不成。永明年间，竟陵王萧子良好古，祖冲之制造倾斜易覆的器具献给他，和周庙的没有差别。文惠太子在东宫时，看见祖冲之的历法，启奏武帝颁行。文惠太子不久去世，事情又被搁置下来。

转任长水校尉，领原职。祖冲之撰写了《安边论》，想开创屯田，扩大农业种植面积。建武年间，明帝想让祖冲之巡视四方，兴造可以惠利百姓的大业，适逢接连有军事行动，事情最终也没有实行。

冲之解钟律博塞，当时独绝，莫能对者。以诸葛亮有木牛流马，乃造一器，不因风水，施机自运，不劳人力。又造千里船，于新亭江试之，日行百余里。于乐游苑造水碓磨，武帝亲自临视。又特善算。永元二年卒，年七十二。著《易老庄义》，释《论语》、《孝经》，注《九章》，造《缀述》数十篇。子暅之。

暅之字景烁，少传家业，究极精微，亦有巧思。入神之妙，般、倕无以过也。当其诣微之时，雷霆不能入。尝行遇仆射徐勉，以头触之，勉呼乃悟。父所改何承天历时尚未行，梁天监初，暅之更修之，于是始行焉。位至太舟卿。

【译文】

祖冲之通晓钟律和博戏，在当时可称独家绝手，没有人能和他匹敌。他因为诸葛亮造有木牛流马，就自己制造一器，不用风力和水力，装上机械自行运转，不需要人力。又制造了千里船，在新亭江上试验，一天可行百余里。还在乐游苑制造了水碓磨，武帝亲自前往观看。又特别善于计算。永元二年病死，享年七十二岁。著有《易老庄义》，诠释《论语》、《孝经》，为《九章算术》作注，制作《缀述》数十篇。他的儿子暅之。

祖暅之字景烁，少年进传习父业，探究极为精微，也有灵巧的心思。出神入化的机妙，公输般和倕也不能超过他。当他研究到达精微处时心神十分专注，就连雷霆也听不见。有一次走路边走边想，遇到仆射徐勉，头碰到徐勉身上，徐勉呼叫，他才醒悟。他父亲修改的何承天的历法当时尚没有颁行，梁朝天监初年，他又加以修订，于是开始颁行。他累官至太舟卿。

暅之子皓，志节慷慨，有文武才略。少传家业，善算历。大同中为江都令，后拜广陵太守。

侯景陷台城，皓在城中，将见害，乃逃归江西。百姓感其遗惠，每相蔽匿。广陵人来嶷乃说皓曰："逆竖滔天，王室如燬，正是义夫发愤之秋，志士忘躯之日。府君荷恩重世，又不为贼所容。今逃窜草间，知者非一，危亡之甚，累棋非喻。董绍先虽景之心腹，轻而无谋，新克此州，人情不附，袭而杀之，此一壮士之任耳。今若纠率义勇，立可得三二百人。意欲奉戴府君，剿除凶逆，远近义徒，自当投赴。如其克捷，可立桓、文之勋；必天未悔祸，事生理外，百代之下，犹为梁室忠臣。若何？"皓曰："仆所愿也，死且甘心。"为要勇士耿光等百余人袭杀景兖州刺史董绍先，推前太子舍人萧勔为刺史，结东魏为援。驰檄远近，将讨景。景大惧，即日率侯子鉴等攻之。城陷，皓见执，被缚射之，箭遍体，然后车裂以徇。城中无少长，皆埋而射之。

【译文】

祖暅之的儿子祖皓，为人慷慨有志向气节，又有文武才能和谋略。少年时传习家学，精通算术和历法。大同年间任江都县令，后拜广陵太守。

侯景攻陷台城时，祖皓正在城内。他估计留在城内将被杀害，就逃回江西。百姓感激他以前留下的恩惠，就帮助他荫蔽躲藏。广陵人来嶷劝说祖皓道："逆贼竖子罪恶滔天，王室像被焚烧一样，正是义夫发愤之时，志士忘身之日。府君世代蒙受朝廷重恩，又不被逆贼宽容。如今逃窜到草莽中间，知道的不是一人，危亡的严重性，超过把棋子一个个摞起来时刻有可能倒塌的情况。董绍先虽说是侯景的心腹，但是轻率而没有谋略，刚攻克此州，人心还没有归附，袭击然后杀死他，这是一位壮士可以完成的任务。今天如果招集义勇之士，马上可以得到二、三百人。我想奉戴府君，剿灭凶逆的人，远近的义故门徒，自然会来投奔参战。如果能够取胜，可以建立齐桓公、晋文公那样的功勋；如果天意不让消除祸难，事情的发展出于意料，百代以后，仍然是梁朝的忠臣。怎么样？"祖皓说："这正是我的心愿，就是死了也甘心。"于是邀约勇士耿光等一百多人袭击广陵城，杀死侯景的兖州刺史董绍先，推举前太子舍人萧勔为刺史，交结东魏政权作为外援。派人散发檄文到各地，将要讨伐侯景。侯景十分恐慌，当天就率领侯子鉴等将佐进攻广陵。城被攻陷，祖皓被俘，将他手脚捆绑起来，放乱箭射死他。全身被箭布满，然后又车裂示众。城中居民不论老幼，都被活埋或射死。

侯景传

侯景字万景，魏之怀朔镇人也，少而不羁，为镇功曹史。魏末北方大乱，乃事边将尔朱荣，甚见器重。初学兵法于荣部将慕容绍宗，未几绍宗每询问焉。后以军功为定州刺史。始魏相高欢微时，与景甚相友好，及欢诛尔朱氏，景以众降，仍为欢用。稍至史部尚书，非其好也。每独曰："何当离此反故纸邪。"寻封濮阳郡公。

欢之败于沙苑，景谓欢曰："宇文泰恃于战胜，今必致怠；请以数千劲骑至关中取之。"欢以告其妃娄氏，曰："彼若得泰，亦将不归。得泰失景，于事奚益。"欢乃止。后为河南道大行台，位司徒。又言于欢曰："恨不得泰。请兵三万，横行天下；要须济江缚取萧衍老公，以作太平寺主。"欢壮其言，使拥兵十万，专制河南，仗任若己之半体。

【译文】

侯景，字万景，北魏的怀朔镇人。自少放荡不羁，为本镇的功曹吏。魏末北方大乱，他便效力于边将尔朱荣，很受器重。他开始向尔朱荣的部将慕容绍宗学习兵法，没有多久，慕容绍宗就要反过来请教他了。后来他以军功为定州刺史。早先，东魏丞相高欢微贱时，与侯景非常要好，及至高欢诛灭尔朱氏，侯景率众投降，仍然为高欢重用。稍升为吏部尚书，但这不合他的愿望，他常常独自说："为什么要离开这里而返回到故纸堆里呢！"不久被封为濮阳郡公。

高欢在沙苑被西魏打败，侯景对高欢说："宇文泰自恃打了胜仗，现在必然懈怠，请让我率数千劲骑入关中擒拿他！"高欢把这话告诉了他的王妃娄氏，娄氏说："他如果捉住宇文泰，也就不会再回来了。得了宇文泰而失去了侯景，这对事情有什么补益。"高欢就停止了这次行动。侯景后来又担任河南道大行台，位及司徒。他又对高欢说："我只恨不能捉住宇文泰。请给我三万兵，我可以横行天下。一定要渡过长江捆来萧衍老翁（梁武帝名），让他当太平寺的寺主。"高欢认为他说得有气魄，就让他拥兵十万，专门节制河南，对他的信赖，好像自己身体的一半。

景右足短，弓马非其长，所在唯以智谋。时欢部将高昂、彭乐皆雄勇冠时，唯景常轻之，言“似豕突尔，势何所至”。及将镇河南，请于欢曰：“今握兵在远，奸人易生诈伪，大王若赐以书，请异于他者。”许之。每与景书，别加微点，虽子弟弗之知。

及欢疾笃，其世子澄矫书召之。景知伪，惧祸，因用王伟计，乃以太清元年二月遣其行台郎中丁和上表求降。帝召群臣议之，尚书仆射谢举等皆议纳景非便，武帝不从。初，帝以是岁正月乙卯于善言殿读佛经，因谓左右黄慧弼曰：“我昨梦天下太平，尔其识之。”及和至，校景实以正月乙卯日定计，帝由是纳之。于是封景河南王、大将军、使持节、董督河南南北诸军事、大行台，承制如邓禹故事。

高澄嗣事为勃海王，遣其将慕容绍宗围景于长社。景急，乃求割鲁阳、长社、东荆、北兖请救于西魏，魏遣五城王元庆等率兵救之，绍宗乃退。景复请兵于司州刺史羊鸦仁，鸦仁遣长史邓鸿率兵至汝水，元庆军夜遁，鸦仁乃据悬瓠。

【译文】

侯景右腿短，弓马武艺不是他的所长，他的本领全在智谋上。当时高欢的部将高昂、彭乐都是雄勇冠一时，只有侯景常瞧不起他们，说“像野猪一样乱窜，他的势力能到哪儿”！及至他将出镇河南，向高欢提议说：“如今我握兵远方，奸人容易施行伪诈，大王如果给我写信，请与其他的有些区别。”高欢答应了。以后他每次给侯景写信，都另外加上个小墨点儿，即使是他自己的子弟也不知道这暗号。

等到高欢病危，他的世子高澄假托高欢写信召侯景回朝。侯景知道这是假的，害怕大祸临头，便用王伟的主意，于梁武帝太清元年二月，派遣他的行台郎中丁和，上表给梁武帝，请求投降。梁武帝召集群臣商议，尚书仆射谢举等人都认为接纳侯景有所不便，武帝不听从。开初，武帝在这年正月乙卯日于善言殿读佛经，当时对左右黄慧弼说：“我昨天梦见天下太平，你要记住。”等到丁和来到，核对侯景正好在正月乙卯日定计投降，所以武帝就同意接纳侯景了。于是封侯景为河南王、大将军、使持节、董督河南南北诸军事、大行台，承受制书如汉时邓禹故事。

高澄嗣位为渤海王，派遣他的部将慕容绍宗包围侯景于长社。侯景危急，便请求割让鲁阳、长社、东荆、北兖，以请救于西魏。西魏派遣五城王元庆等率兵援救，慕容绍宗才退兵。侯景又向梁朝的司州刺史羊鸦仁请求救兵，羊鸦仁派遣长史邓鸿率兵进至汝水，元庆军乘夜逃遁，羊鸦仁便占据了悬瓠。

时景将蔡道遵守北归，言景有悔过志。高澄以为信然，乃以书喻景，若还，许以豫州刺史终其身，所部文武更不追摄，阖门无恙，并还宠妻爱子。景报书不从。澄知景无归志，乃遣军相继讨景。

帝闻鸦仁已据悬瓠，遂命群帅指授方略，大举攻东魏，以贞阳侯萧明为都督。明军败见俘。绍宗攻潼州，刺史郭凤弃城走。景乃遣其行台左丞王伟、左户郎中王则诣阙献策，请元氏子弟立为魏主。诏遣太子舍人元贞为咸阳王，须度江许即位，以乘舆之副资给之。

高澄又遣慕容绍宗追景，景退保涡阳，使谓绍宗曰："欲送客邪？将定雄雌邪？"绍宗曰："将决战。"遂顺风以阵。景闭垒，顷之乃出。绍宗曰："景多诡，好乘人背。"使备之，果如其言。景命战士皆被短甲短刀，但低视斫人胫马足，遂败绍宗军。裨将斛律光尤之，绍宗曰："吾战多矣，未见此贼之难也。尔其当之。"光被甲将出，绍宗戒之曰："勿度涡水。"既而又为景败。绍宗谓曰："定何如也。"相持连月，景食尽，诳其众以为家口并见杀。众皆信之。绍宗遥谓曰："尔等家并完。"乃被发向北斗以誓之。景士卒并北人，不乐南度，其将暴显等各率所部降绍宗。景军溃散，丧甲士四万人，马四千匹，辎重万余两。乃与腹心数骑自硖石济淮，稍收散卒，得马步八百人。南过小城，人登陴诟之曰："跛脚奴何为邪！"景怒，破城杀言者而去。昼夜兼行，追军不敢逼。使谓绍宗曰："景若就禽，公复何用？"绍宗乃纵之。

【译文】

当时侯景的部将蔡道遵又返回东魏，说侯景有悔过的意思。高澄信以为然，便写信告诉侯景：如果回来，答应给他豫州刺史以终身，所属的文武将吏不再追回，全家平安无恙，并归还他的宠妻爱子。侯景回信不听从。高澄知道侯景没有回来的打算，就派遣军队相继讨伐侯景。

梁武帝听说羊鸦仁已经占据了悬瓠，便命令群帅布置战略，大举进攻东魏，以贞阳侯萧明为都督。萧明军败被俘。慕容绍宗进攻潼州，刺史郭凤弃城而逃。侯景便派遣他的行台左丞王伟、左户郎中王则，前往梁朝都城献策，建议立元氏子弟为魏主。梁武帝就封太子舍人元贞（投奔梁朝的魏宗室）为咸阳王，等到渡江答应让他即位，把备用的乘舆送给了他。

高澄又派遣慕容绍宗追击侯景，侯景退保涡阳，派人对慕容绍宗说："你是想送客呢，还是想定雌雄？"慕容绍宗答道："准备决战。"于是就顺风摆下战阵。侯景紧闭营垒，过了一会儿才出来。慕容绍宗说："侯景多有诡计，好从背后偷袭。"派兵防备，果然如他所说。侯景命令战士都披短甲，持短刀，只管低头砍人腿马足，于是击败了慕容绍宗。裨将斛律光责怪他，慕容绍宗说："我打的仗多了，还没有见过这么难以对付的贼呢！你去对付他吧。"斛律光披甲准备出去，慕容绍宗告诫说："不要渡过涡水！"接着，斛律光又被侯景打败了。慕容绍宗对他说："到底怎么样？"相持连月，侯景的粮食吃尽了，就诳骗他的部下，说他们的家属都被高澄杀死了。众人都相信了他。慕容绍宗远远地对他们说："你们的家属都安然无恙。"便披发面向北斗发誓。侯景的部卒都是北方人，不愿意南渡，他的部将暴显等各率部下投降慕容绍宗。侯景的军队溃散，丧失甲士四万人，马四千匹，辎重车一万多辆。侯景便和几个心腹，乘马自硖石渡过淮河，稍稍收聚散兵，得马步兵八百人。南行经过一座小城，有人登上城墙诟骂侯景说："跛脚奴要干什么！"侯景大怒，攻破小城，把骂他的人杀了才离开。他昼夜兼行，追军不敢逼近。他派人对慕容绍宗说："侯景如果被擒，您还有什么用呢？"慕容绍宗便放跑了他。

既而莫适所归，马头戍主刘神茂者，为韦黯所不容，因是踣马乃驰谓景曰："寿阳去此不远，城池险固，韦黯是监州耳。王若次近郊，必郊迎，因而执之，可以集事。得城之后，徐以启闻，朝廷喜王南归，必不责也。"景执其手曰："天教也。"及至，而黯授甲登陴。景谓神茂曰：

“事不谐矣。”对曰：“黯懦而寡智，可说下也。”乃遣豫州司马徐思玉夜入说之，黯乃开门纳景。景执黯，数将斩之，久而见释。乃遣于子悦驰以败闻，自求贬削。优诏不许。复求资给，即授南豫州刺史，本官如故。

帝以景兵新破，未忍移易，故以鄱阳王范为合州刺史，即镇合肥。魏人攻悬瓠，悬瓠粮少，羊鸦仁去悬瓠归义阳。

魏人入悬瓠，更求和亲，帝召公卿谋之。张绾、朱异咸请许之。景闻未之信，乃伪作邺人书，求以贞阳侯换景。帝将许之。舍人傅岐曰：“侯景以穷归义，弃之不祥。且百战之余，宁肯束手受执。”谢举、朱异曰：“景奔败之将，一使之力耳。”帝从之，复书曰：“贞阳旦至，侯景夕反。”景谓左右曰：“我知吴儿老公薄心肠。”又请娶于王、谢，帝曰：“王、谢门高非偶，可于朱、张以下访之。”景恚曰：“会将吴儿女以配奴。”王伟曰：“今坐听亦死，举大事亦死，王其图之。”于是遂怀反计。属城居人，悉占募为军士。辄停责市估及田租，百姓子女悉以配将士。又启求锦万匹为军人袍，中领军朱异议以御府锦署止充颁赏，不容以供边用，请送青布以给之。又以台所给仗多不能精，启请东冶锻工欲更营造，敕并给之。景自涡阳败后，多所征求，朝廷含弘，未尝拒绝。

【译文】

接着侯景不知去哪里为好。马头戍主刘神茂，不为韦黯所容，于是顾不得把马累倒，驰奔投见侯景，说：“寿阳离这里不远，城池险固，韦黯是那里的监州。大王如果抵达寿阳近郊，他必然要出迎，大王趁机捉住他，可以成大事。得到寿阳之后，徐徐奏闻，朝廷高兴大王南归，一定不会责怪大王的。”侯景握着刘神茂的手说：“这是上天的指点呀！”等抵寿阳，韦黯披甲登上城楼，侯景对刘神茂说：“事情要失败了。”刘神茂答道：“韦黯怯懦而缺少智虑，可以说服他下城的。”便派遣豫州司马徐思玉，到夜里入城说服韦黯，韦黯果然开门接纳了侯景。侯景促住韦黯，责数着要杀死他，过了很久才把他释放。于是侯景派遣于子悦驰往朝廷报告打了败仗，自己要求贬官削爵。武帝优诏不许。侯景又请求救济，便授任南豫州刺史，本官如故。

梁武帝因为侯景的军队刚刚被击破，不忍把他调动，所以就派鄱阳王萧范为合州刺史，镇守合肥。东魏攻打悬瓠，悬瓠粮食用尽，羊鸦仁离开悬瓠回到义阳。

东魏人进入悬瓠，再次请求和亲，梁武帝召集公卿商议。张绾、朱异都建议答应东魏。侯景听说了还不大相信，便伪造了邺都人的书信，要求用俘虏的贞阳侯萧明交换侯景。梁武帝准备应许。舍人傅岐说："侯景因为徒穷归顺朝廷，抛弃他不吉利。而且他身经百战，岂肯束手就擒！"谢举、朱异说："侯景是个败逃之将，要捉他只用一个使者就够了。"梁武帝应许了，回信道："贞阳侯早晨送到，侯景晚上就交回。"侯景得到回信，对左右说："我知道这吴儿老翁没有好心肠。"他又请求娶王、谢豪族的女儿为妻，梁武帝说："王、谢门第很高，你配不上，可在朱、张以下各家求婚。"侯景怒道："我一定要把吴人的儿女配给奴婢！"王伟说："如今坐等也是死，举大事也不过是一死，请大王决定。"于是侯景就怀下造反的念头。他把属内的居民全部强制募为军士，停止征收市税和田租，把老百姓的子女全都配给了将士。他又要求朝廷给他锦缎万匹做军人的衣袍，中领军朱异提议说：御库中的锦缎只做颁赏用，不供边塞使用，建议送给侯景青布。侯景又说朝廷发给的兵杖都不精好，奏请用东冶的铁匠重新锻造，武帝都同意满足他。侯景自从在涡阳失败以后，多次向朝廷提出索求，朝廷含忍，从未拒绝。

是时贞阳侯明遣使还梁，述魏人请追前好，许放之还。武帝览之流涕，乃报明启当别遣行人。帝亦欲息兵，乃与魏和通。景闻之惧，驰启固谏，帝不从。尔后表疏跋扈，言辞不逊。又闻遣伏挺、徐陵使魏，不知所为。

元贞知景异志，累启还朝。景谓曰："将定江南，何不少忍。"贞益惧，奔还建邺，具以事闻。景又招司州刺史羊鸦仁同逆，鸦仁录送其使。时鄱阳王范镇合肥，及鸦仁俱累启称景有异志。朱异曰："侯景数百叛虏，何能为役。"并抑不奏闻，景所以奸谋益果。乃上言曰："高澄狡猾，宁可全信。陛下纳其诡语，求与连和，臣亦窃所笑也。臣行年四十有六，未闻江左有佞邪之臣，一旦入朝，乃致嚣嚣，宁堪粉骨，投命谁门。请乞江西一境，受臣控督；如其不许，即领甲临江，上向闽、越。非唯朝廷自耻，亦是三公旰食。”帝使朱异宣语答景使曰：“譬如贫家畜十客五客，尚能得意，朕唯有一客，致有忿言，亦是朕之失也。”景又知临贺王正德怨望朝廷，密令要结。正德许为内启。

【译文】

当时贞阳侯萧明打发使者回梁朝，陈述东魏人希望接续以前的友好关系，把他放还南方的意愿。武帝看信流下了眼泪，便回信给萧明说准备另外派遣使者去东魏。武帝也想停止征战，就与东魏通知。侯景听说了非常恐惧，驰奏谏阻，武帝不听从。此后侯景的表疏跋扈，言辞不逊。他又听说朝廷派遣伏挺、徐陵出使东魏，便惶惑不知所为了。

元贞知道侯景有野心，屡次启请还朝。侯景对他说：“我很快就会平定江南，你为什么不稍微忍耐一下？”元贞更加恐惧了，就逃回了建邺，把情况全部奏闻朝廷。当时鄱阳王萧范镇守合肥，和羊鸦仁都屡次启奏，说侯景有野心。朱异说：“侯景不过有几百个叛虏，哪能打仗！”把奏表都扣压下来不送交武帝，侯景因此奸谋越发决断。他上言说：“高澄狡猾，岂能完全相信？陛下如果接受了他的诡诈之言，要求与他联和，连我也觉得可笑。我年已将近四十六岁，还没有听说江南有邪佞之臣，可是一旦入朝，竟然招致攻讦，我岂能粉身碎骨，投身于仇家！请给我江西一境，受我的控制；如果不答应，我就率兵逼临长江，直入闽、越，那就不仅朝廷要感到耻辱，三公大臣们也要寝食不安了。”武帝让朱异传语答复侯景的使者说：“譬如穷人家养着十个五个客人，还能让他们满意，朕只有你一个客人，却致使你有怨愤之言，这是朕的过失。”侯景又知道临贺王萧正德怨望朝廷，秘密地与他勾结。萧正德答应做他的内线。

二年八月，景遂发兵反，于豫州城内集其将帅，登坛歃血。是日地大震。于是以诛中领军朱异、少府卿徐骥、太子左率陆验、制局监周石珍为辞，以为奸臣乱政，请带甲入朝。先攻马头、木栅，执太守刘神茂、戍主曹璆等。武帝闻之，笑曰：“是何能为，吾以折棰笞之。”乃敕：斩景者不问南北人同赏封二千户兼一州刺史；其人主帅欲还北不须州者，赏以绢布二万，以礼发遣。于是诏合州刺史鄱阳王范为南道都督，北徐州刺史封山侯正表为北道都督，司州刺史柳仲礼为西道都督，通直散骑常侍裴之高为东道都督，同讨景，济自历阳。又令侍中、开府仪同三司邵陵王纶持节，董督众军。

景闻之，谋于王伟。伟曰："莫若直掩扬都，临贺反其内，大王攻其外，天下不足定也。兵闻拙速，不闻工迟，令今便须进路，不然邵陵及入。"九月，景发寿春，声云游猎，人不觉也。留伪中军大都督王贵显守寿春城，出军伪向合肥，遂袭谯州。助防董绍先降之，执刺史丰城侯泰。武帝闻之，遣太子家令王质率兵三千巡江遏防。景进攻历阳太守庄铁，铁遣弟均夜斫景营，战没。铁母爱其子，劝铁降。景拜其母，铁乃劝景曰："急则应机，缓必致祸。"景乃使铁为导。

【译文】

太清二年八月，侯景便发兵造反，在豫州城内召集他的将帅，登坛歃血为盟。这天地大震。于是以诛除中领军朱异、少府卿徐骥、太子左率陆验、制局监周石珍为理由，认为奸臣扰乱朝政，请求带兵入朝。他首先攻打马头、木栅，捉住太守刘神茂、戍主曹璆王等。梁武帝听说了，笑道："他能成什么事，让我用马鞭子抽他！"便敕令：能斩侯景者，不论南北方人，都赏封两千户的爵位，兼授一州刺史；那人的主帅想回北方而不需要做州刺史的，赏以绢布二万，以礼遣还。于是诏命合州刺史鄱阳王萧范为南道都督，北徐州刺史封山侯萧正表为北道都督，司州刺史柳仲礼为西道都督，通直散骑常侍裴之高为东道都督，一同讨伐侯景，由历阳渡江。又命令侍中、开府仪同三司邵陵王萧纶持节，督率诸军。

侯景听说后，与王伟谋划。王伟说："不如径直掩袭扬都（建邺），临贺王反于内，大王攻其外，天下不足以安定了。兵法中只听说可以计划不周但行军迅速，没听说应该计划周密却动作迟缓的。今天我们就要出发，否则邵陵王就赶到了。"九月，侯景自寿春出发，声言要去游猎，人们毫无知觉。他留下伪中军大都督王贵显驻守寿春城，自己假装出军合肥，却袭击谯州。谯州助防董绍先投降，捉住刺史丰城侯萧泰。梁武帝听说，派太子家令王质率兵三千巡守长江防遏。侯景进攻历阳太守庄铁，庄铁派遣自己的弟弟庄均夜袭侯景军营，战斗结束。庄铁的母亲疼爱儿子，劝庄铁投降。侯景拜见庄铁的母亲，庄铁便劝侯景说："事急就应该随机应变，行动迟缓必然要导致祸害。"侯景就派庄铁为先导。

是时镇戍相次启闻，朱异尚曰："景必无度江志。"萧正德先遣大船数十艘伪称载荻，实拟济景。景至江将度，虑王质为梗，俄而质被追为丹阳尹，无故自退。景闻未之信，乃密遣觇之，谓使者："质若退，折江东树枝为验。"觇人如言而返。景大喜曰："吾事办矣。"乃自采石济，马数百匹，兵八千人，都下弗之觉。

景出，分袭姑孰，执淮南太守文成侯宁，遂至慈湖。南津校尉江子一奔还建邺。皇太子见事急，入面启武帝曰："请以事垂付，愿不劳圣心。"帝曰："此自汝事，何更问为。"太子仍停中书省指授，内外扰乱相劫不复通。于是诏以扬州刺史宣城王大器为都督内外诸军事，都官尚书羊侃为军师将军以副焉。遣南浦侯推守东府城，西丰公大春守石头，轻车长史谢禧守白下。

既而景至朱雀航，遣徐思玉入启，乞带甲入朝，除君侧之恶，请遣了事舍人出相领解，实欲观建成中虚实。帝遣中书舍人贺季、主书郭宝亮随思玉往劳之于板桥。景北面受敕，季曰："今者之举，何以为名？"景曰："欲为帝也。"王伟进曰："朱异、徐骥谄黩乱政，欲除奸臣耳。"景既出恶言，留季不遣，宝亮还宫。

【译文】

当时各驻军戍相次奏闻，朱异还说："侯景一定没有渡江的意图。"萧正德提前派遣数十艘大船假称装载芦苇，其实是准备接应侯景。侯景到江边准备渡过，担心王质作梗。但不久王质就被任命为丹阳尹，平白无故地撤走了。侯景听说了还不敢相信，便秘密派人侦察，他对使者说："王质如果真的撤走，你就折下江东的树枝为凭证。"侦察的人如言而返。侯景大喜道："我的事成功了！"就由采石渡江，马数百匹，兵八千人，都城一带毫无知觉。

侯景出兵，分袭姑孰，捉住准南太守文成侯萧宁，于是抵达慈湖。南津校尉江子一逃回建邺。皇太子见事情紧急，入宫面奏武帝，说："请把这事交给我，不必让圣心操劳。”武帝说：“这本来就是你的事，何必再问！”太子就留在中书省指挥，但城内外扰乱劫抢，已经不能传通信息了。于是诏以扬州刺史宣城王萧大器为都督内外诸军事，都官尚书羊侃为军师将军做他的副手。派遣南浦侯萧推守卫东府城（建邺的东南部），西丰公萧大春守卫石头城（建邺的西部），轻车长史谢禧守卫白下（建邺的北部）。

接着侯景进至朱雀航，派遣徐思玉入城启奏，请求带兵入朝，铲除君侧的恶人，要求朝廷派个能办事的舍人出来引领，他的意图是观察城内的虚实。武帝派遣中书舍人贺季、主书郭宝亮跟随徐思玉前往，慰劳侯景于板桥。侯景面北接受诏敕，贺季说：“今日之举，以何为名？”侯景说：“我要当皇帝！”王伟进前说：“朱异、徐骥渎乱国政，我们不过要铲除奸臣。”但侯景已经说出了恶言，就扣留下贺季不让他回去，只准郭宝亮回宫。

先是，大同中童谣曰：“青丝白马寿阳来。”景涡阳之败，求锦，朝廷所给青布，及是皆用为袍，采色尚青。景乘白马，青丝为辔，欲以应谣。萧正德先屯丹阳郡，至是率所部与景合。建康令庾信率兵千余人屯航北，及景至彻航，始除一舶，见贼军皆著铁面，遂弃军走。南塘游军复闭航度景。皇太子以所乘马授王质，配精兵三千，使援庾信。质至领军府与贼遇，未阵便奔。景乘胜至阙下。西丰公大春弃石头城走，景遣其仪同于子悦据之。谢禧亦弃白下城走。

景遣百道攻城，纵火烧大司马、东西华诸门。城中仓卒未有备，乃凿门楼，下水沃火，久之方灭。贼又斫东掖门将入，羊侃凿门扇刺杀数人，贼乃退。又登东宫墙射城内。至夜，简文募人出烧东宫台殿遂尽，所聚图籍百厨，一皆灰烬。先是简文梦有人书作秦始皇，云“此人复焚书”，至是而验。景又烧城西马厩、士林馆、太府寺。明日，景又作木驴数百攻城，城上掷以石，并皆碎破。贼又作尖顶木驴，状似彗，石不能破。乃作雉尾炬，灌以膏蜡，丛下焚之。

贼既不克，士卒死者甚多，乃止攻，筑长围以绝内外。又启求诛朱异、陆验、徐骥、周石珍等。城内亦射赏格出外，有能斩景首，授以景位，并钱一亿万，布绢各万匹，女乐二部。庄铁乃奔历阳，始言景已枭首。景城守郭骆惧，弃城走寿阳。铁得入城，遂奔寻阳。

【译文】

先是，在大同年间有童谣说："青丝白马寿阳来。"侯景在涡阳战败，请求给他锦缎，朝廷给了青布，到此时都用来做了战袍，颜色还青。侯景乘坐上一匹白马，用青丝做马辔，想以此与童谣相应合。萧正德开始屯驻丹阳郡，到这时率领所部与侯景会合。建康令庾信率兵千余人屯驻朱雀航之北，及至侯景来到，他要撤去浮桥，刚刚拆下一只船，见贼军都戴着铁面具，便丢下军队逃跑了。南塘的游军又把浮桥连接上，让侯景渡过。皇太子把自己所乘的马交给王质，配以精兵三千，让他援助庾信。王质走到领军府就遇见了敌军，还没有列阵就逃跑了。侯景乘胜进至宫阙之下，西丰公萧大春丢下石头城逃走，侯景派他的仪同于子悦占据。谢禧也抛弃白下城逃了。

侯景派兵百道攻城，纵火焚烧大司马、东华、西华诸城门。城中仓促间没有任何准备，便拆毁门楼，泼水浇火，很久才扑灭。贼军又砍东掖门，即将冲入，羊侃命人凿破门扇，刺杀数人，贼兵才退却。贼兵又登上东宫的墙向城内射箭。到了夜里，太子萧纲（后来的简文帝）招募人出城焚烧东宫的台阁宫殿，几乎烧尽，所收集的图书典籍数百厨，全部化为灰烬。此前太子曾梦见有人把他画成秦始皇，说"这人要再次焚书"，到此时应验了。侯景又烧城西的马厩、士林馆、太府寺。第二天，侯景又制造木驴数百，用以攻城，城上掷下石头，把木驴全都砸碎。贼兵又制造尖顶木驴，形状如彗星，石头砸不破。城上便造了雉尾炬，灌上膏油和蜡，纷纷抛下，把尖顶木驴烧毁。

贼兵不能攻克，士卒死了很多，就停止攻城，建筑长围以封锁内外。侯景又上启事，要求诛杀朱异、陆验、徐驎、周石珍等。城内也用箭射出赏格：有能斩侯景之首者，授以侯景的官位，并赏钱十万万，布、绢各一万匹，女乐两部。庄铁便奔回历阳，谎言侯景已经被枭首。侯景的守将郭骆恐惧，弃城逃往寿阳。庄铁得以入城，于是奔往寻阳。

十一月，景立萧正德为帝，即伪位，居于仪贤堂，改年曰正平。初童谣有“正平”之言，故立号以应之。识者以为正德卒当平殄也。景自为相国、天柱将军，正德以女妻之。景又攻东府城，设百尺楼车，铭城堞尽落。城陷，景使其仪同庐晖略率数千人持长刀夹城门，悉驱城内文武裸身而出，使交兵杀之，死者三千余人。南浦侯推是日遇害。景使正德子见理及晖略守东府城。

初，景至都，便唱云“武帝已晏驾”。虽城内亦以为然。简文虑人情有变，乃请上与驾巡城。上将登城，陆验谏曰：“陛下万乘之重，岂可轻脱。”因泣下。帝深感其言，乃幸大司马门。城上闻跸声皆鼓噪，军人莫不屑涕，百姓乃安。

景又于城东西各起土山以临城，城内亦作两山以应之，简文以下皆亲畚锸。初，景至便望克定建邺，号令甚明，不犯百姓。既攻不下，人心离沮，又恐援军总集，众必溃散，乃纵兵杀掠，交尸塞路。富室豪家，恣意裒剥，子女妻妾，悉入军宫。又募北人先为奴者，并令自拔，赏以不次。朱异家黥奴乃与其侪逾城投贼，景以为仪同，使至阙下以诱城内，乘马披锦袍诟曰：“朱异五十年仕宦，方得中领军。我始事侯王，已为仪同。”于是奴僮竞出，尽皆得志。

【译文】

十一月，侯景立萧正德为帝，即伪皇帝位，居住于仪贤堂，改年号为正平。开初童谣有“正平”的话，所以立年号以应验。而有识者认为“正平”预兆着“正德终当要平灭”。侯景自己担任相国、天柱将军，萧正德把女儿嫁给了他。侯景又攻打东府城，设下百尺楼车，把城堞全部钩掉。东府城陷落，侯景派他的仪同卢晖略，率领数千人，手持长刀，夹城门而立，然后把城中的文武官员裸着身体驱逐出城，让城门两侧的贼兵杀死他们，死者三千人。南浦侯萧推于这天遇害。侯景让萧正德的儿子萧见理和卢晖略守护东府城。

开初，侯景一至都城，便呼叫“武帝已经晏驾”，就是城里的人也相信了。太子担心人情有变，就请梁武帝乘车巡城。武帝将要巡城，陆验谏说：“陛下万乘之重，岂能轻率。”说着就哭起来。武帝为他的话所感动，就只临幸大司马门。城上听见警跸声，都鼓噪起来，军民无不落泪，百姓这才安定。

侯景又在城的东西两面各垒土山以临城，城内也垒起两座土山以应付，太子以下的人都亲持畚锸劳动。开初，侯景到后以为很快就会攻克建邺，所以号令严明，不触犯百姓。等到攻打不下，人心涣散，又恐怕援军会集后，自己的军队溃散，便纵兵杀掠，横尸塞路。对富室豪家，恣意剥夺，他们的子女妻妾，全部掠入兵营。他又招募北方人早先做奴仆的，让他们都自行逃出，给以超常的赏赐。朱异家的一个黥面的奴隶和他的同伴翻城投奔贼兵，侯景竟然封以仪同之官，让他到城下引诱城内的人，乘着马披着锦袍诟骂道："朱异当了五十年官，才得个中领军。我刚刚归顺侯王，就已经当了仪同。"于是奴仆们竞相出城，全都得志了。

景食石头常平仓既尽，便掠居人，尔后米一升七八万钱，人相食，有食其子者。又筑土山，不限贵贱，昼夜不息，乱加殴棰，疲羸者因杀以填山，号哭之声动天地。百姓不敢藏隐，并出从之，旬日间众至数万。

景仪同范桃棒密贪重赏，求以甲士二千人来降，以景首应购，遣文德主帅前白马游军主陈昕夜逾城入，密启言状。简文以启上，上大悦，使报桃棒，事定许封河南王，镌银券以与之。简文恐其诈，犹豫不决。上怒曰："受降常理，何忽致疑。"朱异、傅岐同请纳之。简文曰："吾即坚城自守，所望外援，外援若至，贼岂足平。今若开门以纳桃棒，桃棒之意尚且难知，一旦倾危，悔无及矣。"桃棒又曰："今止将所领五百余人，若至城门，自皆脱甲。乞朝廷赐容。事济之时，保禽侯景。"简文见其言愈疑之。朱异以手椎胸曰："今年社稷去矣。"俄而桃棒军人鲁伯和告景，并烹之。

至是，邵陵王纶率西丰公大春、新淦公大成、永安侯确、南安乡侯骏、前谯州刺史赵伯超、武州刺史萧弄璋、步兵校尉尹思合等马步三万，发自京口，直据钟山。景党大骇，咸欲逃散。分遣万余人拒战，纶大败之于爱敬寺下。

【译文】

侯景把石头城常平仓的粮食快吃光了，就开始掠夺居民，后来一升米卖到七八万钱，居民饿得人吃人，还有吃自己孩子的。侯景又为了筑土山，不论身份贵贱，昼夜不息，乱加鞭打，体弱疲惫的就杀了填进土山中，号哭之声，惊天动地。百姓不敢隐藏，都出来跟随他们，十多天的时间，众至数万人。

侯景的仪同范桃棒暗自贪图重赏，要求以甲士两千人来降，用侯景的人头应购，他派萧文德主帅前白马游军主陈昕乘夜翻城进入，秘密启奏情况。太子报告给武帝，武帝非常高兴，派人回报范桃棒，答应事成之后封他为河南王，刻银券交给了他。太子恐怕有诈，犹豫不决。武帝怒道："受降是常理，为什么突然怀疑起来！"朱异、傅岐也都建议纳降。太子说："我就只管坚城自守，所依赖的就是外援，外援如果赶到，贼兵何足平定。现在如果开门接纳范桃棒，范桃棒的意图尚且难以料知，一旦倾危，后悔也无及了。"范桃棒又派人来说："如今我只率领所部五百余人，如果到了城门，就自动脱去衣甲。请朝廷收容。事成之时，保证活捉侯景。"太子听了这话，更加起疑。朱异用手捶胸说："今年社稷完了！"不久，范桃棒的军士鲁伯和报告给侯景，侯景把他们全都烹了。

到这时，邵陵王萧纶率领西丰公萧大春、新淦公萧大成、永安侯萧确、南安乡侯萧骏、前谯州刺史赵伯超、武州刺史萧弄璋、步兵校尉尹思和等马步兵三万，自京口出发，直据钟山。侯景一伙大为惊骇，都想逃散。一万多人拒战，萧纶在爱敬寺下把他们打得大败。

景初闻纶至，惧形于色，及败军还，尤言其盛，愈恐，命具舟石头将北济。任约曰："去乡万里，走欲何之？战若不捷，君臣同死。草间乞活，约所不为。"景乃留宋子仙守壁，自将锐卒拒纶，阵于覆舟山北，与纶相持。会暮，景退还。南安侯骏率数十骑挑之，景回军，骏退。时赵伯超阵于玄武湖北，见骏退，仍率军前走。众军因乱，遂败绩。纶奔京口。贼执西丰公大春、纶司马庄丘慧达、直阁将军胡子约、广陵令霍儁等来送城下，逼令云："已禽邵陵王。"霍儁独云："王小失利，已全军还京口，城中但坚守，援军寻至。"语未卒，贼以刀伤其口，景义而释焉。正德乃收而害之。是日，鄱阳世子嗣、裴之高至后渚，结营于蔡洲。景分军屯南岸。

【译文】

侯景开始听说萧纶来到，恐惧见于形色，等到败军逃回，张扬对方的强盛，他就越发恐慌，便命人在石头城预备舟船打算北渡。任约说：“离开家乡万里，逃往何处？这仗要是打不赢，我们君臣一起死，要是草间偷活，我是不屑为此的。”侯景便留下宋子仙留守壁垒，自己亲率精兵拒战，列阵于覆舟山北，与萧纶相持。正值日暮，侯景退军。南安侯萧骏率领数十骑挑战，侯景回军，萧骏撤退。当时赵伯超列阵于玄武湖北，见萧骏撤退，就率领军队带头逃跑。众军因此大乱，于是败绩。萧纶逃回京口。贼兵生擒西丰公萧大春、萧纶的司马庄丘慧达、直阁将军胡子约、广陵令霍儁等，送到城下，逼着让他们对城上说：“已经捉住了邵陵王。”只有霍儁自己说：“邵陵王小有失利，已经全军返还京口。城中只管坚守，援军很快就会来到。”话未说完，贼兵就用刀刺伤了他的嘴。侯景钦佩，把他释放了。但萧正德竟逮捕并杀害了他。这一天，鄱阳王世子萧嗣、裴之高抵达后渚，结营于蔡洲。侯景分兵屯守南岸。

十二月，景造诸攻具及飞楼、橦车、登城车、钩堞车、阶道车、火车，并高数丈，车至二十轮，陈于阙前，百道攻城。以火车焚城东南隅大楼，因火势以攻城。城上纵火，悉焚其攻具，贼乃退。是时，景土山成，城内土山亦成。以太府卿韦黯守西土山，左卫将军柳津守东土山。山起芙蓉层楼，高四丈，饰以锦罽捍以乌笙。山峰相近，募敢死士，厚衣袍铠，名曰“僧腾客”，配二山，交稍以战。鼓叫沸腾，昏旦不息。土山攻战既苦，人不堪命，柳津命作地道，毁外山，掷雉尾炬烧其橹堞。外山崩，厌贼且尽。贼又作虾蟆车，运土石填堑，战士升之楼车，四面并至。城内飞石碎其车，贼死积于城下。贼又掘城东南角，城内作迂城形如却月以捍之，贼乃退。

材官将军宋嶷降贼，因为立计，引玄武湖水灌台城，阙前御街并为洪波矣。又烧南岸居人营寺，莫不咸尽。司州刺史柳仲礼、衡州刺史韦粲、南陵太守陈文彻、宣猛将军李孝钦等皆来赴援，鄱阳世子嗣、裴之高又济江。柳仲礼营朱雀航南，裴之高营南苑，韦粲营青塘，陈文彻、李孝钦屯丹阳郡，鄱阳世子嗣营小航南，并缘淮造栅。及旦，景方觉，乃登禅灵寺门楼以望之。见韦粲营垒未合，度兵击之，粲败，景斩粲首徇城下。柳仲礼闻粲败，不遑贯甲，与数十人赴之。遇贼，斩首数百，仍投水死者千余人。仲礼深入，马陷泥，亦被重创。自是贼不敢济岸。

【译文】

十二月，侯景制造各种攻城器具及飞楼、橦车、登城车、钩堞车、阶道车、火车，都高达数丈，一车甚至有二十个轮子，都陈列于城门之前，百道攻城。贼兵用火车焚烧城东南角的大楼，借火势以攻城。城上纵火，把贼兵攻具全部焚毁，贼兵才撤退。这时，侯景的土山已经垒成，城内的土山也垒成了。命太府卿韦黯守卫西土山，左卫将军柳津守卫东土山。山上建造芙蓉层楼，高四丈，装饰以锦罽，捍卫以乌笙（一种涂黑漆的竹席）。双方的山顶离得很近，各自招募敢死之士，穿上厚厚的袍铠，起名叫“僧腾客”，分派在两山上，用长矛交战。擂鼓呐喊，声如鼎沸，从早到晚，没个停歇。土山的攻战很苦，人们不堪忍受，柳津便命人挖地道，毁坏城外土山，抛掷雉尾炬烧毁贼军橹楼的栏堞。外山崩塌，把山上的敌兵几乎全部压死。贼军又制造了蛤蟆车，运土石填塞沟堑，战士登上楼车，可以走到城的四面。城内用飞石击碎楼车，贼兵的尸首堆满城下。贼兵又挖掘城的东南角，城内则筑形如弯月的御城以捍御，贼兵这才退却。

林官将军宋嶷投降贼军，于是为他们设计，引来玄武湖的水灌台城（侯景一直围攻的宫城），城门前的御街变成一片汪洋。贼兵又焚烧居民住宅和官府，无不化为灰烬。司州刺史柳仲礼、衡州刺史韦粲、南陵太守陈文彻、宣猛将军李孝钦等都来赴援；鄱阳王世子萧嗣、裴之高又渡过长江。柳仲礼扎营于朱雀航之南，裴之高扎营于南苑，韦粲扎营于青塘，陈文彻、李孝钦屯驻于丹阳郡城，鄱阳王世子萧嗣扎营于小航之南，都沿着淮水（秦淮河）旱建造营栅。等到天亮，侯景才发觉，就登上禅灵寺门楼了望。他见韦粲的营垒还没有合围，就派兵渡河袭击，韦粲被击败，侯景斩收粲首级于徇城下。柳仲礼听说韦粲兵败，连盔甲都顾不得披挂，与数十人前往赴援。他遇见敌兵，斩首数百，敌军投水死者还有一千多。柳仲礼深入敌阵，马陷于泥中，自己也受了重伤。从此贼军不敢渡过对岸。

邵陵王纶又与临城公大连等自东道集于南岸；荆州刺史湘东王绎遣世子方等、兼司马吴晔、天门太守樊文皎赴援，营于湘子岸前；高州刺史李迁仕、前司州刺史羊鸦仁又率兵继至。既而鄱阳世子嗣、永安侯确、羊鸦仁、李迁仁、樊文皎率众度淮，攻破贼东府城前栅，遂营于青溪水东。景遣其仪同宋子仙缘水西立栅以相拒。景食稍尽，人相食者十五六。

初，援兵至北岸，众号百万。百姓扶老携幼以候王师，绕过淮，便竞剥掠，征责金银。列营而立，互相疑贰，邵陵王纶、柳仲礼甚于谁敌，临城公大连、永安侯确逾于水火，无有关心。贼党有欲自拔者，闻之咸止。

贼之始至，城中绕得固守，平荡之事，期望援军。既而中外断绝，有羊车儿献计，作纸鸦紧以长绳，藏敕于中。简文出太极殿前，因西北风而放，冀得书达。众贼骇之，谓是厌胜之术，又射下之，其危急如此！是时城中围逼既久，胜味顿绝，简文上厨，仅有一肉之膳。军士煮弩熏鼠捕雀食之。殿堂旧多鸽群聚，至是殆焉。初，宫门之闭，公卿以食为念，男女贵贱并出负米，得四十万斛，收诸府藏钱帛五十亿万，并聚德阳堂，鱼盐樵采所取盖寡。至是乃壤尚书省为薪，撤荐锉以饲马，尽又食饣焉。御甘露厨有干苔，味酸咸，分给战士。军人屠马于殿省间鬻之，杂以人肉，食者必病。贼又置毒于水窦，于是稍行肿满之疾，城中疫死者大半。初，景之未度江，魏人遣檄，极言景反覆猜忍，又言帝饰智惊愚，将为景欺。至是祸败之状，皆如所陈，南人咸以为识。

【译文】

邵陵王萧纶又与临城公萧大连等从东道会集于长江南岸。荆州刺史、湘东王萧绎派遣世子萧方等、兼司马吴晔、天门太守樊文皎赴援，扎营于湘子岸前。高州刺史李迁仕、前司州刺史羊鸦仁又率领军队相继到来。接着鄱阳王世子萧嗣、永安侯萧确、羊鸦仁、李迁仁、樊文皎率众渡过淮水，攻破贼兵在东府城前的营栅，于是扎营于青溪水之东。侯景派遣他的仪同宋子仙沿着淮水的西岸建立营栅以相拒。侯景的食粮快要吃完，人吃人的十有五六。

开初，援兵抵达北岸，号称兵众百万。百姓们扶老携幼地盼望王师，但官军刚刚渡过淮水，就争着盘剥虏掠百姓，征收金银。他们列营而立，互相猜疑，邵陵王萧纶和柳仲礼胜似仇敌，临城公萧大连和永安侯萧确情同水火，没有对敌战斗的心思。贼党中本来有想要投诚的，听说这情况就都罢休了。

贼兵刚刚到来，城中只想固守，平灭贼军，都指望着援军了。不久都城内外消息断绝，有个羊车儿献计，造纸鸦（风筝）系以长绳把敕令藏在其中。在太极殿前，顺着西北风放飞。群贼惊骇，以为是什么厌胜之术，又把纸鸦射了下来。情况就是这样危急！此时城中围困日久，肉食顿时断绝，太子上厨，仅仅有一味肉膳。军士们煮弓弩熏老鼠，捕鸟雀为食。殿堂过去有很多鸽子群聚，到这时全被杀光了。开初宫城大门将闭的时候，公卿以食物为虑，男女贵贱都出来背米，积攒了四十万斛，聚敛了各府库的钱帛五百万万，都聚集在德阳堂，但鱼盐柴薪却没有积蓄多少。到此时，便拆毁尚书省的屋宇当柴薪，撤下草垫切碎喂马，用完以后就只能吃生粮食了。宫内的御甘露厨中有干苔菜，味酸咸，分给战士。军人宰了马在殿庭之间出卖，搀杂上人肉，吃了的人必然得病。贼兵又在水洞中放了毒药，于是渐渐流行满胀之病，城中的人病死了一大半。开初，侯景没有渡江以前，东魏人送给梁朝的檄文中，极力讲述侯景的反复无常，猜忌残忍，还说梁武帝喜好显示自己的聪明以证实别人愚昧，必将为侯景所欺骗。到这时，所有的祸乱破败之状，全如魏人所说，南朝人都把它当成了谶言。

时景军亦饥，不能复战。东城有积粟，其路为援军所断，且闻湘东王下荆州兵。彭城刘邈乃说景曰："大军顿兵已久，攻城不拔，今众军云集，未易可破。如闻军粮不支一月，运漕路绝，野无所掠，婴儿掌上，信在于今。未若乞和，全师而反。"景乃与王伟计，遣任约至城北拜表伪降，以河南自效。帝曰："吾有死而已，宁有是议。且贼凶逆多诈，此言云何可信。"既而城中日蹙，简文乃请武帝曰："侯景围逼，既无勤王之师，今欲许和，更思后计。"帝大怒曰："和不如死。"简文曰："城下之盟，乃是深耻；白刃交前，流矢不顾。"上迟回久之，曰："尔自图之，无令取笑千载。"乃听焉。

景请割江右四州地，并求宣城王大器出送，然后解围济江。仍许遣其仪同于子悦、左丞王伟入城为质。中领军傅岐议以宣城王嫡嗣之重，有轻言者请剑斩之。乃请石城公大款出送，诏许焉。遂于西华门外设坛，遣尚书仆射王克、兼侍中上甲乡韶、兼散骑常侍萧瑳与于子悦、王伟等登坛共盟。右卫将军柳津出西华门下，景出其栅门，与津遥相对，刑牲歃血。

【译文】

当时侯景的军队也很饥饿，不能再作战了。东城有积蓄的粮食，但路径被援军所截断，而且听说湘东王萧绎的荆州军队已经顺流而下了。彭城人刘邈向侯景建议说：“我军顿兵已久，攻城不能拔取，如今众援军云集于此，更是难于攻破。听说我们的军粮不够支撑一个月了，漕运的路已经断绝，田野中无粮可掠，我们此时的处境，确实如婴儿在人家的手拳之上一样。不如向他们求和，还可以全师而返。”侯景就与王伟商议，派任约到城北拜上表章，假装投降，以河南自效赎罪。武帝说：“我有一死而已，岂能有讲和之议。而且这贼凶逆多诈，他的话有什么可信的！”接着城中日益危困，太子便向武帝请示说：“侯景围逼，而我们也没有勤王的援军，我想先答应他们的求和，再考虑以后的打算。”武帝大怒，说：“请和还不如死！”太子说：“城下之盟，确是很深的耻辱，可是白刃在前，也就顾不得流矢了。”武帝犹豫了很久，说：“你自己决定吧，不要给千载以下留下笑柄。”这样就同意了和谈。

侯景要求割让江右四州之地，并要求宣城王萧大器出来相送，然后解围渡江。同时答应派遣他的仪同于子悦、左丞王伟入城做人质。中领军傅岐提议，说宣城王以嫡嗣之重，不应为人质，再有敢随意提起此事者，请以剑斩之。便建议用石城公萧大款为人质送出，武帝同意了。于是在西华门外设坛，派遣尚书仆射王克、兼侍中上甲乡侯萧韶、兼散骑常侍萧瑳和于子悦、王伟等一起登坛盟誓。右卫将军柳津出立于西华门下，侯景也出立其营栅门外，与柳津遥遥相对，宰杀牺牲，歃血为盟。

南兖州刺史南康嗣王会理、前青冀二州刺史湘潭侯退、西昌侯世子□率众三万至于马印洲，景虑北军自白下而上，断其江路，请悉勒聚南岸。敕乃遣北军并进江潭苑。景又启称：“永安侯、赵威方频隔栅诟臣，云

‘天子自与尔盟，我终当逐汝’。乞召入城，即进发。”敕并召之。景遂运东城米于石头，食乃足。又启云：“西岸信至，高澄已得寿春、钟离，便无处安足，权借广陵、谯州，须征得寿春、钟离，即以奉还朝廷。”

时荆州刺史湘东王绎师于武成，河东王誉次巴陵，前信州刺史桂阳王慥顿江津，并未之进。既而有敕班师。湘东王欲旋，中记室参军萧贲曰：“景以人臣举兵向阙，今若放兵，未及度江，童子能斩之，必不为也。大王以十万之师，未见贼而退，若何！”湘东王不悦。贲，骨鲠士也，每恨湘东不入援。尝与王双六，食子未下，贲曰：“殿下都无下意。”王深为憾，遂因事害之。

景既知援军号令不一，终无勤王之效，又闻城中死疾转多，当有应之者。既却湘东王等兵，又得东城之米，王伟且说景曰：“王以人臣举兵背叛，围守宫阙，已盈十旬。逼辱妃主，陵秽宗庙，今日持此，何处容身？愿且观变。”景然之，乃表陈武帝十失。三年三月丙辰朔，城内于太极殿前设坛，使兼太宰、尚书仆射王克等告天地神祇，以景违盟，举烽鼓噪。初，城围之日，男女十余万，贯甲者三万，至是疾疫且尽，守埤者止二三千人，并悉羸懦。横尸满路，无人埋瘗，臭气熏数里，烂汁满沟洫。于是羊鸦仁、柳仲礼、鄱阳世子嗣进军于东府城北，栅垒未立，为景将宋子仙所败，送首级于阙下。景又遣于子悦乞和，城内遣御史中丞沈浚至景所。景无去意，浚因责之，景大怒，既决石阙前水，百道攻城，昼夜不息。

【译文】

南兖州刺史南康嗣王萧会理，前青、冀二州刺史湘潭侯萧退，西昌侯世子萧□，率兵三万抵达马印洲。侯景顾虑这些北来的军队会从白下沿江而上，断绝他的渡江之路，便向朝廷要求把北军全部都部勒聚集于南岸。朝廷就调遣北军都进驻江潭苑。侯景又启奏说：“永安侯和赵威方常常隔着营栅诟骂我，说‘天子自己与你盟誓，我终究要把你赶出去’。请把他们召入城内，我就出发。”朝廷就把他们全召入城。侯景便把东府城的粮米运往石头城，军粮立刻充足了。于是他又启奏说：“西岸来了消息，说高澄已经得了寿春、钟离，我就失去了立足之地。请暂借广陵、谯州，等到我夺回寿春、钟离，就把它还给朝廷。”

当时荆州刺史、湘东王萧绎率军于武成，河东王萧誉师次于巴陵，前信州刺史、桂阳王萧慥顿兵于江津，但都不再前进。接着朝廷敕令他们班师撤走。湘东王萧绎想回去，中记室参军萧贲说：“侯景以人臣兴兵攻打宫阙，现在如果撤军，不等他渡江，就是个孩子也能把他杀了，所以他一定不会撤走。大王以十万之师，还没有见到走兵就撤退，这算什么！”湘东王很不高兴。萧贲是个骨鲠刚直的人，常怨恨湘东王不入援。他曾经和湘东王玩双陆，湘东王持子不下，萧贲一语双关地说：“殿下一点儿下（沿江而下）的意思都没有。”湘东王恨透了，便找了个借口杀害了他。

侯景既已知道援军号令不一，到底也不会有勤王的功效，又听说城中死病的人越来越多，一定会有为自己做内应的。他既已哄退了湘东王的军队，又得到了东府城的粮米，王伟就说服侯景道：“大王以人臣举兵背叛，围攻宫阙，已经超过百日，逼辱王妃公主，侵凌宗庙，如今带着这些罪过，何处可以容身？希望先观察一下事态的变化再说。”侯景觉得有理，便上表陈述梁武帝的十条过失。太清三年三月丙辰朔，城内在太极殿前设坛，派兼太宰、尚书仆射王克等启告天地神祇，因为侯景背叛盟誓，点燃烽火，擂鼓呐喊。开初，台城被围的时候，有男女人口十多万，披甲之士有三万，到这时因疾病都快死光了，守城的只有两三千人，还都是些病弱无力的人。城中横尸满路，没有人掩埋，臭气熏腾数里，腐烂的尸水流满了沟洫。于是羊鸦仁、柳仲礼、鄱阳王世子萧嗣进军于东府城北，营垒还未及建立，就被侯景的部将宋子仙击败，送首级于宫阙之下。侯景又派遣于子悦求和，城内派遣御史中丞沈浚到侯景处。侯景没有撤走的意思，沈浚于是指责他，侯景大怒，就决开石阙前的水，百道攻城，昼夜不息。

丁卯，邵陵王世子坚帐内白昙朗、董勋华于城西北楼纳贼。五鼓，贼四面飞梯，众悉上。永安侯确与其兄坚力战不能却，乃还见文德殿言状。须臾，景乃先使王伟、仪同陈庆入殿陈谢曰：“臣既与高氏有隙，所以归投，每启不蒙为奏，所以入朝。而奸佞惧诛，深见推拒，连兵多日，罪合万诛。”武帝曰：“景今何在？可召来。”景入朝，以甲士五百人自卫，带剑升殿。拜讫，帝神色不变，使引向三公榻坐，谓曰："卿在戎日久，无乃为劳。"景默然。又问："卿何州人？而来至此。"又不对。其从者任约代对。又问："初度江有几人？"景曰："千人。""围台城有几人？"曰："十万。""今有几人？"曰："率土之内，莫非己有。"帝免首不言。景出，谓其厢公王僧贵曰："吾常据鞍对敌，矢刃交下，而意了无怖。今见萧公，使人自慑，岂非天威难犯。吾不可以再见之。"出见简文于永福省，简文坐与相见，亦无惧色。

初，简文《寒夕》诗云："雪花无有蒂，冰镜不安台。"又《咏月》云："飞轮了无辙，明镜不安台。"后人以为诗谶：谓无蒂者，是无帝；不安台者，台城不安；轮无辙者，以邵陵名纶，空有赴援名也。

既而景屯兵西州，使伪仪同陈庆以甲防太极殿，悉卤掠乘与服玩、后宫嫔妾，收王侯朝士送永福省，撤二宫侍卫。使王伟守武德殿，于子悦屯太极东堂。矫诏大赦，自为大都督、都督中外诸军事、录尚书事，其侍中、使持节、大丞相、王如故。

【译文】

丁卯日，邵陵王世子萧坚的属下白昙朗、董勋华，在城西北门楼放进贼兵。五更时，贼兵四面架起云梯，纷纷上城。永安侯萧确和他的兄长萧坚奋力作战，不能退敌，便返回文德殿汇报情况。须臾，侯景先派王伟、仪同陈庆入殿陈述说："臣既与高氏有了裂痕，所以归投朝廷，每次启事都不被奏闻，所以入朝。而奸佞害怕被诛戮，极力抗拒，连兵多日，臣罪该万死。"武帝说："侯景现在何处，可以让他进来。"侯景入朝，以五百名甲士自卫，带剑上殿。叩拜完毕，武帝神色不变，让人把他领到三公的座位上坐下，对他说："卿打了很多天仗，岂不太劳苦。"侯景默然不语。武帝又问："卿是哪个州的人，却来到此地？"侯景还是不说话，他的随从任约代替他回答了。武帝又问："你开始渡江时有多少人？"侯景说："一千人。""围台城的有多少人？""十万。""现在有多少人？"侯景道："普天之下，没有不是我的人了。"武帝低头不言了。侯景走出，对他的厢公王僧贵说："我经常骑马对敌，刀箭齐下，从来未曾恐惧过。如今见了萧公，使人不由得害怕，岂非是天威难犯吗？我不能再见他了。”侯景出来后见太子于永福省，太子坐着与他相见，也是面无惧色。

开初，太子写了首《寒夕》诗，道：“雪花无有蒂，冰镜不安台。”又有《咏月》诗道：“飞轮了无辙，明镜不安台。”后人认为这是“诗谶”：说“无蒂”，是“没有皇帝”；“不安台”，是说台城不安；“轮无辙”，因为邵陵王名纶，空有赴援之名也。

接着侯景屯兵于西州，派伪仪同陈庆以甲士防卫太极殿，把乘舆服玩和后宫的嫔妃全部掠走，逮捕王侯朝臣送交永福省，撤去两宫（指武帝和太子）的侍卫。派王伟把守武德殿，于子悦屯驻太极东堂。矫诏大赦，自封为大都督、都督中外诸军事、隶尚书事，其侍中、使持节、大丞相、王如故。

先是，城中积尸不暇埋瘗，又有已死未敛，或将死未绝，景悉令聚而焚之，臭气闻十余里。尚书外兵郎鲍正疾笃，贼曳出焚之，宛转火中，久而方绝。景又矫诏征镇牧守各复本位，于是诸军并散。降萧正德为侍中、大司马，百官皆复其职。

帝虽外迹不屈，而意犹忿愤，景欲以宋子仙为司空，帝曰：“调和阴阳，岂在此物！”景又请以文德主帅邓仲为城门校尉，帝曰：“不置此官。”简文重入奏。帝怒曰：“谁令汝来！”景闻亦不敢逼。后每征求，多不称旨，至于御膳亦被裁抑。遂怀忧愤，五月，感疾馁，崩于文德殿。景秘不发丧，权殡于昭阳殿，自外文武咸莫之知。二十余日，然后升梓宫于太极前殿，迎简文即位。及葬修陵，使卫士以大钉于要地钉之，欲令后世绝灭。矫诏赦北人为奴婢者，冀收其力用焉。时东扬州刺史临城公大连据州，吴兴太守张嵊据郡，自南陵以上并各据守。景制命所行，唯吴郡以西、南陵以北而已。

六月，景乃杀萧正德于永福省，封元罗为西秦王，元景袭为陈留王，诸元子弟封王者十余人。以柳仲礼为使持节、大都督，隶大丞相，参戎事。

十一月，百济使至，见城邑丘墟，于端门外号泣，行路见者莫不洒泣。景闻大怒，收小庄严寺，禁不听出入。

【译文】

先是，城中累积的尸首没有时间葬埋，还有已经死了没有入殓，或者将死还没有断气的，侯景命令全部敛聚起来焚烧掉，臭气远闻十余里外。尚书外兵郎鲍正病重，贼兵曳出去焚烧，宛转于火中，很久才断气。侯景又矫诏令各勤王兵镇牧守都撤回原位，于是所有的援军全都解散了。把萧正德降位为侍中、大司马，百官都各复原职。

武帝虽然表面上不屈，但心里很是愤懑。侯景想以宋子仙为司空，武帝说："调和阴阳，岂能由这种东西！"侯景又建议用萧文德的主帅邓仲为城门校尉，武帝说："我不设置这官。"太子重新入奏，武帝怒道："谁让你来的！"侯景听说了也不敢强逼。后来武帝每有需求，大多不能满足，甚至御膳也被裁减。于是武帝心怀忧愤，到五月，他得了疾病，逝世于文德殿。侯景隐秘起来不发丧，暂且殡殓于昭阳殿，外面的文武官员都不知道。过了二十多天以后，才把棺木抬到太极前殿，迎太子即位（梁简文帝）。等到葬于修陵时，侯景让卫士把要害的地方都用大钉子钉上，想让他后嗣灭绝。矫诏赦免北方人当奴婢者为自由人，希冀能利用他们。当时东扬州刺史临城公萧大连占据本州，吴兴太守张嵊据有本郡，从南陵以西都各据所守。侯景命令所行只是吴郡以西、南陵以北而已。

六月，侯景便杀死萧正德于永福省，封元罗为西秦王，元景袭为陈留王，元氏子弟封王的有十几人。以柳仲礼为使持节、大都督，隶属大丞相，参戎事。

十一月，百济使者来到，见城邑化为一片废墟，在端门外号哭，看到的行路之人无不落泪。侯景听说了，大怒，把使者逮捕关押在小庄严寺，禁闭不许出入。

大宝元年正月，景矫诏自加班剑四十人，给前后部羽葆、鼓吹，置左右长史、从事中郎四人。三月甲申，景请简文禊宴于乐游苑，帐饮三日。其逆尝咸以妻子自随，皇太子以下，并令马射，箭中者赏以金钱。翌日向晨，简文还宫。景拜伏苦请，简文不从。及发，景即与溧阳主共据御状南面并坐，群臣文武列坐侍宴。

四月辛卯，景又召简文幸西州，简文御素辇，侍卫四百余人。景众数千浴铁翼卫。简文至西州，景等逆拜。上冠下屋白纱帽，服白布裙襦。景服紫紬褶，上加金带，与其伪仪同陈庆、索超世等西向坐。溧阳主与其母范淑妃东向坐。上闻丝竹，凄然下泣。景起谢曰："陛下何不乐？"上为笑曰："丞相言索超世闻此以为何声？"景曰："臣且不知，岂独超世。"上乃命景起舞，景即下席应弦而歌。上顾命淑妃，淑妃固辞乃止。景又上礼，遂逼上起舞。酒阑坐散，上抱景于床曰："我念丞相。"景曰："陛下如不念臣，臣何至此。"上索筌蹄，曰："我为公讲。"命景离席，使其唱经。景问超世何经最小，超世曰："唯观世音小。"景即唱"尔时无尽意菩萨"。上大笑，夜乃罢。

【译文】

大宝元年正月，侯景矫诏给自己增加班剑四十人，前后部羽葆、鼓吹，设置左右长史、从事中郎四人。三月甲申，侯景请简文帝参加在乐游苑的禊宴（古代于三月三日饮宴于野外水边，称禊饮或禊宴），设帐蓬饮宴三日。这天，侯景的党羽都带着妻子儿子，让皇太子以下都骑马射箭，射中者赏以金钱。第二天早晨，简文帝就要回宫。侯景拜伏在地上，苦请他留下，简文帝不答应。等到简文帝出发，侯景就和溧阳公主（简文帝之女，为侯景所娶）并排朝南坐在御床上，文武群臣列坐侍宴。

四月辛卯日，侯景又召简文帝临幸西州，简文帝乘坐素辇，侍卫四百余人。侯景则由身披铁甲的数千部下护卫。简文帝到达西州，侯景等迎拜。简文帝头戴下屋白纱帽，身穿白布裙襦。侯景则身穿紫绸褶，上面还加上金带，和他的伪仪同陈庆、索超世等面西而坐。溧阳公主和她的母亲范淑妃面东而坐。简文帝听到奏起了丝竹，凄然落泪。侯景起身问道："陛下为什么不高兴？"简文帝强笑道："丞相说说索超世知道这是什么音乐？"侯景说："我尚且不知道，岂止索超世呢！"简文帝便让侯景起舞，侯景当即离座应和着音乐唱起歌来。简文帝回头吩咐淑妃起舞，淑妃极力推辞才作罢。侯景又上前行礼，便逼简文帝起舞。酒喝到尽兴散席，简文帝在床上抱着侯景说："我想念丞相呀！"侯景说："陛下如果不想念臣，臣怎么会来到这里呢？"简文帝索要筌蹄（当时讲经时手持的一种近似拂尘类的东西），说：“我要为您讲经。”命侯景离开座席，让他唱经。侯景问索超世什么经最短，索超世说：“只有《观世音经》最短。”侯景便唱“尔时无尽意菩萨”。简文帝大笑，到夜里才罢宴。

时江南大饥，江、扬弥甚，旱蝗相系，年谷不登，百姓流亡，死者涂地。父子携手共入江湖，或弟兄相要俱缘山岳，芰实荇花，所在皆罄，草根木叶，为之凋残。虽假命须臾，亦终死山泽。其绝粒久者，鸟面鹄形，俯伏床帷。不出户牖者，莫不衣罗绮，怀金玉，交相枕藉，待命听终。于是千里绝烟，人迹罕见，白骨成聚，如丘陇焉。而景虐于用刑，酷忍无道，于石头立大舂碓，有犯法者捣杀之。东阳人李瞻起兵，为贼所执，送诣建邺。景先出之市中，断其手足，刻析心腹，破出肝肠。瞻正色整容，言笑自若，见其胆者乃如升焉。又禁人偶语，不许大酺，有犯则刑及外族。其官人任兼阃外者位必行台，入附凶徒者并称开府，其亲寄隆重则号曰左右厢公，勇力兼人名为库真部督。

七月，景又矫诏自进位相国，封泰山等二十郡为汉王。入朝不趋，赞拜不名，剑履上殿，依汉萧何故事。十月，景又矫诏自加宇宙大将军、都督六合诸军事。以诏文呈简文。简文大惊曰：“将军乃有宇宙之号乎？”初，武帝既崩，景立简文，升重云殿礼佛为盟曰：“臣乞自今两无疑贰，臣固不负陛下，陛下亦不得负臣。”及南康王会理之事，景稍猜惧，谓简文欲谋之。王伟因构扇，遂怀逆谋矣。

【译文】

当时江南大饥荒，江州、扬州最严重，旱灾和蝗灾相连，五谷不登，百姓流亡，死者遍地。或者父子携手进入江湖之中，或者兄弟相邀钻进深山之内，菱芰荇花，所在精光，草叶木根，采掘殆尽。他们虽然苟延片刻，但终究要死于山泽。那些断绝食粮很久的，都瘦得鸟面鹄形，只是俯伏在床榻上。那些不肯出门逃生的，无不穿上绫罗，怀抱着金玉，互相枕藉着，等待死亡。于是千里断绝烟火，人迹罕见，白骨堆聚，如同丘垄。而侯景用刑酷虐，残忍无道，他在石头城设了一套很大的舂碓，有犯法的就用石碓捣死。东阳人李瞻起兵反抗，为贼兵所擒，送至建邺。侯景先把他带到市中，砍掉手足，剖开肚腹，剜出肝肠。李瞻面不改容，谈笑自若，看到他的胆的都说有升那样大。侯景还禁止人们在一起说话，不许聚饮，有违犯者刑及母族、妻族。他的官员凡是职兼外郡的官位必是行台，在朝附逆的全叫开府，他的亲信显贵的号为左右厢公，勇力超人的名为库真都督（原文为库真部督，误）。

七月，侯景又矫诏把自己进位为相国，封泰山等二十郡，为汉王。入朝时不趋步，赞拜时不呼名字，佩剑着履上殿，依照汉时萧何的故事。十月，侯景又矫诏给自己加号为宇宙大将军、都督六合诸军事。他把诏文呈送给简文帝过目，简文帝大惊，说："将军竟有宇宙的称号吗！"开初，梁武帝死去之后，侯景扶立简文帝，登上重云殿立誓说："臣希望从今以后双方各不猜疑，臣固然不会对不起陛下，陛下也不要对不起为臣。"等到南康王萧会理的事发生（大宝元年十一月，南康王会理集众千余人，准备起兵诛杀王伟，为建安侯萧贲告密，被杀），侯景开始疑惧，认为简文帝想图谋自己。王伟乘机煽动，于是侯景就心怀弑逆之谋了。

二年正月，景以王克为太宰，宋子仙为太保，元罗为太傅，郭元建为太尉，张化仁为司徒，任约为司空，于庆为太师，纥奚斤为太子太傅，时灵护为太子太保，王伟为尚书左仆射，索超世为右仆射。于大航跨水筑城，名曰捍国。

四月，景遣宋子仙袭陷郢州刺史方诸。景乘胜西上，号二十万，联旗千里，江左以来，水军之盛未有也。元帝闻之，谓御史中丞宗懔曰："贼若分守巴陵，鼓行西上，荆、郢殆危，此上策也。身顿长沙，徇地零、桂，运粮以至洞庭，湘、郢非吾有，此中策也。拥众江口，连攻巴陵，锐气尽于坚城，士卒饥于半菽，此下策也，吾安枕而卧，无所多忧。"及次巴陵，王僧辩沉船卧鼓，若将已遁。景遂围城。元帝遣平北将军胡僧佑与居士陆法和大破之，禽其将任约，景乃夜遁还都。左右有泣者，景命斩之。王僧辩乃东下，自是众军所至皆捷。先是，景每出师，戒诸将曰："若破城邑，净杀却，使天下知吾威名。"故诸将以杀人为戏笑，百姓虽死不从之。

【译文】

大宝二年正月，侯景以王克为太宰，宋子仙为太保，元罗为太傅，郭元建为太尉，张化仁为司徒，任约为司空，于庆为太师，纥奚斤为太子太傅，时灵护为太子太保，王伟为尚书左仆射，索超世为右仆射。于大航跨水筑城，起名叫“捍国”。

四月，侯景派遣宋子仙袭取郢州刺史方诸。侯景乘胜西上，号称二十万众，旗帜相连千里，江南从来没有过如此盛大的水军。梁元帝（湘东王萧绎，次年十一月方即位，为孝元帝）闻讯，对御史中丞宗懔说：“贼兵如果分兵镇守巴陵，然后主力鼓行西上，荆、郢二州就危殆了，这是他们的上策。如果他们把主力停顿在长沙，分兵徇地零、桂阳，运粮到洞庭，则湘、郢二州非我所有，这是他们的中策。如果拥众于汉江口，连兵攻打巴陵，则锐气耗尽于坚城之下，士卒饥困于半饱之中，这是他们的下策，我们就可以高枕而卧，没有多少忧虑了。”及至侯景进军巴陵，王僧辩把船沉没，鼓声销歇，好像已经逃遁了。侯景便包围了巴陵。元帝派遣平北将军胡僧佑与居士陆法和大破侯景，生擒其将任约，侯景便乘夜逃回都城。左右有哭泣的，侯景就命人斩杀。王僧辩率兵东下，从此诸军所向则胜。此前，侯景每次出兵，都告诫诸将说：“如果攻破城池，就把人都杀死，让天下知道我的威名。”所以诸将把杀人当成儿戏，百姓宁死也不肯归顺他们。

是月，景乃废简文，幽于永福省，迎豫章王栋即皇帝位，升太极前殿，大赦，改元为天正元年。有回风自永福省吹其文物皆倒折，见者莫不惊骇。初，景既平建邺，便有篡夺志，以四方须定，故未自立。既而巴陵失律，江、郢丧师，猛将外残，雄心内沮，便欲速僭大号。又王伟云：“自古移鼎必须废立。”故景从之。其太尉郭元建闻之，自秦郡驰还谏曰：“主上仁明，何得废之？”景曰：“王伟劝吾。”元建固陈不可，景意遂回，欲复帝位，以栋为太孙。王伟固执不可，乃禅位于栋。景以哀太子妃赐郭元建，元建曰：“岂有皇太子妃而降为人妾。”竟不与相见。景司空刘神茂、仪同尹思合、刘归义、王晔、桑干王元颙等据东阳归顺。

十一月，景矫萧栋诏，自加九锡，汉国置丞相以下百官，陈备物于庭。忽有鸟似山鹊翔于景册书上，赤足丹嘴，都下左右所无。贼徒悉骇，竞射之，不能中。景又矫栋诏，追崇其祖为大将军，父为大丞相，自加冕十有二旒，建天子旌旗，出警入跸，乘金根车，驾六马，备五时副车，置旄头云罕，乐舞八佾，钟簴宫悬之乐，一如旧仪。寻又矫萧栋诏禅位，使伪太宰王克奉玺绂于己。先夕，景宿大庄严寺，即南郊，柴燎于天，升坛受禅，大风拔木，旗盖尽偃，文物并失旧仪。既唱警跸，识者以为名景而言警跸，非久祥也。景闻恶之，改为备跸，人又曰，备于此便毕矣。有司乃奏改云永跸。乃以广柳车载鼓吹，橐驼负牺牲，辇上置垂脚坐焉。景所带剑水精标无故堕落，手自拾取，甚恶之。将登坛，有兔自前而走，俄失所在。又白虹贯日三重，日青无色。还将登太极殿，丑徒数万同共吹唇唱吼而上。及升御装，床脚自陷。大赦，改元为太始元年。方飨群臣，中会而起，触扆坠地。封萧栋为淮阴王，幽之。改梁律为汉律，改左户尚书为殿中尚书，五兵尚书为七兵尚书，直殿主帅为直寝。

【译文】

这个月，侯景便废黜了简文帝，把他幽禁在永福省，迎立豫章王萧栋即皇帝位，登上太极前殿，大赦，改年号为天正元年。有旋风起于永福省，把仪仗礼器都吹得或倒或折，见到的无不惊骇。开初，侯景攻破建邺之后，就有篡夺皇位的打算，因为四方尚须平定，所以才没有自立为帝。接着巴陵败绩，江、郢丧师，猛将被歼于外，雄心受挫于内，就想赶快僭称帝号。又有王伟进言说："自古夺取江山，必须先行废立。"所以侯景便照着做了。他的太尉郭元建闻讯，立即由秦郡驰马回朝，谏道："皇上宽仁明达，为什么废黜了他？"侯景说："是王伟劝我这样做的。"郭元建极力陈述不可，侯景便改了主意，想恢复简文帝的帝位，以萧栋为太孙。王伟坚持认为不行，便让简文帝禅位于萧栋。侯景把哀太子（宣城王萧大器，简文帝立为皇太子，不久被侯景杀死）的妃子赐给郭元建，郭元建说："哪里有皇太子的妃子降为别人姬妾的！"始终不与她相见。侯景的司空刘神茂、仪同尹思和、刘归义、王晔、桑干王元頵等据东阳郡投降了梁元帝。

十一月，侯景矫萧栋之诏，为自己加九锡，汉国置丞相以下百官，陈设礼器于庭中。忽然有只像山鹊似的鸟飞落在侯景的册书上，它生的赤足红嘴，都城附近都没有这种鸟。贼党都很惊骇，争着射箭，都没有射中。侯景又矫萧栋之诏，追封自己的祖父为大将军，父亲为大丞相，给自己的冠冕增加到十二旒，设置天子旌旗，出警入跸，乘坐金根车，驾六马，备置五时的副车，置旄头云罕，乐舞八佾，以及簴架悬钟等乐器，一如旧时之仪。不久又矫萧栋之诏禅位，派伪太宰王克奉献天子的玉玺绶绂给自己。前一天的夜里，侯景宿于大庄严寺，从那里前往南郊，燎柴告天，升坛受禅，大风吹拔树木，旗伞全被吹倒，礼器都错离位置。等到喊起"警跸"，有识者认为他名字叫"景"而说"警跸"，是不会久长的兆头（跸、毙、毕谐音）。侯景听了很腻歪，就改为"备跸"，人们又说："备齐于此就完毕了。"有司便奏请改为"永跸"。就用广柳车载着鼓吹，用骆驼驮着牺牲，辇上放个垂脚（一种坐具）让侯景坐上。侯景佩剑的水晶饰物无故自己坠落，他亲手拾起来，心里很是腻歪。将要登坛了，有只兔子从前面跑过，忽然不知所在。又有白虹贯日，日光青暗无色。返还时准备登上太极殿，数万徒党打着呼哨，吼叫着一哄而上。及至坐上御床，床腿自己陷塌。大赦，改元为太始元年。正在宴飨群臣，他中途站起，头触屏风，坠倒在地。封萧栋为淮阴王，幽禁起来。改梁律为汉律，改左户尚书为殿中尚书，五兵尚书为七兵尚书，直殿主帅为直寝。

景三公之官，动置十数，仪同尤多。或匹马孤行，自执羁绁。以宋子仙、郭元建、张化仁、任约为佐命元功，并加三公之位：王伟、索超世为谋主；于子悦、彭（（亻隽））主击断；陈庆、吕季略、庐晖略、于和、史安和为爪牙；斯皆尤毒于百姓者。其余王伯丑、任延和等复有数十人。梁人而为景用者，则故将军赵伯超、前制局监姬石珍、内监严亶、邵陵王记室伏知命，此四人尽心竭力者。若太宰王克、太傅元罗、侍中殷不害、太常姬弘正等虽官尊，止从人望，非腹心任也。景祖名乙羽周，及篡以周为庙讳，故改周弘正、石珍姓姬焉。

王伟请立七庙，景曰："何谓七庙？"伟曰："天子祭七世祖考，故置七庙。"并请七世讳，敕太常具祭祀之礼。景曰："前世吾不复忆，唯阿爷名标，且在朔州，伊那得来噉是。”众闻咸笑之。景尝有知景祖名乙羽周者，自外悉是王伟制其名位。以汉司徒侯霸为始祖，晋征士侯瑾为七世祖。于是推尊其祖周为大丞相，父标为元皇帝。

于时景修饰台城及朱雀、宣阳等门，童谣曰：“的脰鸟，拂朱雀，还与吴。”又曰：“脱青袍，著芒屩，荆州天子挺应著。”时都下王侯蔗姓五等庙树，咸见残毁，唯文宣太后庙四周柏树独郁茂。及景篡，修南郊路，伪都官尚书吕季略说景令伐此树以立三桥。始斫南面十余株，再宿悉抪生，便长数尺。时既冬月，翠茂若春。贼乃大惊恶之，使悉斫杀。识者以为昔僵柳起于上林，乃表汉宣之兴，今庙树重青，必彰陕西之瑞。又景床东边香炉无故堕地，景呼东西南北皆谓为厢，景曰：“此东厢香炉那忽下地。”议者以为湘东军下之征。

【译文】

侯景的三公一级的官，动辄设置十多人，仪同尤其多，有的只是一人乘马独行，自己执着辔头。因宋子仙、郭元建、张化仁、任约为佐命元勋，都加以三公之位；王伟、索超世为谋主；于子悦、彭隽主持监察官员；陈庆、吕季略、卢晖略、于和、史安和为爪牙；这些都是对百姓特别狠毒的。其余还有王伯丑、任延和等数十人。梁朝的官员而为侯景所用的，则是故将军赵伯超、前制局监姬石珍、内监严亶、邵陵王的记室伏知命，这四人均是尽心竭力的。像太宰王克、太傅元罗、侍中殷不害、太常姬弘正等人官位虽然尊崇，只是顺从人望，并不是腹心之任。侯景的祖父名叫乙羽周，等到他篡位后就把“周”当成庙讳，所以把周弘正、周石珍都改姓为姬。

王伟提议建立七庙，侯景说：“什么叫七庙？”王伟说：“天子要祭祀七代的祖先，所以要建立七庙。”并询问他七代祖宗的名讳，敕命太常准备祭祀之礼。侯景说：“前代的名讳我记不得了，只有我爹名叫标，而且他在朔州，怎么能跑那么远来吃祭品？”众人听了都讪笑他。侯景的党徒有知道他祖父的名字叫乙羽周的，此外都是王伟编造的牌位。以汉朝的司徒侯霸为始祖，晋朝的征士侯瑾为七世祖。于是推尊其祖父乙羽周为大丞相，父亲侯标为元皇帝。

当时侯景整修台城和朱雀、宣阳等城门，童谣说："的胒乌，拂朱雀，还与吴。"又说："脱青袍，著芒屩，荆州天子挺应著。"这时都城下王侯庶姓的五等宗庙及树木，都被残毁，只有文宣太后庙（梁武帝妃阮修容，湘东王即梁元帝萧绎之母）四周的柏树独茂盛。及至侯景篡位，整修南郊祭天的道路，伪都官吕季略建议侯景砍伐此树以建造三桥。刚刚砍了南面的十几棵，经过一夜就都长出的新枝条，一下子就长了几尺长。当时正是冬天，青翠茂盛，宛如春天。贼众于是大惊，觉得不祥，就把树全部砍伐掉。有识者认为，往昔僵死的柳树复生于上林苑，是预示着汉宣帝的兴起，如今庙树重青，一定是湘东王的瑞应。另外，侯景床东侧的香炉无故堕地，侯景称呼东西南北都叫厢，他说："这东厢的香炉怎么忽然下来了！"议论的人说这是湘东王沿江而下的征兆。

十二月，谢答仁、李庆等军至建德，攻元頵、李占栅，大破之。执頵、占送京口，截其手足徇之，经日乃死。

景二年，谢答仁攻东阳，刘神茂降，以送建康，景为大锉碓，先进其脚，寸寸斩之，至头方止。使众观之以示威。

王僧辩军至芜湖，城主宵遁。侯子鉴率步骑万余人度州，并引水军俱进。僧辩逆击，大破之。景闻之大惧涕下，覆面引衾卧，良久方起，叹曰："咄叱！咄叱！误杀乃公。"

初，景之为丞相，居于西州，将帅谋臣，朝必集行列门外，谓之牙门。以次引进，赉以酒食，言笑谈论，善恶必同。及篡，恒坐内不出，旧将稀见面，咸有怨心。至是登烽火楼望西师，看一人以为十人，大惧。僧辩及诸将遂于石头城西步上，连营立栅，至于落星墩。景大恐，遣掘王僧辩父墓，剖棺焚其尸。王僧辩等进营于石头城北，景列阵挑战，僧辩大破之。

【译文】

十二月，侯景部将谢答仁、李庆等军抵达建德，攻打元頵、李占的营栅，大破之。生擒元頵、李占，送往京口，截断他们的手足示众，过了一天才死。

侯景二年，谢答仁攻打东阳，刘神茂投降，送往建康。侯景用大锉碓，先进其脚，一寸一寸地碓斩，到头方止。让众人观看以示威。

王僧辩的军队进至芜湖，守城官员趁夜逃遁。侯景部将侯子鉴率领步骑一万余人经过此州，并引领水军并进。王僧辩迎击，大破之。侯景闻讯，大为惊惧，流下了眼泪，拉过被子蒙头而卧，很久才起来，叹道："咄！咄！你算把我给耽误了！"

开初，侯景担任丞相，居住在西州，他的将帅谋士，早晨必须集合排列在门外，称为牙门。他按次序把他们召进，赏给酒食，说笑谈论，对什么事的态度都完全一样。等到他篡位以后，常常坐在里面不出来，旧时的部属很少能见面的，就都产生了怨恨之心。到此时，登上烽火楼向西望去，见一个敌兵就以为十个，大为恐惧。王僧辩和诸将便在石头城西步上，连营扎寨，一直到落星墩。侯景害怕极了，派人挖掘王僧辩父亲的坟墓，打开棺材，焚烧了尸首。王僧辩等进扎于石头城北，侯景列阵挑战，王僧辩大破之。

景既退败，不敢入宫，敛其散兵屯于阙下，遂将逃。王伟按剑揽辔谏曰："自古岂有叛天子！今宫中卫士尚足一战，宁可便走。"景曰："我在北打贺拔胜，败葛荣，扬名河朔，与高王一种人。来南直度大江，取台城如反掌，打邵陵王于北山，破柳仲礼于南岸，皆乃所亲见。今日之事，恐是天亡。乃好守城，当复一决。"仰观石阙，逡巡叹息久之。乃以皮囊盛二子挂马鞍，与其仪同田迁、范希荣等百余骑东奔。王伟遂委台城窜逸。侯子鉴等奔广陵。王克开台城门引裴之横入官，纵兵蹂掠。是夜遗烬烧太极殿及东西堂、延阁、秘署皆尽，羽仪辇辂莫有孑遗。王僧辩命武州刺史杜崱救火，仅而得灭。故武德、五明、重云殿及门下、中书、尚书省得免。

僧辩迎简文梓宫升于朝堂，三军缟素，踊于哀次。命侯瑱、裴之横追贼于东，焚伪神主于宣阳门，作神主于太庙，收图书八万卷归江陵。杜崱守台城，都下户口百遗一二，大航南岸极目无烟。老小相扶竞出，才度淮，王琳、杜龛军人掠之，甚于寇贼，号叫闻于石头。僧辩谓为有变，登城问故，亦不禁也。佥以王师之酷，甚于侯景，君子以是知僧辩之不终。

【译文】

侯景败退之后，不敢进入宫殿，收聚其散兵屯驻阙下，准备逃跑。王伟按剑拉住他的马辔说：“自古哪里有叛逃的天子！如今宫中的卫士还足可一战，哪能就逃！”侯景说：“我在北方打败贺拔胜，击败葛荣，扬名于河北，与高王爷是一类人。来到南方，直渡长江，取台城易如反掌。打邵陵王于北山，破柳仲礼于南岸，都是你亲眼所见。今天的事，恐怕是天意要灭亡我。你好好守城，当再决一战。”他仰观石阙，徘徊叹息了很久。便用皮囊装上他的两个儿子挂到马鞍上，和他的仪同田迁、范希荣等百余骑向东奔逃。王伟便也抛弃台城逃窜了。侯子鉴等奔往广陵。王克打开台城城门领裴之横入宫，纵兵蹂躏抢掠。这天夜里，留下的残火把太极殿和东西堂、延阁、秘署烧得精光，仪仗车辇莫有孑遗。王僧辩命令武州刺史杜崱救火，勉强救灭。所以武德殿、五明殿、重云殿和门下省、中书省、尚书省得以保全。

王僧辩迎简文帝的棺木登于朝堂，三军穿上缟素，捶胸顿足以示哀悼。命侯瑱、裴之横追贼兵于东方，焚烧伪宗庙的牌位于宣阳门，造梁诸帝牌位立于太庙，收聚图书八万卷送归江陵。杜崱镇守台城，都下的户口百余一二，从大航南岸极目望去，没有人烟。老幼争相扶携而出，刚刚渡过秦淮河，王琳、杜龛的士兵就对他们抢掠起来，比贼寇还凶恶，号叫之声，直传到石头城。王僧辩以为发生了兵变，登城问清缘故，也不加禁止。都认为王师的残酷，胜过了侯景，君子以此知道王僧辩是得不到善终了。

初，景之图台城，援军三十万，兵士望青袍则气消胆夺。及赤亭之役，胡僧佑以羸卒一千破任约精甲二万，转战而东，前无横阵。既而侯瑱追及，景众未阵，皆举幡乞降。景不能制，乃与腹心人数十单舸走，推堕二子于水，自沪渎入海至胡豆洲，前太子舍人羊鲲杀之，送于王僧辩。

景长不满七尺，长上短下，眉目足采秀，广头高颧，色赤少鬓，低视屡顾，声散，识者曰：“此谓豺狼之声，故能食人，亦当为人所食。”既南奔，魏相高澄悉命先剥景妻子面皮，以大铁镬盛油煎杀之。女以入宫为婢，男三岁者并下蚕室。后齐文宣梦猕猴坐御床，乃并煮景子于镬，其子之在北者殆焉。

景性猜忍，好杀戮，恒以手刃为戏。方食，斩人于前，言笑自若，口不辍食。或先断手足，割舌劓鼻，经日乃杀之。自篡立后，时著白纱帽，而尚披青袍，头插象牙梳，床上常设胡床及筌蹄，著靴垂脚坐。或肢户限，或走马遨游，弹射鸦鸟。自为天子，王伟不许轻出，于是郁怏，更成失志，曰："吾无事为帝，与受摈不殊！"及闻义师转近，猜忌弥深，床前兰骑自远，然后见客。每登武帝所常幸殿，若有芒刺在身，恒闻叱咄者。又处宴居殿，一夜惊起，若有物扣其心。自是凡武帝所常居处，并不敢处，多在昭阳殿廊下。所居殿屋，常有鸺鹠鸟鸣呼，景恶之，每使人穷山野捕鸟。景所乘白马，每战将胜，辄踯躅嘶鸣，意气骏逸；其有奔衄，必低头不前。及石头之役，精神沮丧，卧不肯动。景使左右拜请，或加棰策，终不肯进。始景左足上有肉瘤，状似龟，战应克捷，瘤则隐起分明；如不胜，瘤则低。至景败日，瘤隐陷肉中。

【译文】

开初，侯景围攻台城的时候，援军有三十万，士兵们望见青袍（侯景士兵穿青色战袍）就气消胆落。等到赤亭之战，胡僧佑以弱卒一千击破任约的二万精兵，转战而东，没遇到过敢于列阵的敌兵。等到侯瑱追及侯景，侯景的士兵还没有列阵，就都举旗求降。侯景不能制止，便与数十名心腹乘坐一条船逃走。他把两个儿子推入水里，从沪渎入海到了胡豆洲，被前太子舍人羊鲲杀死，送交王僧辩。

侯景身高不足七尺，上长下短，眉目疏朗，宽额头，高颧骨，面色发红，鬓发稀疏，眼睛下视，好频频看人，嗓音发散。有识者说："这叫作豺狼之声，所以他能吃人，也终究被人所吃。"他南奔以后，东魏丞相高澄命人先把侯景妻子、儿子的脸皮全剥下，然后用大铁锅盛油煎杀。他的女儿都入宫为宫婢，男孩三岁以下都阉割。后来北齐文宣帝（高洋，高澄之弟）梦见猕猴坐在御床上，就连侯景的幼儿也用锅煮了，他在北方的子息全绝灭了。

侯景生性猜疑残忍，好杀戮，常常把亲手杀人当游戏。他正在吃饭的时候，杀人于面前，他谈笑自若，口不停食。有时他先割下人的手足，然后再割舌头、鼻子，折磨一整天才最后处死。自从他篡位以后，时常戴着白纱帽，但还披着青袍，头上插着象牙梳子，床上常摆着胡床和筌蹄，穿着靴子垂脚坐着。有时他踩着门坎，有时他走马遨游，弹射鸦鸟。自从他当了天子，王伟不许他随便出去，于是他郁郁怏怏，反而成了不自在，说："我没事做什么皇帝，和被摈弃没什么两样！"等到听说义军开始接近，猜忌得更厉害了，必须把兵器架绕满床前，然后才肯见客。每次登上梁武帝常临幸的大殿，他都好像有芒刺在身，常常好像听见有咄斥的声音。还有他睡在宴居殿，有一夜突然惊起，好像有什么东西扣在他心口上。从此凡是武帝所常居处的地方，他都不敢居住，大多都住在昭阳殿的廊下。他所居住的殿屋，时常有夜猫子鸣叫，侯景很是厌恶，常派人跑遍山野去捕鸟。侯景所乘坐的白马，每次打仗将要取胜的时候，就跳跃嘶鸣，意气骏逸；而遇上败仗，必然低头不肯前进。及至石头城之役，这马精神沮丧，卧地不肯动弹。侯景让左右拜请它，甚至加以鞭策，它始终不肯前进。开始侯景左脚上有个肉瘤，形状好像乌龟，打仗如果克捷，瘤子就轮廓分明，如果不胜，就软垂下来。到侯景败亡的那天，瘤子隐陷在肉中。

天监中，沙门释宝志曰："掘尾狗子自发狂，当死未死啮人伤，须臾之间自灭亡，起自汝阴死三湘。"又曰："山家小儿果攘臂，太极殿前作虎视。"狗子，景小字，山家小儿，猴状。景遂覆陷都邑，毒害皇家。起自悬瓠，即昔之汝南。巴陵有地名三湘，景奔败处。其言皆验。景常谓人曰："侯字人边作主，下作人，此明是人主也。"台城既陷，武帝当语人曰："侯景必得为帝，但不久耳。破'侯景'字成'小人百日天子'，为帝当得百日。"案景以辛未年十一月十九日篡位，壬申年三月十九日败，得一百二十日。而景以三月一日便往姑孰，计在宫殿足满十旬，其言竟验。又大同中，太医令朱耽尝直禁省，无何梦犬羊各一在御坐，觉而告人曰："犬羊非佳物也，今据御座，将有变乎！"既而天子蒙尘，景登正殿焉。

【译文】

梁武帝天监年间，沙门释宝志说：“掘尾狗子自发狂，当死未死啮人伤，须臾之间自灭亡，起自汝阴死三湘。”还说：“山家小儿果攘臂，太极殿前作虎视。”狗子，是侯景的小名；山家小儿，就是猴子的模样。侯景沦陷都城，毒害皇家。他起自悬瓠，即古代的汝南。巴陵有个地方名叫三湘，是侯景败逃之处。这话都应验了。侯景常对人说：“‘侯’字是‘人’字旁一个‘主’字，下面是个‘人’字，分明是‘人主’呀。”台城陷没之后，梁武帝曾经对人说：“侯景必然要当皇帝，只是不长久而已。破开‘侯景’二字，成‘小人百日天子’，他当皇帝应有一百天。”按侯景以辛未年十一月十九日篡位，壬申年三月十九日败亡，得一百二十天。而侯景在三月一日就前往姑孰，算起来在宫殿整够十旬，这话终究应验了。还有梁武帝大同年间，太医令朱耽曾经在宫内值勤，没有多久就梦见狗和羊各一只在御座上，醒来告诉人说：“狗和羊都不是好东西，如今占据御座，莫非要有事变吗！”接着天子蒙尘，侯景登上了正殿。

及景将败，有僧通道人者，意性若狂，饮酒敢肉，不异凡等。世间游行已数十载，姓名乡里，人莫能知。初言隐伏，久乃方验。人并呼为闍梨。景甚信敬之。景尝于后堂与其徒共射，时僧通在坐，夺景弓射景阳山，大呼云“得奴已”。景后又宴集其党，又召僧通。僧通取肉揾盐以进景，问曰：“好不？”景答：“所恨大咸。”僧通曰：“不咸则烂。”及景死，僧辩截其二手送齐文宣，传首江陵，果以盐五斗置腹中，送于建康，暴之于市。百姓争取屠脍羹食皆尽，并溧阳主亦预食例。景焚骨扬灰，曾罹其祸者，乃以灰和酒饮之。首至江陵，元帝命枭于市三日，然后煮而漆之，以付武库。先是江陵谣言：“苦竹町，市南有好井。荆州军，杀侯景。”及景首至，元帝付谘议参军李季长宅，宅东即苦竹町也。既加鼎镬，即用市南井水焉。景仪同谢答仁、行台赵伯超降于侯瑱，生禽贼行台田迁、仪同房世贵、蔡寿乐、领军王伯丑。凶党悉平，斩房世贵于建康市，余党送江陵。初，郭元建以有礼于皇太子妃，将降，侯子鉴曰：“此小惠也，不足自全。”乃奔齐。

【译文】

在侯景将要失败的时候，有个叫僧通的和尚，精神好像有些癫狂，喝酒吃肉，与俗人无异。他在世间游荡了几十年，谁都不晓得他的姓名乡里。他说的话开始觉得很隐晦，过了很久才应验。人们都叫他阇梨。侯景对他极为敬重虔信。侯景曾经和他的党徒在后堂一起射箭，当时僧通在座，夺过侯景的弓射景阳山，大呼道："得奴已！"侯景后来与其党会宴，又召请僧通。僧通取肉蘸盐进给侯景，问："好不好？"侯景说："只恨太咸。"僧通说："不咸就烂了。"等到侯景死了，王僧辩截下他的两只手送给北齐文宣帝，把首级送往江陵，果然把五斗盐放进侯景的肚子里，送往建康，暴尸于市。百姓们争着割取侯景的肉做成脍羹来吃，一下子就割得精光，连溧阳公主都跟着吃他的肉。侯景对人焚骨扬灰，曾受过他祸害的人，就把他的骨灰调到酒里喝掉。他的首级送到江陵，元帝命枭于市中三日，然后煮熟上漆，交付武库收藏。此前江陵有童谣说："苦竹町，市南有好井。荆州军，杀侯景。"等到侯景的首级送到，元帝交送咨议参军李季长的宅子中，宅子的东面就是苦竹町。到了煮它的时候，用的就是市南的井水。侯景的仪同谢答仁、行台赵伯超投降于侯瑱。其行台田迁、仪同房世贵、蔡寿乐、领军王伯丑，都被生擒。凶党全部荡平，斩房世贵于建康市中，其余的党徒送往江陵。开初，郭元建因为对皇太子妃有礼，准备投降，侯子鉴说："这不过是小惠，不足以保全自己。"于是他就奔往北齐了。

〔北史〕

齐本纪上

齐高祖神武皇帝姓高氏，讳欢，字贺六浑，勃海蓨人也。六世祖隐，晋玄菟太守。隐生庆，庆生泰，泰生湖，三世仕慕容氏。及慕容宝败，国乱，湖率众归魏，为右将军。湖生四子。第三子谧，仕魏，位至侍御史，坐法徙居怀朔镇。谧生皇考树生，性通率，不事家业，住居白道南，数有赤光紫气之异，邻人以为怪，劝徙居以避之。皇考曰："安知非吉？"居之自若。

及神武生而皇妣韩氏殂，养于同产姊婿镇狱队尉景家。神武既累世北边，故习其俗，遂同鲜卑。长而深沈有大度，轻财重士，为豪侠所宗。目有精光，长头高权，齿白如玉，少有人杰表。家贫，及娉武明皇后，始有马，得给镇为队主。镇将辽西段长常奇神武貌，谓曰："君有康济才，终不徒然。"便以子孙为托。及贵，追赠长司空，擢其子宁而用之。

神武自队主转为函使。尝乘驿过建兴，云雾昼晦，雷声随之，半日乃绝，若有神应者。每行道路，往来无风尘之色。又尝梦履众星而行，觉而内喜。为函使六年，每至洛阳，给令史麻祥使。祥尝以肉啖神武，神武性不立食，坐而进之，祥以为慢己，笞神武四十。

【译文】

齐高祖神武皇帝，姓高，名欢，字贺六浑，是勃海郡县地方的人。六世祖高隐，曾任晋朝的玄菟太守。高隐生高庆、高庆生高泰、高泰生高湖，这三代都在慕容氏建立的前、后燕国做官。到了后燕皇帝慕容宝被北魏军队所击败，国中大乱，高湖就率领一批部众归顺了北魏，并出任右将军的官职。高湖一共生了四个儿子。第三个儿子高谧，在北魏做官，做到了侍御史，后来因为犯法被治罪，流放到北边的怀朔镇居住。高谧生了高欢的父亲高树生。高树生性情豁达粗率，不从事振兴家庭产业的活动。

定居在白道南面，那里屡次出现红光、紫气这一类的怪现象，邻居们都觉得很惊讶，劝他搬家躲避。高树生说：“你们怎么知道这不会是好的征兆呢？”照旧居住在那里。

到高欢生下来的时候，他的母亲韩氏就去世了，于是把他寄养在同母的姐夫在镇狱队做事的尉景家中。由于家里已经有好几代定居在北边，所以到高欢这一代已经完全浸染了当地的风俗习惯，言行举止都同鲜卑人一样了。高欢长大以后，性情深沉，度量宽广，不惜钱财结交朋友，为豪强、侠士所推崇。他目光炯炯有神，长脸盘、高颧骨，牙齿洁白如玉，从小就有非凡的相貌。家里很穷，直到娶了后来被追谥为武明皇后的娄氏，才有了马匹，因而能够到镇上找一个队主的差使。镇将辽西人段长经常觉得高欢相貌非凡，对他说：“你有安国兴邦的才能，终究不会这样下去的。”于是就嘱托他照顾好自己的子孙。到了高欢发迹以后，追赠段长为司空，并提拔了其子段宁，加以重用。

高欢后来由队主升为函使。曾经因公事乘驿传外出路过建兴，白天里突然云雾大集，就像黑夜一样，还有雷声随着隆隆不断，整整半天过后才恢复正常，好像有神灵操纵一般。他每次外出办事，来来去去，都没有疲倦的神态。又有一次梦见脚踩着群星行走，醒来后心里暗自高兴。共当了六年函使，每次到洛阳，都在令史麻祥手下当差。有一次麻祥拿肉给高欢吃，高欢没有站着吃东西的习惯，就坐下来进食。麻祥认为这是对自己不敬，就打了高欢四十板子。

及自洛阳还，倾产以结客。视故怪问之，答曰：“吾至洛阳，宿卫羽林相率焚领军张彝宅，朝廷惧其乱而不问，为政若此，事可知也。财物岂可常守邪？”自是乃有澄清天下之志。与怀朔省事云中司马子如及秀容人刘贵、中山人贾显智为奔走之友，怀朔户曹史孙腾、外兵史侯景亦相友结。刘贵尝得一白鹰，与神武及尉景、蔡俊、子如、贾显智等猎于沃野，见一赤兔，每搏辄逸，遂至迥泽。泽中有茅屋，将奔入，有狗自屋中出噬之，鹰兔俱死。神武怒，以鸣镝射之，狗毙。屋中乃有二人出，持神武襟甚急。其母两目盲，曳杖，呵其二子，曰：“何故触大家！”出瓮中酒，烹羊以待客。因自言善暗相，遍扪诸人，言皆贵，而指麾俱由神武。又曰："子如历位显，智不善终。"饮竟，出行数里，还更访之，则本无人居，乃向非人也。由是诸人益加敬异。

孝昌元年，柔玄镇人杜洛周反于上谷，神武乃与同志从之。丑其行事，私与尉景、段荣、蔡俊图之，不果而逃，为其骑所追。文襄及魏永熙后皆幼，武明后于牛上抱负之。文襄屡落牛，神武弯弓将射之以决去，后呼荣求救，赖荣透下取之以免。遂奔葛荣，又亡归尔朱荣于秀容。

【译文】

高欢最后一次从洛阳回来，就大量破费家产，结纳天下的豪客。亲戚朋友们感到奇怪，问他原因。高欢回答说："我到了洛阳，恰好碰上宿卫的羽林军纠集在一起焚烧了领军张彝的住宅，朝廷害怕他们作乱，不加追究。政事到了这样的地步，以后的状况可想而知，财物这东西难道能够死守一辈子吗？"从此高欢就立下了澄清天下的大志。高欢与怀朔的省事云中人司马子如，以及秀容人刘贵、中山人贾显智结为能奔走相助的朋友，另外怀朔镇的户曹史孙腾，外兵史侯景也和他们交结在一起。有一次刘贵弄到一头白鹰，就与高欢、尉景、蔡俊、司马子如、贾显智等人一同到沃野镇打猎。见到一只红色的兔子，白鹰每次去扑它，都被它逃脱了，于是追到一片大的沼泽地中。沼泽中央有一间草屋，兔子正要蹿进去，屋中跑出一只狗来咬它，连兔子带鹰都被咬死了。高欢大怒，用响箭一箭射去，把狗射死。于是屋里出来两个人，紧抓住高欢的衣襟不放。他们的母亲双目失明，拖着拐杖走出来，呵斥她的两个儿子说："为什么触犯这位大人物！"说着抱出了一坛酒，又煮羊肉招待客人。这位老妇人自称能不用眼看就可以相面，她把几个人一一摸了一遍，说他们日后都会富贵，而且都将服从高欢的指挥。又说："司马子如经历的官位最显达，贾显智得不到善终。"喝完了酒，一群人出来走了几里，又返回去再次探访，结果那里本来就没有人烟房屋，才明白刚才见到的都不是凡间的人。从此几人对高欢更加尊敬仰慕。

北魏孝明帝孝昌元年，柔玄镇人杜洛周在上谷造反，高欢就和那些志趣相投的人一起去投奔他。后又看不惯杜洛周的所作所为，就暗中与尉景、段荣、蔡俊图谋搞掉他。但事情没有成功，只好仓皇逃走，被杜洛周的骑兵紧追不舍。当时高欢的长子，即后来被追谥为齐文襄帝的高澄，以及后来成为北魏孝武帝皇后的女儿年纪都还很小，高欢的妻子娄氏骑在牛背上，紧紧地抱着他们。高澄几次从牛背上掉下来，高欢弯弓搭箭，打算射死他，以便专心逃命。娄氏呼叫段荣，求他救命。幸亏段荣从马上跳下来救起高澄，才使他免于一死。于是一行人去投奔与杜洛周同时造反的葛荣，不久又跑到秀容去转投契胡酋长尔朱荣。

先是刘贵事荣，盛言神武美，至是始得见。以憔悴故，未之奇也。贵乃为神武更衣，复求见焉。因随荣之厩，厩有恶马，荣命剪之，神武乃不加羁绊而剪，竟不蹄啮。已而起曰："御恶人亦如此马矣。"荣遂坐神武于床下，屏左右而访时事。神武曰："闻公有马十二谷，色别为群，将此竟何用也？"荣曰："但言尔意。"神武曰："方今天子愚弱，太后淫乱，孽宠擅命，朝政不行。以明公雄武，乘时奋发，讨郑俨、徐纥而清帝侧，霸业可举鞭而成。此贺六浑之意也。"荣大悦，语自日中至夜半乃出。自是每参军谋。

后从荣徙据并州，抵扬州邑人庞苍鹰，止团焦中。每从外归，主人遥闻行响动地。苍鹰母数见团焦上赤气赫然属天。又苍鹰尝夜欲入，有青衣人拔刀叱曰："何故触王？"言讫不见。始以为异，密觇之，唯见赤蛇蟠床上，乃益惊异，因杀牛分肉，厚以相奉。苍鹰母求以神武为义子。及得志，以其宅为第，号为南宅。虽门巷开广，堂宇崇丽，其本所住团焦，以石垩涂之，留而不毁。至文宣时，遂为宫。

【译文】

在此以前刘贵已经投奔了尔朱荣，曾在尔朱荣面前极力赞扬高欢的才能。直到这时，尔朱荣才见到高欢。由于高欢长途奔波，形容憔悴，尔朱荣并没看出他有什么出众的地方。于是刘贵为高欢换了一套新衣服，再次求见。见过之后高欢就跟着尔朱荣到了马圈，圈中有一匹顽劣的马，尔朱荣命令高欢为它剪毛。高欢不用绳索辔头捆马，就直接为它剪了毛，那马居然也没有踹咬他。高欢剪完之后，起身对尔朱荣说："驾驭坏人，也就和驾驭这匹马一样。"于是尔朱荣就把高欢带入卧室，让他坐在床边，命令左右侍从回避，向高欢咨询访问天下大势。高欢说："听说您的马匹有十二山谷，按颜色分为大群放牧，要这些马究竟准备做什么呢？"尔朱荣说："尽管讲你的想法吧。”高欢说：“现在的天子愚昧孱弱，太后淫乱，得宠的小人专权发号施令，朝政不上轨道。凭着明公您的雄才勇略，抓住这个机会奋发而起，讨伐小人郑俨、徐纥以清君侧，一举马鞭就可以建立霸业。这就是我贺六浑的想法。”尔朱荣听了大为高兴，一直从中午交谈到半夜，高欢才从卧室出来。自此以后尔朱荣经常让高欢参与军事机密的策划。

后来高欢随同尔朱荣迁徙部落，占领了并州，去访问扬州人庞苍鹰，住在一个圆形的草屋里面。每次高欢从外边回来，主人都远远地听见动地的脚步声。庞苍鹰的母亲还几次看见草屋上有一道红气，赫然直冲天空。又有一次庞苍鹰半夜里想进入草屋，看见一个穿青衣的人拔出刀来呵斥说：“为什么惊动大王？”说完突然就不见了。庞苍鹰这才觉得事情很奇怪，暗中向草屋里偷看，发现一条红色的蛇盘踞在床上，更觉得惊讶奇特，于是杀牛割肉，对高欢厚加款待。庞苍鹰的母亲请求高欢做她的义子。到了高欢显贵以后，就把庞家作为自己的府第，称为南宅。虽然屋门和小巷都加以扩建，堂厅庭院修饰华丽，但高欢最初住过的圆形草屋，只用石灰粉刷了一遍，保存下来未加拆毁。到高欢的次子高洋建立了北齐，又把这个地方作为行宫。

既而荣以神武为亲信都督。于时魏明帝衔郑俨、徐纥，逼灵太后，未敢制，私使荣举兵内向。荣以神武为前锋。至上党，明帝又私诏停之。及帝暴崩，荣遂入洛。因将篡位，神武谏恐不听，请铸像卜之，铸不成，乃止。孝庄帝立，以定策勋，封铜鞮伯。及尔朱荣击葛荣，令神武喻下贼别称王者七人。后与行台于晖破羊侃于太山。寻与元天穆破邢杲于济南。累迁第三镇人酋长。

尝在荣帐内，荣尝问左右曰：“一日无我，谁可主军？”皆称尔朱兆。荣曰：“此正可统三千骑以还。堪代我主众者，唯贺六浑耳。”因诫兆曰：“尔非其匹，终当为其穿鼻。”乃以神武为晋州刺史。于是大聚敛，因刘贵货荣下要人，尽得其意。时州库角无故自鸣，神武异之，无几而孝庄诛荣。

【译文】

不久尔朱荣让高欢做他的亲信都督。正值当时魏孝明帝痛恨郑俨、徐纥专权，碍于灵太后胡氏的面子和势力，不敢加以控制，就暗中命令尔朱荣发兵开往京城。尔朱荣委派高欢为前锋。军队开到上党，孝明帝又暗中下诏命令停止前进。到了孝明帝暴卒以后，尔朱荣就统兵开入洛阳，并想趁这个机会篡取皇位，高欢意图劝阻，怕尔朱荣不听，就请求用铸铜像的办法来占卜吉凶。铜像没有铸成，尔朱荣只好中止了篡位的计划。魏孝庄帝即位后，高欢因为有参与定策拥戴的功劳，受封为铜鞮伯。尔朱荣发兵讨伐葛荣，命令高欢去谕降小股起义军中单独称王的七个人。后来随同行台于晖在太山大破羊侃的军队，不久又跟从元天穆在济南击败邢杲。积累战功，升为第三镇民酋长。

有一次高欢坐在尔朱荣的牙帐内，尔朱荣问左右的人说："一旦我不在了，谁能够统率全军？"大家都说尔朱荣的侄子尔朱兆可以承担此任。尔朱荣说："尔朱兆最多只能统领三千骑兵。真正能代替我主掌全军的，只有贺六浑一个人。"因而告诫尔朱兆说："你不能和高欢相比，最终一定要受他驱使。"于是委任高欢为晋州刺史。高欢到任后大肆搜刮财物，通过刘贵贿赂尔朱荣手下的当权要人，都讨得他们的欢心。当时州中仓库的号角无缘无故就自己响了起来，高欢暗地感到奇怪。过了不久孝庄帝就杀掉了尔朱荣。

及尔朱兆自晋阳将举兵赴洛，召神武，神武使长史孙腾辞以绛蜀、汾胡欲反，不可委去，兆恨焉。腾复命，神武曰："兆举兵犯上，此大贼也，吾不能久事之。"自是始有图兆计。及兆入洛，执庄帝以北，神武闻之大惊，又使孙腾伪贺兆，因密觇孝庄所在，将劫以举义，不果。乃以书喻之，言不宜执天子以受恶名于海内。兆不纳，杀帝而与尔朱世隆等立长广王晔，改元建明，封神武为平阳郡公。

及费也头纥豆陵步藩入秀容，逼晋阳，兆征神武。神武将往，贺拔焉过儿请缓行以弊之。神武乃往往逗留，辞以河无桥，不得渡。步藩军盛，兆败走。初，孝庄之诛尔朱荣，知其党必有逆谋，乃密敕步藩，令袭其后。步藩既败兆等，以兵势日盛，兆又请救于神武。神武内图兆，复虑步藩后之难除，乃与兆悉力破之，藩死。兆深德神武，誓为兄弟。时世隆、度律、彦伯共执朝政，天光据关右，兆据并州，仲远据东郡，各拥兵为暴，天下苦之。

【译文】

到尔朱兆从晋阳准备发兵夺赴洛阳的时候，派人征召高欢。高欢派长史孙腾复命，推辞说绛蜀、汾胡等部族图谋作乱，不能丢下这里随同入洛。尔朱兆怀恨在心。孙腾回来报告情况，高欢说："尔朱兆擅自兴兵、犯上作乱，是国家的大奸贼，我不能长久侍奉他。"从此开始有了图谋反对尔朱兆的计划。等到尔朱兆进入洛阳，俘虏了孝庄帝北还，高欢听说以后大为震惊，又派孙腾前去假装向尔朱兆称贺，趁机暗中探访孝庄帝被拘禁的地方，打算劫持孝庄帝，发动反对尔朱兆的义举，但没有成功。于是高欢就写信劝尔朱兆，认为不应该关押天子，使天下蒙受坏名声。尔朱兆不听，杀害了孝庄帝，又与尔朱世隆等人共同拥立长广王元晔为皇帝，改元建明，加封高欢为平阳郡公。

此后费也头部落的纥豆陵步藩出兵占领秀容，逼近晋阳。尔朱兆征调高欢前来救援。高欢准备出发，部下贺拔焉过儿请求故意迟缓行动，这样就对尔朱兆不利。高欢于是一再找原因逗留不进，推辞说河上没有桥，军队渡不过去。纥豆陵步藩的军队力量强大，尔朱兆败走。起初，魏孝庄帝杀掉尔朱荣时，知道他的党羽肯定要有造反的计划，就暗中命令纥豆陵步藩，让他在尔朱氏军队的背后发动袭击。到纥豆陵步藩打败了尔朱兆后，军队势力日益强盛。尔朱兆再一次向高欢请求救援。高欢正在暗中图谋对付尔朱兆，又考虑到纥豆陵步藩以后也不好消灭，于是就同尔朱兆合兵，同心协力打败了纥豆陵步藩的军队，纥豆陵步藩死于阵中。尔朱兆非常感激高欢，与他订立誓约，结拜为兄弟。当时尔朱家族的尔朱世隆、尔朱度律、尔朱彦伯在洛阳共同执掌朝政，尔朱天光占据关西地区，尔朱兆占据并州，尔朱仲远占据东郡，各自拥有重兵，实行暴政，天下百姓痛苦不堪。

葛荣众流入并、肆者二十余万，为契胡陵暴，皆不聊生，大小二十六反，诛夷者半，犹草窃不止。兆患之，问计于神武。神武曰："六镇反残，不可尽杀，宜选王素腹心者，私使统焉，若有犯者，罪其帅，则所罪者寡。"兆曰："善！谁可行也？"贺拔允时在坐，请神武。神武拳殴之，折其一齿，曰："生平天柱时，奴辈伏处分如鹰犬，今日天下安置在王，而阿鞠泥敢诬下罔上，请杀之。”兆以神武为诚，遂以委焉。神武以兆醉，恐醒后或致疑贰，遂出，宣言“受委统州镇兵，可集汾东受令”。乃建牙阳曲川，陈部分。有款军门者，绛巾袍，自称梗杨驿子，愿厕左右。访之，则以力闻，尝于并州市搤杀人者，乃署为亲信。兵士素恶兆而乐神武，于是莫不皆至。

居无何，又使刘贵请兆，以并、肆频岁霜旱，降户掘黄鼠而食之，皆面无谷色，徒污人国土。请令就食山东，待温饱而处分之。兆从其议。其长史慕容绍宗谏曰：“不可，今四方扰扰，人怀异望，况高公雄略，又握大兵，将不可为。”兆曰：“香火重誓，何所虑邪？”绍宗曰：“亲兄弟尚难信，何论香火！”时兆左右已受神武金，因谮绍宗与神武旧隙，兆乃禁绍宗而催神武发。

【译文】

葛荣的余部流落进入并州、肆州的有二十几万人，被当地的契胡人欺压侮辱，都感到无法生存，大小共造反二十六次，被杀掉了将近一半，但小规模的盗窃仍然不断。尔朱兆为此十分头疼，向高欢征询计策。高欢说：“这些人都是六镇造反部队的残余，不可能全部杀掉，应该选派大王的一位心腹之人，委托他去统领他们。如果有人犯法，就惩罚他的主帅。这样就用不着惩罚很多人。”尔朱兆说：“好主意！谁能去承担这个任务呢？”贺拔允当时正在座参与计议，请求派高欢前往。高欢一拳打去，打掉了贺拔允的一颗牙齿，骂道：“过去天柱大将军（译者按：即尔朱荣）在世的时候，你们这班奴才听他号令，就像鹰犬一样唯唯诺诺。现在天下大事都由大王处分，而你贺拔阿鞠泥胆敢欺下罔上，请大王把他杀掉。”尔朱兆觉得高欢十分忠诚，最终就委派他承担此任。高欢看到尔朱兆已经喝醉了，怕他酒醒后又产生猜疑，就出来宣布说：“我已经受委派统领六镇残余部队，这些人可以在汾河东面集合，等待命令。”于是就到阳曲川建立了牙帐，统一整编部署军队。有一个在军营门口求见的人，穿戴着红色的头巾和袍子，自称是梗阳地方管理驿传人的儿子，愿在高欢左右出力。经查访，此人以力大闻名，曾经在并州的闹市上把人掐死。于是高欢选拔他作为自己的亲信侍从。六镇兵士一贯厌恶尔朱兆，乐意接受高欢统领，听到命令，无不纷纷赶到。

过了不久，高欢又派刘贵向尔朱兆报告，说并州、肆州一带连年遭受霜冻和旱灾，六镇的降户竟有的挖掘黄鼠来吃，全都面有菜色，白白地糟踏了这块土地。希望让这些人到太行山以东找饭吃，使他们得到温饱，然后再加以调遣使用。尔朱兆同意了这个计划。他的长史慕容绍宗进谏说："不行，现在天下纷乱不已，人们各怀打算，况且高欢此人富有雄才大略，而且又手握重兵，以后局面将控制不住了。"尔朱兆说："我们结拜为兄弟，立过重誓，有什么可担心的！"慕容绍宗说："现在亲生兄弟也不能完全信任，何况是结拜兄弟！"当时尔朱兆的左右侍从都已经受了高欢的金钱贿赂，于是就挑拨说因为慕容绍宗过去同高欢关系不好。尔朱兆就把慕容绍宗关押起来，并催促高欢赶快出发。

神武乃自晋阳出滏口。路逢尔朱荣妻乡郡长公主自洛阳来，马三百匹，尽夺易之。兆闻，乃释绍宗而问焉。绍宗曰："犹掌握中物也。"于是自追神武，至襄垣。会漳水暴长，桥坏，神武隔水拜曰："所以借公主马，非有他故，备山东盗耳。王受公主言，自来赐追，今渡河而死，不辞，此众便叛。"兆自陈无此意，因轻马渡，与神武坐幕下，陈谢，遂授刀引头，使神武斫己。神武大哭，曰："自天柱薨背，贺六浑更何所仰！愿大家千万岁，以申力用。今旁人构间至此，大家何忍复出此言？"兆投刀于地，遂刑白马而盟，誓为兄弟，留宿夜饮。尉景伏壮士欲执兆，神武啮臂止之，曰："今杀之，其党必奔归聚结。兵饥马瘦，不可相支。若英雄崛起，则为害滋甚。不如且置之。兆虽劲捷，而凶狡无谋，不足图也。"旦日，兆归营，又召神武，神武将上马诣之，孙腾牵衣乃止。兆隔水肆骂，驰还晋阳。兆心腹念贤领降户家累别为营，神武伪与之善，观其佩刀，因取之以杀其从者，尽散。于是士众咸悦，倍愿附从。

初，魏真君中，内学者奏言上党有天子气，云在壶关大王山。太武帝于是南巡以厌当之，累石为三封，斩其北凤皇山以毁其形。后上党人居晋阳者号上党坊，神武实居之。及是行，舍大王山，六旬而进。将出滏口，倍加约束，纤毫之物，不听侵犯。将过麦地，神武辄步牵马。远近闻之，皆称高仪同将兵整肃，益归心焉。遂前行屯邺北，求粮于相州刺史刘诞，诞不供。有军营租米，神武自取之。

【译文】

高欢于是从晋阳出滏口。路上碰到尔朱荣的妻子乡郡长公主从洛阳来，驱赶着三百匹马，高欢把三百匹马全抢了过来。尔朱兆听说此事，就释放了慕容绍宗，问他该怎么办。慕容绍宗说："高欢不过是掌中之物，可赶快去追擒回来。"于是尔朱兆亲自率兵追赶高欢，一直追到襄垣。恰好漳河水猛涨，渡桥被冲坏了。高欢隔着河向尔朱兆下拜，说："我之所以暂借公主的马匹，并没有别的原因，只是为了防备太行山以东的盗贼。大王听了公主的陈诉，亲自屈驾前来追赶，我现在就渡过河来甘愿受死，但这些部队就会因此而叛变。"尔朱兆也表明自己并没有捉拿高欢问罪的意图，并且轻装骑马渡过漳河，与高欢一同坐在帐篷下，向高欢道歉，又给他一把刀，伸直脖颈，让高欢把自己砍死。高欢大哭起来，说："自从天柱大将军过世，我贺六浑还能指望谁呢？只希望大王您千秋万岁，我好为大王效力。现在别人挑拨我们的关系到了这种程度，大王您怎么还忍心说这样的话呢？"尔朱兆感动得把刀扔在地上，于是就杀了一匹白马，再次缔结兄弟的盟誓。尔朱兆还留宿在高欢的营地，夜里继续饮酒。尉景在外面埋伏了一批壮士，想趁机擒获尔朱兆。高欢咬臂出血，竭力阻止，说："现在把尔朱兆干掉，他的党羽一定会回去聚到一起。而我们将士饥饿，战马瘦弱，无法同他们抗衡。如果再有英雄豪杰趁机举事，那样造成的乱子就更大了。不如暂时放过他。尔朱兆虽然勇力过人，但凶狠粗暴没有谋略，不难对付。"第二天早上，尔朱兆回到自己的营地，又召请高欢过河去会面。高欢准备上马前往，孙腾拉着衣服苦谏，就没有去。尔朱兆隔着漳河大骂了一通，就率众奔回晋阳。尔朱兆的心腹念贤率领着一部分降户及其家口单独驻扎为一个营地，高欢假装与他友好，观看他的佩刀，因而趁机拿刀杀掉了他的随从，其余的人作鸟兽散。于是军士们都十分振奋，更加愿意跟着高欢。

起初，北魏太平真君年间，官内的学者上奏说上党一带有天子气，具体地点在壶关大王山。魏太武帝于是就从平城南巡，来镇遏这股天子气。到达之后，堆积石头建了三个祭坛祭天，又挖掉了北面的凤凰山，毁坏地貌。后来晋阳城中的上党人居住地区叫上党坊，高欢就在那里住过。到这次东进，又通过大王山行军，共走了六十天。部队就要走出滏口的时候，高欢下令对军士严加管束，民间一丝一毫的小东西都不准侵犯。部队将要穿过麦地，高欢亲自牵马步行。远近的老百姓听说此事，都赞扬高欢统兵严明有纪律，对他更加仰慕归心。于是高欢率军继续前进，屯扎在邺城的北面，向相州刺史刘诞要粮食，刘诞不予供应。附近正好有屯积的军用粮食，高欢就自行夺取。

魏普泰元年二月，神武军次信都，高乾、封隆之开门以待，遂据冀州。是月，尔朱度律废元晔而立节闵帝。欲羁縻神武，三月，乃白节闵帝，封神武为勃海王，征使入觐。神武辞。四月癸巳，又加授东道大行台、第一镇人酋长。庞苍鹰自太原来奔，神武以为行台郎，寻以为安州刺史。

神武自向山东，养士缮甲，禁兵侵掠，百姓归心。乃诈为书，言尔朱兆将以六镇人配契胡为部曲，众皆愁。又为并州符，征兵讨步落稽。发万人将遣之，孙腾、尉景伪请留五日，如此者再。神武亲送之郊，雪涕执别。人号恸，哭声动地。神武乃喻之，曰："与尔俱失乡客，义同一家，不意在上乃尔征召！直向西已当死，后军期又当死，配国人又当死，奈何？"众曰："唯有反耳！"神武曰："反是急计，须推一人为主。"众愿奉神武。神武曰："尔乡里难制，不见葛荣乎？虽百万众，无刑法，终自灰灭。今以吾为主，当与前异，不得欺汉儿，不得犯军令，生死任吾，则可。不尔，不能为取笑天下。"众皆顿颡，死生唯命。神武曰若不得已。明日，椎牛飨士，喻以讨尔朱兆之意。封隆之进曰："千载一时，普天幸甚。"神武曰："讨贼，大顺也，拯时，大业也，吾虽不武，以死继之，何敢让焉。"

【译文】

北魏普泰元年二月，高欢的军队抵达信都，高乾、封隆之在城中开门迎接，于是就占据了冀州地区。这个月，尔朱度律废掉了长广王元晔，拥立节闵帝元恭。尔朱度律想和高欢拉关系，就在三月奏准节闵帝，封高欢为勃海王，召他入朝觐见。高欢托故不去。四月癸巳日，又加授高欢东道大行台，第一镇民酋长的职务。庞苍鹰从太原前来投奔高欢，高欢任命他为行台郎，不久又升为安州刺史。

高欢自从进入太行山以东地区以后，休养士卒，修缮兵器，禁止军队骚扰掠夺民间财物，得到老百姓的拥护。于是高欢伪造了一封书信，说尔朱兆打算将六镇人分别配隶给契胡族人做部曲家丁，六镇人闻讯十分发愁。又假造了一份并州来的公文，要征集军队讨伐步落稽。高欢调集了一万名士兵，准备派遣。孙腾、尉景假装恳求高欢，让这些士兵再多留五天。如此一再恳求了好几次。最后出发时高欢亲自到郊外送行，洒泪和他们告别。士兵们十分伤心悲痛，哭声震天动地。高欢于是就引导他们说："我和你们一样都是离乡背井的人，情义就像一家人一样，没有料到上司突然来征调你们！现在西去作战就要送命；迟误了军期，按军律又应该处死；配给契胡人做部曲，最终也会被虐待致死；这该怎么办呢？"大家说："看来只能造反了！"高欢说："造反倒是一个应急救命的办法，但必须推举一个人做首领。"大家都奉戴高欢。高欢说："你们这些人和我都是同乡，不好管制。还记得葛荣失败的教训吗？虽然有一百万以上的军队，但没有立下刑罚法度进行管理，最终自行灰飞烟灭。现在你们推戴我当首领，就都要与以前不同：不准欺负汉族老百姓，不准违犯军令，生杀大权由我操纵。否则的话，我不能因为你们而被天下人耻笑。"大家都再三叩头，表示生死都交给高欢掌握。高欢做出迫不得已的样子接受了推戴。第二天，杀牛摆宴，犒劳军士，晓谕他们讨伐尔朱兆的计划。封隆之上前称贺说："这真是千载难遇的好时机，天下百姓太幸运了！"高欢说："讨伐奸贼，是顺乎天意的事情；救民于水火，也是流芳百世的业绩。我虽然没有这种能力，但也要不惜生命努力去做，怎么敢推辞呢？"

六月庚子，建义于信都，尚未显背尔朱氏。及李元忠与高乾平殷州，斩尔朱羽生首来谒，神武抚膺曰："今日反决矣！"乃以元忠为殷州刺史。是时，兵威即振，乃抗表罪状尔朱氏。世隆等秘表不通。八月，尔朱兆攻陷殷州，李元忠来奔。

孙腾以为朝廷隔绝，不权立天子，则众望无所系。十月壬寅，奉章武王融子勃海太守朗为皇帝，年号中兴，是为废帝。时度律、仲远军次阳平，尔朱兆会之。神武用窦泰策，纵反间，度律、仲远不战而还，神武乃败兆于广阿。十一月，攻邺，相州刺史刘诞婴城固守。神武起土山，为地道，往往建大柱，一时焚之，城陷入地。麻祥时为汤阴令，神武呼之曰麻都，祥惭而逃。

永熙元年正月壬午，拔邺城，据之。废帝进神武大丞相、柱国大将军、太师。是时，青州建义大都督崔灵珍、大都督耿翔皆遣使归附，行汾州事刘贵弃城来降。

【译文】

六月庚子日，高欢在信都正式拉起旗帜，但还没有明确表示背离尔朱氏。直到李元忠和高乾打下殷州，斩了守将尔朱羽生的首级前来进见，高欢才拍着大腿说："今天造反算是造定了！"于是任命李元忠为殷州刺史。这时，军威已经振作起来，于是就向北魏朝廷上表，列举声讨尔朱氏的罪状。尔朱世隆等人把这份上表扣押下来不予上奏。八月，尔朱兆攻占了殷州，李元忠逃奔回来。

孙腾提出建议，认为朝廷为尔朱氏所控制，音讯不通，如果不暂时另立一个皇帝，就无法号召大家。十月壬寅日，拥立章武王元融的儿子、勃海太守元朗为皇帝，年号中兴，这就是北魏废帝。当时尔朱度律、尔朱仲远率军进驻阳平，尔朱兆前来与他们会合。高欢采纳了大将窦泰的计策，在他们中间挑拨离间。尔朱度律和尔朱仲远果然不战而退，于是高欢就在广阿打败了尔朱兆的军队。十一月，进攻邺城。相州刺史刘诞据城顽固抵抗。高欢就在城外建造土山，向城中挖掘地道，地道内树立许多大的柱子，然后把这些柱子一起烧毁，城内的地面顿时塌陷下来。麻祥此时正做汤阴县令，高欢见到他，戏称他为麻长官。麻祥惭愧逃走。

永熙元年正月壬午日，攻打邺城，并占据了它。魏废帝进高欢的官位为大丞相、柱国大将军、太师。这时，青州建义大都督崔灵珍、大都督耿翔都派遣使节表示归附高欢。行汾州事刘贵也丢弃城池前来投降。

闰三月，尔朱天光自长安，兆自并州，度律自洛阳，仲远自东郡，同会邺，众号二十万，挟洹水而军。节闵以长孙承业为大行台，总督焉。神武令封隆之守邺，自出顿紫陌。时马不满二千，步兵不至三万，众寡不敌。乃于韩陵为圆阵，连牛驴以塞归道。于是将士皆为死志，四面赴击之。尔朱兆责神武以背己。神武曰："本戮力者，共辅王室，今帝何在？"兆曰："永安枉害天柱，我报仇耳。"神武曰："我昔日亲闻天柱计，汝在户前立，岂得言不反邪？且以君杀臣，何报之有？今日义绝矣。"乃合战，大败之。尔朱兆对慕容绍宗叩心曰："不用公言，以至于此。"将轻走，绍宗反旗鸣角，收聚散卒，成军容而西上。高季式以七骑追奔，度野马岗，与兆遇。高昂望之不见，哭曰："丧吾弟矣！"夜久，季式还，血满袖。斛斯椿倍道先据河桥。初，普泰元年十月，岁星、荧惑、镇星、太白聚于觜、参，色甚明。太史占云，当有王者兴。是时，神武起于信都，至是而破兆等。

四月，斛斯椿执天光、度律以送洛阳。长孙承业遣都督贾显智、张欢入洛阳，执世隆、彦伯斩之。兆奔并州。仲远奔梁，遂死焉。时凶蠹既除，朝廷庆悦。初，未战之前月，章武人张绍夜中忽被数骑将逾城至一大将军前，敕绍为军导向邺，云佐受命者除残贼。绍回视之，兵不测，整疾无声。将至邺，乃放焉。及战之日，尔朱氏军人见阵外士马四合，盖神助也。

【译文】

闰三月，尔朱天光从长安出发，尔朱兆从并州出发，尔朱度律从洛阳出发，尔朱仲远从东郡出发，一同率兵到邺城城下会合，军队人数号称二十万。魏节闵帝任命长孙承业为大行台，总督这些军队。高欢命令封隆之留守邺城，自己率军到城外的紫陌驻扎。当时高欢手下马匹不满两千，步兵不到三万，与敌军相比众寡悬殊。于是在韩陵列成圆阵，把牛、驴拴在一起堵住退路。全军将士都做好了战死的准备，从四面奋勇出击。尔朱兆指责高欢背叛了自己。高欢说："我们原来戮力同心，是为了辅佐皇室。但现在皇帝在哪儿呢？"尔朱兆说："孝庄帝无故杀害天柱大将军，我不过是为天柱大将军报仇罢了。"高欢说："当初我亲耳听见天柱大将军定计，你那时也在门前站着，难道能说天柱大将军不是谋反吗？况且君主杀死臣下，哪还有报仇的道理？今天我们已经恩断义绝了。"于是双方交战，尔朱氏的军队大败。尔朱兆对着慕容绍宗捶胸顿足地说："当初不听你的话，以至有今日！”准备轻装逃走，慕容绍宗举着战旗回过身来，吹起号角，把逃散的士卒聚集在一起，排成行军的阵容，列队向西开去。高欢的大将高季式带着七个战士骑马穷追，一直追过了野马岭，与尔朱兆的军队遭遇。他的哥哥高昂等了半天不见他回来，大哭道：“我弟弟一定是战死了！”直到夜深的时候，高季式才返回军营，袍袖上浸透了鲜血。北魏的大臣斛斯椿兼程赶路，先占据了河桥。早先节闵帝普泰元年十月的时候，岁星、荧惑星、镇星、太白星都聚集到觜星、参星一带，闪闪发亮。太史官占卜的结果，说是表明有王者兴起。当时恰好是高欢在信都独立扯起旗帜的时候。至此果然打败了尔朱兆等人。

四月，斛斯椿擒拿了尔朱天光、尔朱度律送回洛阳。长孙承业也派都督贾显智、张欢率兵赶回洛阳，逮捕了尔朱世隆、尔朱彦伯，并把他们杀掉。尔朱兆逃回并州。尔朱仲远投奔梁朝，后来就死在那里。至此尔朱氏的势力已被推翻，朝廷内外无不欢庆欣悦。起初，交战前一个月，章武人张绍半夜里突然被几个骑马的将领带出城外，到了一个大将军面前命令他引导军队开往邺城，说是帮助承受天命的人剿灭乱贼。张绍回头看了看，只见军士多得数不清，行军既整齐速度又快，并且毫无声音。将抵达邺城的时候，张绍才得到释放。到交战那一天，尔朱氏军队的士兵只看到阵外有无数的军士骑着战马从四面杀来。看来是有神灵在暗中帮助高欢。

既而神武至洛阳，废节闵及中兴主而立孝武。孝武既即位，授神武大丞相、天柱大将军、太师，世袭定州刺史，增封并前十五万户。神武辞天柱，减户五万。壬辰，还邺，魏帝饯于乾脯山，执手而别。

七月壬寅，神武帅师北伐尔朱兆。封隆之言，侍中斛斯椿、贺拔胜、贾显智等往事尔朱，普皆反噬，今在京师宠任，必构祸隙。神武深以为然。乃归天光、度律于京师，斩之。遂自滏口入。尔朱兆大掠晋阳，北保秀容，并州平。神武以晋阳四塞，乃建大丞相府而定居焉。

尔朱兆既至秀容，分兵守险，出入寇抄。神武扬声讨之，师出止者数四，兆意怠。神武揣其岁首当宴会，遣窦泰山精骑驰之，一日一夜行三百里，神武以大军继之。

【译文】

随后高欢到达洛阳，废掉了节闵帝元恭及废帝元朗，拥立孝武帝元修。孝武帝即位以后，加授高欢大丞相、天柱大将军、太师，世袭定州刺史的头衔，封户增加到十五万户。高欢辞掉了天柱大将军的称号，又辞掉了五万封户。壬辰日，高欢由洛阳返回邺城，魏孝武帝亲自到乾脯山为他送行，两人把手告别。

七月壬寅日，高欢率军队北伐尔朱兆。封隆之认为，侍中斛斯椿、贺拔胜、贾显智这几个人过去依附尔朱氏，后来又都背叛搞垮了尔朱氏。现在他们在京城受到皇帝的宠信重用，以后一定会乘机挑拨离间，制造祸乱。高欢非常同意他的话。于是先把被关押的尔朱天光、尔朱度律送回京城杀掉，然后率兵从滏口进入并州。尔朱兆在晋阳大肆劫掠，又北撤据守秀容。并州被平定。高欢认为晋阳四面都有险阻屏障，于是就在晋阳建造大丞相府，定居下来。

尔朱兆撤回秀容以后，分兵把守险要关口，并不时派兵出来侵扰抄掠。高欢放出风来说要去讨伐他，军队出发又停止前进，这样搞了好几次。尔朱兆的戒备逐渐就松懈下来。高欢估计尔朱兆在新年的时候肯定要举行大宴会，就派窦泰为先锋，率领精锐骑兵急行军，一天一夜走了三百里，高欢率领大部队随后开拔。

二年正月，窦泰奄至尔朱兆庭。军人因宴休惰，忽见泰军，惊走，追破之于赤洪岭。兆自缢，神武亲临，厚葬之。慕容绍宗以尔朱荣妻子及余众自保乌突城，降，神武以义故待之甚厚。

神武之入洛也，尔朱仲远部下都督桥宁、张子期自滑台归命，神武以其助乱，且数反覆，皆斩之。斛斯椿由是内不自安，乃与南阳王宝炬及武卫将军元毗、魏光、王思政构神武于魏帝。舍人元士弼又奏神武受敕大不敬，故魏帝心贰于贺拔岳。初，孝明之时，洛下以两拔相击，谣言“铜拔打铁拔，元家世将末”，好事者以二拔谓拓拔、贺拔，言俱将衰败之兆。

时司空高乾密启神武，言魏帝之贰。神武封呈，魏帝杀之。又遣东徐州刺史潘绍业密敕长乐太守庞苍鹰，令杀其弟昂。昂先闻其兄死，以槊刺柱，伏壮士执绍业于路，得敕书于袍领，遂来奔。神武抱其首哭曰："天子枉害司空。"遽使以白武幡劳其家属。时乾次弟慎在光州，为政严猛，又纵部下取纳，魏帝使代之。慎闻难，将奔梁，其属曰："公家勋重，必不兄弟相及。"乃弊衣推鹿车归勃海，逢使者，亦来奔。于是魏帝与神武隙矣。

【译文】

永熙二年正月，窦泰的军队突然杀到尔朱兆的大本营。尔朱兆部下的军士因举行宴会，正在懒散地休息，突然见到窦泰的军队，大吃一惊，仓皇逃散。窦泰穷追不舍，在赤洪岭大破尔朱兆的军队。尔朱兆上吊自杀。高欢亲自前来祭奠，并厚葬了他。慕容绍宗保护着尔朱荣的妻子儿女，率领残部据守乌突城，投降后，高欢认为慕容绍宗是个重信义的人，对待他十分尊敬客气。

高欢进入洛阳的时候，尔朱仲远的部下都督桥宁、张子期从滑台前来投降。高欢认为他们昔日助纣为虐，又责备他们反复无常，把他们都杀掉了。斛斯椿从这件事发生后心里就有些害怕，于是同南阳王元宝炬以及武卫将军元毗、魏光、王思政等人在魏孝武帝面前说高欢的坏话。中书舍人元士弼又上奏说高欢领受制敕时有大不敬的表现。因此魏孝武帝又逐渐对占据关中地区的贺拔岳产生了兴趣，想依靠他。起初，魏孝明帝的时候，洛阳城里的人用两个拔互相撞击，并有谣言流传说："铜拔打铁拔，元家世将末。"好事的人说"二拔"就是指拓拔氏和贺拔氏，谣言的意思是说这两家都有衰败的征兆。

当时司空高乾暗中写信给高欢，说魏孝武帝对他已有猜疑之心。高欢把这封信封起来上奏，孝武帝就杀掉了高乾，又派东徐州刺史潘绍业暗中带命令给长乐太守庞苍鹰，让他杀掉高乾的弟弟高昂。高昂事先得知兄长被杀的消息愤怒得一长矛刺在厅柱上。随后布置在路上埋伏壮士，抓住了潘绍业，从他的衣领中查出了密藏的敕书，就前来投奔高欢。高欢抱着他的头大哭说："天子竟然无故杀害了司空！"马上派使者拿着白虎旗去向高乾的家属吊唁。这时高乾的二弟高慎在光州做官，为政严厉粗暴，又纵容部下搜刮民间财物，孝武帝派人代替他的官职。高慎听说兄长已经被杀，想逃亡到梁朝，他的下属说："你的一家为国立过大功，一定不会兄弟互相株连。”于是就换了破衣服，推着鹿车，想回到勃海郡老家。半路上碰到高欢的使者，就也来投奔高欢。从此魏孝武帝与高欢就有了隔阂。

阿至罗虏正光以前常称藩，自魏朝多事，皆叛。神武遣使招纳，便附款。先是，诏以寇贼平，罢行台，至是以殊俗归降，复授神武大行台，随机处分。神武赉其粟帛，议者以为徒费无益，神武不从，抚慰如初。其酋帅吐陈等感恩，皆从指麾，救曹泥，取万俟受洛干，大收其用。河西费也头虏纥豆陵伊利居苦池河，恃险拥众，神武遣长史侯景屡招不从。

天平元年正月壬辰，神武西伐费也头虏纥豆陵伊利于河西，灭之，迁其部落于河东。

二月，永宁寺九层浮屠灾。既而人有从东莱至，云及海上人咸见之于海中，俄而雾起，乃灭。说者以为天意若曰：“永宁见灾，魏不宁矣，飞入东海，勃海应矣。”

【译文】

阿至罗部族在魏孝明帝正光年间之前经常表示臣属于北魏，自从北魏王朝出现动荡局面以后，就纷纷背叛。高欢派使者进行招纳，这些部族表示归降。在此之前，朝廷的诏书因为各地叛乱已告平定，曾宣布罢去行台的官职。至此因为边疆的部族归降，就又授给高欢大行台的头衔，让他根据情况加以处分行事。高欢赐给他们大批粮食布帛。很多人认为这是白费钱财毫无益处，但高欢不予理睬，坚持抚慰的政策。部族酋帅吐陈等人感激高欢的恩德，都愿意听从调遣，先后援救曹泥，讨伐万俟受洛干，发挥了很大作用。黄河以西的费也头部族首领纥豆陵伊利居住在苦池河一带，依仗险阻，收集部众，高欢几次派长史侯景前去招纳，都不降附。

天平元年正月壬辰日，高欢发兵西征黄河以西费也头部族的纥豆陵伊利，灭掉了这一部族，把部族成员都迁到黄河以东。

二月，洛阳永宁寺的九层高佛塔发生火灾。不久有人从东莱前来，说在海上看见了永宁寺的佛塔，过一会儿起了雾，佛塔就消失了。有人对这两件事发表评论，认为天意是在表示：“永宁寺发生火灾，象征着大魏王朝不再有安宁的日子；佛塔飞入东海，象征着勃海王高欢将要应运而起。”

魏帝既有异图，时侍中封隆之与孙腾私言，隆之丧妻，魏帝欲妻以从妹。腾亦未之信，心害隆之，泄其言于斛斯椿。椿以白魏帝。又孙腾带仗入省，擅杀御史。并亡来奔。称魏帝挝舍人梁续于前，光禄少卿元子干攘臂击之，谓腾曰：“语尔高王，元家儿拳正如此。”领军娄昭辞疾归晋阳。魏帝于是以斛斯椿兼领军，分置督将及河南、关西诸刺史。华山王鸷在徐州，神武使邸珍夺其管籥。建州刺史韩贤、济州刺史蔡俊皆神武同义，魏帝忌之，故省建州以去贤，使御史中尉綦俊察俊罪，以开府贾显智为济州，俊拒之。

魏帝逾怒，五月，下诏，云将征句吴，发河南诸州兵，增宿卫，守河桥。六月丁巳，密诏神武曰：“宇文黑獭自平破秦、陇，多求非分，脱有变非常，事资经略。但表启未全背戾，进讨事涉忽忽。遂召群臣，议其可否。佥言假称南伐，内外戒严，一则防黑獭不虞，二则可威吴楚。”时魏帝将伐神武，神武部署将帅，虑疑，故有此诏。神武乃表曰：“荆州绾接蛮左，密迩畿服，关陇恃远，将有逆图。臣今潜勒兵马三万，拟从河东而渡；又遣恒州刺史厍狄干、瀛州刺史郭琼、汾州刺史斛律金、前武卫大将军彭乐拟兵四万，从其来违津渡；遣领军将军娄昭、相州刺史窦泰、前瀛州刺史尧雄、并州刺史高隆之拟兵五万，以讨荆州；遣冀州刺史尉景、前冀州刺史高敖曹、济州刺史蔡俊、前侍中封隆之拟山东兵七万、突骑五万，以征江左。皆约勒所部，伏听处分。”魏帝知觉其变，乃出神武表，命群官议之，欲止神武诸军。

【译文】

魏孝武帝既已有了图谋高欢的计划，恰好侍中封隆之与孙腾私下交谈，说自己死了妻子，皇帝要把堂妹嫁给他。孙腾并不相信，但心里一直嫉妒封隆之，就把他的话透露给了斛斯椿。斛斯椿又报告给了孝武帝。随后孙腾又带兵器进入尚书省，并擅自杀害御史。封、孙二人都害怕受处罚，一齐逃到高欢那里，向高欢禀报说魏孝武帝曾当面下令责打中书舍人梁续，光禄少卿元子干也挥拳一同帮着打，并对孙腾说："告诉你们高大王，元家子弟的拳头都像我这样！"领军娄昭因有病辞职，回到晋阳。魏孝武帝于是委派斛斯椿兼任领军，同时分别任命了一大批都督将领以及河南、关西地区的州刺史。华山王元鸷被派到徐州，高欢派邸珍前去夺取了城门锁钥。建州刺史韩贤，济州刺史蔡俊都曾和高欢一同起兵，魏孝武帝对他们不信任，就省掉了建州的建置，乘机罢免韩贤，又让御史中丞綦俊伺察蔡俊的过失，派开府仪同三司贾显智为济州刺史代替蔡俊，蔡俊抗命不纳。

魏孝武帝更加愤怒。五月，下了一道诏书，说打算南征吴、越，命令调发河南各州的军队，增加宿卫力量，把守河桥。六月丁巳，给高欢下了一道机密诏书说："宇文黑獭（译者按：即宇文泰）自从平定了秦、陇一带，经常有非分的索求，万一发生什么大的变乱，就需要花力气去对付。不过他上表的口气还没有完全显示出背叛的迹象，现在就去征讨未免有些操之过急。于是召集各位大臣，商量应该怎么办为好。大家一致建议假装南伐，内外部队一同备战，这样一则可以防备宇文黑獭有什么不测的举动，二则能够威吓吴、楚一带的南方人。"当时魏孝武帝准备讨伐高欢，高欢也加紧委派将帅，孝武帝怕高欢产生怀疑，所以发了这道密诏。高欢于是上表说："荆州一带西连群蛮，距离京城很近，关陇的宇文泰则凭借着距离京城较远，将要发动叛乱。臣现在暗中部署了三万兵马，计划从河东渡河西征。又派恒州刺史厍狄干、瀛州刺史郭琼、汾州刺史斛律金、前武卫大将军彭乐，计划率兵四万，从来违津渡河西征。派领军将军娄昭、相州刺史窦泰、前瀛州刺史尧雄、并州刺史高隆之，计划率兵五万，讨伐荆州。派冀州刺史尉景、前冀州刺史高敖曹、济州刺史蔡俊、前侍中封隆之，计划率领太行山以东地区的军队七万、精锐骑兵五万，讨伐江东。现在将领们都部署好了军队，等待着陛下的命令。"魏孝武帝知道高欢已经察觉了情况的变化，就出示高欢的表奏，命令百官发表意见，都希望阻止高欢发兵。

神武乃集在并僚佐，令其博议。还以表闻，仍以信誓自明忠款曰：

“臣为嬖佞所间，陛下一旦赐疑，令猖狂之罪，尔朱时计。臣若不尽诚竭节，敢负陛下，则使身受天殃，子孙殄绝。陛下若垂信赤心，使干戈不动，佞臣一二人，愿斟量废出。”

辛未，帝复录在京文武议意，以答神武。使舍人温子升草敕，子升逡巡未敢作，帝据胡床拔剑作色，子升乃为敕曰：

前持心血，远以示王，深冀彼此共相体悉，而不良之徒，坐生间贰。近孙腾仓卒向彼，致使闻者疑有异谋。故遣御史中尉綦俊，具申朕怀。今得王启，言誓恳恻，反覆思之，犹所未解。以朕眇身，遇王武略，不劳尺刃，坐为天子。所谓生我者父母，贵我者高王。今若无事背王，规相攻讨，则使身及子孙，还如王誓，皇天后土，实闻此言。

【译文】

高欢也召集在并州的僚属，让他们各自发表意见。随即又上表奏闻议论的情况，并正式发誓，表明自己的忠心说：“臣为陛下宠信的奸佞之臣所挑拨，使陛下产生了怀疑的想法，认为臣犯有猖狂之罪，就像尔朱氏过去的情况一样。臣如果不竭尽忠心和臣节，胆敢有负于陛下，那就让臣身受天诛，子孙灭绝。陛下如果能相信臣的赤胆忠心，打算避免刀兵相见的情况，那么也希望酌情罢免或放逐几个左右的奸臣。”

辛未日，魏孝武帝又概括了在京文武百官商议的意见，答复高欢。命令中书舍人温子升起草答敕。温子升犹豫不敢下笔。孝武帝坐在胡床上拔出宝剑，发了脾气，温子升才起草了答敕。答敕中这样写道：

不久前写下了浸透我的心血的诏书，远道拿去给大王看，深切希望彼此之间能够互相体谅理解。可是一些居心不良的家伙，却一再制造隔阂和争端。最近孙腾又突然逃奔晋阳，以至于使听说的人更加怀疑要发生异常事变。所以派御史中尉綦俊前往，详细阐述朕的想法。现在看了大王的启奏，词句誓言恳切悱恻，但我反复考虑，还有些不明白的地方。以我渺小的出身，幸而遇到大王的武功谋略，因此才能够不费一刀一枪，登上天子宝位。正所谓“生我者父母，贵我者高大王”。现在我如果无缘无故背弃大王，打算对大王加以进攻讨伐，那就让我和我的子孙都受灾祸，正如大王的誓言一样。皇天后土，都可以为我做证。

近虑宇文为乱，贺拔胜应之，故纂严，欲与王俱为声援。宇文今日使者相望，观其所为，更无异迹。贺拔在南，开拓边境，为国立功，念无可责。君若欲分讨，何以为辞？东南不宾，为日已久，先朝已来，置之度外，今天下户口减半，未宜穷兵极武。

朕既暗昧，不知佞人是谁，可列其姓名，令朕知也。如闻厍狄干语王云："本欲取懦弱者为主，无事立此长君，使其不可驾御。今但作十五日行，自可废之，更立余者。"如此议论，自是王间勋人，岂出佞臣之口？去岁封隆之背叛，今年孙腾逃走，不罪不送，谁不怪王？腾既为祸始，曾无愧惧，王若事君尽诚，何不斩送二首？王虽启图西去，而四道俱进，或欲南度洛阳，或欲东临江左，言之者犹应自怪，闻之者宁能不疑？王若守诚不贰，晏然居北，在此虽有百万之众，终无图彼之心。王脱信邪弃义，举旗南指，纵无匹马只轮，犹欲奋空拳而争死。朕本寡德，王已立之，百姓无知，或谓实可。若为他所图，则彰朕之恶；假令还为王杀，幽辱齑粉，了无遗恨。何者？王既以德见推，以义见举，一朝背德舍义，便是过有所归。

本望君臣一体，若合符契，不图今日，分疏到此！古语云："越人射我，笑而道之；吾兄射我，泣而道之。"朕既亲王，情如兄弟，所以投笔拊膺，不觉歔欷。

【译文】

最近担心宇文泰作乱，贺拔胜响应，因此我才下令戒严，打算和大王彼此互相声援。现在宇文泰的使者接踵而至，看他的所作所为，并没有不轨的迹象。贺拔胜在南边，开拓边境，为国立功，也没有可以责备的地方。大王如果想分兵讨伐他们，以什么作为借口呢？至于东南的梁朝没有臣服，时间已经很久，先朝的各位皇帝都把那里划在本国疆界之外。现在天下户口减耗，比以前折损了差不多一半，都不应该穷兵黩武。

我的头脑愚笨，不知道大王所指的奸臣是谁？大王不妨写出他们的姓名，让我知道。我倒听说厍狄干对大王讲："本来打算扶立一个懦弱的人做君主，不知为什么却立了一个年长的皇帝，以至于不受我们控制，现在只要行军十五天，就可以去洛阳把他废掉，再立别人。"像这样的话，是大王左右的勋臣所说，难道也出自我身边的“奸臣”之口吗？去年封隆之背弃了我，今年孙腾又逃到晋阳，大王对他们既不加罪，又不送还，谁不责怪大王？孙腾是制造祸乱的元凶，居然一点不觉得惭愧害怕。大王如果事君竭忠尽力，为什么不斩下封、孙二人的首级送来？大王虽然上表说打算西征，但却分兵四路出发，有的向南经过洛阳，有的向东开往江南，说的人自己就应该觉得奇怪，听到的人哪能不产生怀疑呢？大王如果坚守臣节，忠心不二，可以完全放心地待在北面，这里就算有百万大军，也绝不会有图谋大王的意思。大王如果听信奸邪挑拨，背信弃义，发兵南下，那么洛阳的战士就算没有一匹马、一辆车，也要赤手空拳，战斗到死。我本来没有什么德行，但已经为大王所立，老百姓不知道情况，有的就认为的确应当立。我如果受了别人的算计，那么我的过失还能暴露出来。假定我还是为大王所杀，就算是被拘禁、受折辱，粉身碎骨，我也一点不感到遗憾。为什么呢？大王原来是本着德行和道义的原则推戴我的，一旦大王自己背离了德行和道义，天下人就知道是谁对谁错了。

本来希望君臣亲如一体，能够协调得完全一致，没有料到到了今天，和大王隔绝疏远到这般地步！古话说：‘越国的人向我射箭，可以笑着对人谈起；我的兄长向我射箭，就只能哭着向人诉说。’我本来很依恋大王，对大王有兄弟般的感情，所以写到这里就禁不住扔笔捶胸，不禁伤感流泪。

初，神武自京师将北，以为洛阳久经丧乱，王气衰尽，虽有山河之固，土地褊狭，不如邺，请迁都。魏帝曰：“高祖定鼎河洛，为永永之基，经营制度，至世宗乃毕。王既功在社稷，宜遵太和旧事。”神武奉诏。至是，复谋焉。遣兵千骑镇建兴，益河东及济州兵，于白沟虏船，不听向洛。诸州和籴粟，运入邺城。魏帝又敕神武曰：“王若厌伏人情，杜绝物议，唯有归河东之兵，罢建兴之戍，送相州之粟，追济州之军，令蔡俊受代，使邸珍出徐，止戈散马，各事家业。脱须粮廪，别遣转输。则谗人结舌，疑悔不生。王高枕太原，朕垂拱京洛，终不举足渡河，以干戈相指。王若马首南向，问鼎轻重，朕虽无武，欲止不能，必为社稷宗庙，出万死之策。决在于王，非朕能定，为山止篑，相为惜之。”

魏帝时以任祥为兼尚书左仆射，加开府。祥弃官走至河北，据郡待神武。魏帝乃敕文武官，北来者任去留。下诏罪状神武，为北伐经营。神武亦勒马宣告曰：“孤遇尔朱擅权，举大义于四海，奉戴主上，义贯幽明。横为斛斯椿谗构，以诚节为逆首。昔赵鞅兴晋阳之甲，诛君侧恶人。今者南迈，诛椿而已。”以高昂为前锋，曰：“若用司空言，岂有今日之举！”司马子如答神武曰：“本欲立小者，正为此耳。”

【译文】

起初，高欢将要从京城北还的时候，认为洛阳一再遭受兵火战乱，王气衰尽。虽然四周有山河险阻，但地方狭窄短小，不如邺城作为都城合适，于是请求迁都。魏孝武帝说：“高祖孝文皇帝定都洛阳，作为万世相传的基业，经营筹划有关制度，直到世宗宣武皇帝才最后完成。大王既然为国家立过大功，应该遵从高祖太和年间所定的旧制。”高欢表示服从。到这时，又开始考虑迁都的事。派遣一千名骑兵镇守建兴，又增加河东和济州的守军，在白沟一带拦截船只，不让驶往洛阳。各州平价收购的粮食，都运到邺城。魏孝武帝下敕给高欢说：“大王如果顺应民情，打算杜绝流言蜚语，就应该撤回河东的军队，罢掉建兴的戍兵，送还相州的粮食，追回济州的军士，让蔡儁办理交代，邸珍退回徐州，收起武器，解散兵马，各干各的事情。如果需要粮食供应，我另外派人运输过去。这样谗言也就无从出口，猜疑怨悔之情自然也不会产生。大王在太原高枕无忧，我在洛阳垂拱而治，也决不会渡过黄河，对大王兴动刀兵。大王如果率军南下，窥伺帝位，我尽管没有武略，无法阻止大王南进，但为了社稷宗庙，也一定会想办法殊死抵抗。事态发展的关键在于大王，非我所能决定。大王如果臣节不终，就像堆积山丘只差一筐土那样，太让人觉得可惜了。”

当时魏孝武帝任命任祥为兼尚书左仆射，加授开府仪同三司的散官。任祥丢掉官位，跑到河北，在郡里等着迎接高欢。于是魏孝武帝下敕给文武百官，凡是原为高欢部下的，都由自己决定去留。又下诏书宣布高欢的罪状，为北伐做准备。高欢也召集部队，发布宣告说：“我遇到尔朱氏专权的情况，就举起义旗讨伐，四海响应，于是拥立了当今主上，忠义之心贯于天地之间。现在无故受到斛斯椿的挑拨诬陷，以致主上把忠诚的臣下当作逆乱的元凶。过去春秋时晋国的赵鞅在晋阳兴兵，讨伐国君身边的坏人。今天我也从晋阳南伐，目的不过只是杀掉斛斯椿而已。”选派高昂为前锋，对他说：“要是早听从你的兄长高司空的意见，哪会用得着今天这次行动！”司马子如也在给高欢的一封回信中写到：“我本来主张拥立一个年幼的皇帝，就是为了防止今天这种情况发生啊。”

魏帝征兵关右，召贺拔胜赴行在所，遣大行台长孙承业、大都督颍川王斌之、斛斯椿共镇武牢，汝阳王暹镇石济，行台长孙子彦帅前恒农太守元洪略镇陕，贾显智率豫州刺史斛斯元寿伐蔡俊。神武使窦泰与左箱大都督莫多娄贷文逆显智，韩贤逆暹。元寿军降泰。贷文与显智遇于长寿津，显智阴约降，引军退。军司元玄觉之，驰还请益师。魏帝遣大都督侯几绍赴之，战于滑台东，显智以军降，绍死之。

七月，魏帝躬率大众屯河桥。神武至河北十余里，再遣口申诚款，魏帝不报。神武乃引军渡河。魏帝问计于群臣，或云南依贺拔胜，或云西就关中，或云守洛口死战，未决。而元斌之与斛斯椿争权不睦，斌之弃椿径还，绐帝云神武兵至。即日，魏帝逊于长安。

己酉，神武入洛，停于永宁寺。八月甲寅，召集百官谓曰：“为臣奉主，匡救危乱。若处不谏争，出不陪随，缓则耽宠争荣，急便窜失，臣节安在！”遂收开府仪同三司叱列延庆、兼尚书左仆射辛雄、兼吏部尚书崔孝芬、都官尚书刘廞、兼度支尚书杨机、散骑常侍元士弼，并杀之，诛其贰也。士弼籍没家口。

【译文】

魏孝武帝向关西地区征兵，又将贺拔胜召到身边，派大行台长孙承业，大都督颍川王元斌之，以及斛斯椿一同镇守武牢，汝阳王元暹镇守石济，行台长孙子彦率领前恒农太守元洪略镇守陕州，贾显智率领豫州刺史斛斯元寿讨伐蔡俊。高欢派窦泰和左箱大都督莫多娄贷文迎战贾显智，韩贤迎战元暹。斛斯元寿率军向窦泰投降。莫多娄贷文与贾显智在长寿津遭遇，贾显智暗中约定投降，率军后撤。军司元玄觉察了贾显智的企图，奔回洛阳请求增加兵力。魏孝武帝派大都督侯几绍统军前往。双方在滑台以东交战，贾显智率军投降，侯几绍战死。

七月，魏孝武帝亲自统率大军屯扎在河桥。高欢到了黄河以北十几里的地方，又一次派人口头表达忠诚的态度，魏孝武帝不予答复。高欢于是率军渡河。魏孝武帝向大臣们询问该怎么办。有人建议往南投奔贺拔胜，有人建议向西进入关中，还有人建议把守洛口死战，都没有做出决定。而元斌之与斛斯椿二人因相互争夺权力关系不好，元斌之丢下斛斯椿跑回来，向魏孝武帝谎报说高欢的军队已到。这一天，魏孝武帝就出发向长安逃跑。

己酉日，高欢进入洛阳，暂时住在永宁寺。八月甲寅日，召集留下来的朝廷百官，对他们说："做臣子的侍奉君主，应当能够匡扶挽救危难的局面。如果君主在位不进行谏争，君主出奔又不护驾从行，事态和缓时就只知享乐争名利，事态紧急时便逃得无影无踪，那还有什么臣节可言呢！"于是就逮捕了开府仪同三司叱列延庆、兼尚书左仆射辛雄、兼吏部尚书崔孝芬、都官尚书刘廞、兼度支尚书杨机、散骑常侍元士弼，把他们统统杀掉，以惩罚他们怀有二心的行为。还籍没了元士弼的家属为官奴。

神武以万机不可旷废，乃与百僚议，以清河王亶为大司马，居尚书下舍而承制决事焉。王称警跸，神武丑之。神武寻至弘农，遂西克潼关，执毛洪宾，进军长城，龙门都督薛崇礼降。神武退舍河东，命行台尚书长史薛瑜守潼关，大都督库狄温守封陵，于蒲津西岸筑城守华州，以薛绍宗为刺史，高昂行豫州事。神武自发晋阳至此，凡四十启，魏帝皆不答。

九月庚寅，神武还至洛阳，乃遣僧道荣奉表关中，又不答。乃集百僚沙门耆老，议所推立。以为自孝昌衰乱，国统中绝，神主靡依，昭穆失序，永安以孝文为伯考，永熙迁孝明于夹室。业丧祚短，职此之由。遂议立清河王世子善见。议定，白清河王。王曰："天子无父，苟使儿立，不惜余生。"乃立之，是为孝静帝。魏于是始分为二。

神武以孝武既西，恐逼崤陕，洛阳复在河外，接近梁境，如向晋阳，形势不能相接，依议迁邺。护军祖莹赞焉。诏下三日，车驾便发，户四十万，狼狈就道。神武留洛阳部分，事毕还晋阳。自是军国政务，皆归相府。先是童谣曰："可怜青雀子，飞来邺城里，羽翮垂欲成，化作鹦鹉子。"好事者窃言，雀子谓魏帝清河王子，鹦鹉谓神武也。

【译文】

高欢认为国家大政不能耽搁废置，就和众位僚属商议，让清河王元亶任大司马，住在尚书省下舍代表皇帝处理政务。而清河王出入就用起了天子仪仗，高欢觉得很可耻。不久高欢到达弘农，于是向西夺取了潼关，活捉守将毛洪宾，又向长城进军，龙门都督薛崇礼投降。高欢随后撤回黄河以东，命令行台尚书长史薛瑜镇守潼关，大都督厍狄温镇守封陵，在蒲津的西岸建筑城堡，以镇守华州，任命薛绍宗为刺史，又任命高昂代行豫州刺史的事务。高欢自从从晋阳出兵时起，到这时一共向魏孝武帝上了四十份奏启，均未得到答复。

九月庚寅日，高欢又返回洛阳，派遣和尚道荣前往关中上表，魏孝武帝又不答复。于是就召集文武百官、僧侣、长者，商议推选谁当皇帝。大家认为自从孝明帝孝昌年间以来，国家发生动乱，皇帝承袭的统系从中断绝，列祖列宗的神主没有依靠，祭祀的秩序混乱，以至于孝庄帝奉孝文帝为皇伯考，孝武帝又把孝明帝的牌位迁入夹室。最近拥立的几个皇帝一事无成，在位短促，都是由于上述情况造成的。于是商议拥立清河王元亶的世子元善见。商议已定，就去告诉清河王。清河王说："虽然有天子没有父亲的说法，但如果我的儿子能立为皇帝，我就是现在死了也不感到遗憾了。"于是就拥立元善见，这就是后来的东魏孝静帝。北魏王朝从此分裂为东魏和西魏两部分。

高欢认为孝武帝既已西逃，国都就不宜距关中太近，而且洛阳在黄河以南，与梁朝的疆土也比较接近。如果迁都到晋阳，又有些僻远，不易控制大局，于是就按照以前的打算迁都到邺城。护军祖莹拥护这个计划。迁都诏书下了才三天，皇帝的车驾就出发了，洛阳的四十万户居民也仓皇上路。高欢留在洛阳处理善后工作，事务完毕之后返回晋阳。从此国家的军政大事，全都取决于晋阳的丞相府。在此之前有童谣唱道："可怜那小青雀飞进邺城，羽毛快长成的时候却变成了小鹦鹉。”好事的人暗中传说：小青雀就是指东魏孝静帝，清河王的儿子。而鹦鹉则是指后来追谥为北齐神武皇帝的高欢。

初，孝昌中，山胡刘蠡升自称天子，年号神嘉，居云阳谷，西土岁被其寇，谓之胡荒。

二年正月，西魏渭州刺史可朱浑道元拥众内属，神武迎纳之。壬戌，神武袭击刘蠡升，大破之。己巳，魏帝褒诏，以神武为相国，假黄钺，剑履上殿，入朝不趋，神武固辞。

三月，神武欲以女妻蠡升太子，候其不设备，辛酉，潜师袭之。其北部王斩蠡升首以送，其众复立其子南海王。神武进击之，又获南海王，及其弟西海王、北海王、皇后、公卿已下四百余人，胡、魏五万户。壬申，神武朝于邺。

四月，神武请给迁人廪各有差。

九月甲寅，神武以州、郡、县官多乖法，请出使问人疾苦。

【译文】

起初，魏孝明帝孝昌年间，山胡人刘蠡升自称为天子，定年号为神嘉，盘踞在云阳谷一带。西部边疆一带每年都受其侵扰，人们称之为“胡荒”。

天平二年正月，西魏渭州刺史可朱浑道元率部下前来降附，高欢亲自前去迎接。壬戌日，高欢发兵袭击刘蠡升，大败他的军队。己巳日，魏孝静帝下诏褒奖，拜高欢为相国，赐给他黄钺，可以带剑穿鞋上殿，入朝时不必疾速行走。高欢坚决推辞。

三月，高欢准备把女儿嫁给刘蠡升的太子，乘他不加防备，在辛酉日突然发兵偷袭。刘蠡升的北部王斩了刘蠡升的首级前来奉送，其余部又拥立了刘蠡升的儿子南海王。高欢继续进攻，又擒获了南海王，以及他的弟弟西海王、北海王、皇后、公卿大臣以下一共四百多人，还有胡人、北魏百姓一共五万户。壬申日，高欢到邺城入朝。

四月，高欢请求发给迁徙的百姓口粮，多少不等。

九月甲寅日，高欢因为州、郡、县的地方官吏大都有枉法行为，请求由朝廷派遣使节，询问民间的疾苦。

三年正月甲子，神武帅厍狄干等万骑袭西魏夏州。身不火食，四日而至，缚槊为梯，夜入其城，擒其刺史费也头斛拔俄弥突，因而用之。留都督张琼以镇守，迁其部落五千户以归。西魏灵州刺史曹泥与其婿凉州刺史刘丰遣使请内属。周文围泥，水灌其城，不没者四尺。神武命阿至罗发骑三万，径度灵州，绕出西军后，获马五十匹，西师乃退。神武率骑迎泥、丰生，拔其遗户五千以归，复泥官爵。魏帝诏加神武九锡，固让乃止。

二月，神武令阿至罗逼西魏秦州刺史建忠王万俟普拨，神武以众应之。六月甲午，普拨与其子太宰受洛干、豳州刺史叱干宝乐、右卫将军破六韩常及督将三百余人，拥部来降。

八月丁亥，神武请均斗尺，班于天下。

九月辛亥，汾州胡王迢触、曹贰龙聚众反，署立百官，年号平都，神武讨平之。

十二月丁丑，神武自晋阳西讨，遣兼仆射行台、汝阳王暹、司徒高昂等趣上洛，大都督窦泰入自潼关。

【译文】

天平三年正月甲子日，高欢率领厍狄干等一万多骑兵袭击西魏夏州。路上不埋锅造饭，只吃干粮疾驰了四天，到达夏州，捆扎长矛做成云梯，半夜攻入城内，活捉了刺史、费也头部族的斛拔俄弥突，又重新对他加以任用。留下都督张琼在那里镇守，迁徙费也头部族的五千户百姓返回并州。西魏灵州刺史曹泥和他的女婿、凉州刺史刘丰派来使节，请求降附。西魏丞相宇文泰把曹泥包围在灵州，放水灌城，还差四尺没有淹入城中。高欢命令阿至罗部族征发三万名骑兵，直接越过灵州，绕到西魏军队后方出击，缴获战马五十匹。西魏军队被迫撤退。高欢率骑兵迎接曹泥和刘丰，救出剩下的五千户百姓返回并州，又恢复了曹泥的官职爵位。魏孝静帝下诏，加授高欢九锡的殊礼。高欢坚决辞让，于是作罢。

二月，高欢命令阿至罗部族进攻西魏的秦州刺史，建忠王万俟普拨，并亲自率军接应。六月甲午日，万俟普拨和他的儿子，西魏太宰万俟受洛干、豳州刺史叱干宝乐、右卫将军破六韩常以及都督将领共三百多人，率领部族前来降附。

八月丁亥日，高欢奏请统一斗尺度量的标准，颁布于天下。

九月辛亥日，汾州的胡族王迢触、曹贰龙聚众谋反，部署建立各级官吏，年号为平都。高欢讨伐平定了他们。

十二月丁丑日，高欢从晋阳发兵西征，派遣兼仆射行台、汝阳王元暹和司徒高昂等率兵奔赴上洛，大都督窦泰率兵经潼关西进。

四年正月癸丑，窦泰军败自杀。神武军次蒲津，以冰薄不得赴救，乃班师。高昂攻克上洛。

二月乙酉，神武以并、肆、汾、建、晋、东雍、南汾、秦、陕九州霜旱，人饥流散，请所在开仓振给。

六月壬申，神武如天池，获瑞石，隐起成文曰“六王三川”。

十月壬辰，神武西讨，自蒲津济，众二十万。周文军于沙苑。神武以地厄少却，西人鼓噪而进。军大乱，弃器甲十有八万，神武跨橐驼，候船以归。

元象元年三月辛酉，神武固请解丞相，魏帝许之。

四月庚寅，神武朝于邺。壬辰，还晋阳，请开酒禁，并振恤宿卫武官。

七月壬午，行台侯景、司徒高昂围西魏将独孤信于金墉，西魏帝及周文并来赴救。大都督厍狄干帅诸将前驱，神武总众继进。

【译文】

天平四年正月癸丑日，窦泰兵败自杀。高欢的军队到达蒲津，因为冰太薄，无法过河救援，只好撤退班师。高昂攻占了上洛。

二月己酉日，高欢因为并州、肆州、汾州、建州、晋州、东雍州、南汾州、秦州、陕州这九个州遭受了霜灾和旱灾，百姓因饥饿而流亡，奏请流亡所到的地区都打开仓库赈济。

六月壬申日，高欢到天池巡视，得到一块祥瑞的石头，石头上隐隐约约可以看出“六王三川”的字样。

十月壬辰日，高欢率军西征，从蒲津渡过黄河，军队一共二十万人。周文在沙苑布置军队迎战。高欢看到地势狭窄，下令军队稍微后退，西魏军队乘机鸣鼓呐喊冲过来。高欢的军队大乱，丢弃的兵器甲胄有十八万副。高欢骑着骆驼逃走，等到一只船逃回河东。

元象元年三月辛酉日，高欢坚决要求解除自己的丞相职务，魏孝静帝答应了他的请求。

四月庚寅日，高欢到邺城入朝。壬辰日，动身返回晋阳，奏请解除酿酒的禁令，并给宿卫军队的武官发放钱粮补助。

七月壬午日，行台侯景、司徒高昂把西魏大将独孤信包围在金墉城，西魏文帝和周文都亲自前来救援。大都督厍狄干率领诸将作为先锋前往迎敌，高欢亲统大军随后进发。

八月辛卯，战于河阴，大破西魏军，俘获数万。司徒高昂、大都督李猛、宋显死之。西师之败，独孤信先入关，周文留其都督长孙子彦守金墉，遂烧营以遁。神武遣兵追奔至崤，不及而还。初，神武知西师来侵，自晋阳率众驰赴，至孟津，未济，而军有胜负。既而神武渡河，子彦亦弃城走。神武遂毁金墉而还。

十一月庚午，神武朝于京师。十二月壬辰，还晋阳。

兴和元年七月丁丑，魏帝进神武为相国、录尚书事，固让乃止。

十一月乙丑，神武以新宫成，朝于邺。魏帝与神武讌射，神武降阶下称贺。又辞勃海王及都督中外诸军事，诏不许。十二月戊戌，神武还晋阳。

二年十二月，阿至罗别部遣使请降，神武帅众迎之，出武州塞，不见，大猎而还。

三年五月，神武巡北境，使使与蠕蠕通和。

四年五月辛巳，神武朝于邺。请令百官，每月面敷政事；明扬仄陋，纳谏屏邪，亲理狱讼，褒黜勤怠；牧守有愆，节级相坐；椒掖之内，进御以序；后园鹰犬，悉皆弃之。六月甲辰，神武还晋阳。

【译文】

八月辛卯日，在河阴交战，大破西魏军队，俘虏了几万人。司徒高昂及大都督李猛、宋显都在战斗中战死。西魏军队败逃时，独孤信先逃入关内，周文留下都督长孙子彦坚守金墉城，自己也烧掉营垒逃走。高欢派兵追赶到崤山，没有追上，只好返回。起初，高欢知道西魏军队前来进犯，从晋阳率军奔赴救援，到达孟津，尚未渡河，而两军已交战，决出了胜负。随后高欢渡过黄河，长孙子彦也丢下金墉城逃走了。高欢于是毁掉金墉城，率军北还。

十一月庚午日，高欢到京师入朝，十二月壬辰日，返回晋阳。

兴和元年七月丁丑日，魏孝静帝进拜高欢为相国、录尚书事。高欢执意辞让，于是作罢。

十一月乙丑日，高欢因为新的皇宫落成，专门到邺城朝贺。魏孝静帝与高欢一同宴饮射箭，高欢走下台阶，向孝静帝道贺。又要求辞去勃海王的爵位和都督中外诸军事之职，孝静帝下诏不准。十二月戊戌日，高欢返回晋阳。

兴和二年十二月，阿至罗族的一个分支部落派遣使节请求降附，高欢率部队前去迎接。出了武州的关塞，没有见到前来降附的部落，就大规模地打了一次猎，然后返回。

兴和三年五月，高欢到北部边境巡视，派遣使节与盘踞漠北的柔然族通好讲和。

兴和四年五月辛巳日，高欢到邺城入朝。奏请下令给文武百官，让他们每月都要当面向皇帝报告政事。还奏请严格推行官员考核制度，听取谏言，斥逐奸邪，亲自处理刑狱事务，褒赏勤劳的官员，惩罚懒惰的官员。地方官有了过失，上级也要连坐。皇帝后宫的嫔妃，要按照一定级别程序入侍。后宫园林中的鹰犬，一律除去。六月甲辰日，高欢返回晋阳。

九月，神武西征，十月己亥，围西魏仪同三司王思政于玉壁城，欲以致敌。西师不敢出。

十一月癸未，神武以大雪，士卒多死，乃班师。

武定元年二月壬申，北豫州刺史高慎据武牢西叛。三月壬辰，周文率众援高慎，围河桥南城。戊申，神武大败之于芒山，禽西魏督将以下四百余人，俘斩六万计。是时军士有盗杀驴者，军令应死，神武弗杀，将至并州决之。明日，复战，奔西军，告神武所在。西师尽锐来攻。众溃，神武失马。赫连阳顺下马，以授神武，与苍头冯文洛扶上，俱走。从者步骑六七人。追骑至，亲信都督尉兴庆曰："王去矣，兴庆腰边百箭，足杀百人。"神武勉之曰："事济，以尔为怀州；若死，则用尔子。"兴庆曰："儿小，愿用兄。"许之。兴庆斗，矢尽而死。西魏太师贺拔胜以十三骑逐神武，河州刺史刘洪徽射中其二。胜槊将中神武，段孝先横射胜马殪，遂免。豫、洛二州平，神武使刘丰追奔徇地，至恒农而还。

【译文】

九月，高欢率军西征。十月己亥日，把西魏的仪同三司、大将王思政包围在玉壁城内，目的在于引诱敌军。西魏军队不敢出兵援救。

十一月癸未日，高欢因为天降大雪，很多士卒都被冻死，于是下令解围撤军。

武定元年二月壬申日，北豫州刺史高慎占据武牢城，向西魏投降。三月壬辰日，西魏周文率军队接应高慎，包围了河桥的南城。戊申日，高欢在芒山大败西魏军队，活捉了都督将领四百多人，一共俘虏并杀敌六万人左右。当时有一个偷杀毛驴的军士，按照军令应当处死。高欢没有马上杀掉他，打算回并州后再行处罚。第二天再次交战的时候，这个军士逃到西魏军营之中，告诉他们高欢所在的具体地方。于是西魏军队集中全部精锐前来进攻。高欢身边的部队抵挡不住，四下溃散。高欢丢掉了战马，赫连阳顺下马把自己的马交给高欢，与军中的奴隶冯文洛一同把高欢扶上马一齐逃走。随从的步兵骑兵只有六七个人。西魏骑兵前来追赶，高欢的亲信都督尉兴庆说："大王先走，我腰边带着一百支箭，足可以射死一百人。"高欢勉励他说："如果你掩护成功，就让你当怀州刺史；你如果战死，就把这一职务授给你的儿子。"尉兴庆说："我的儿子还小，希望把这一职务授给我的兄长。”高欢答应。尉兴庆奋力狙击，箭射完以后战死。西魏太师贺拔胜率领十三名骑兵追杀高欢，河州刺史刘洪徽回身射死了其中两个人。贺拔胜的长矛正要戳到高欢身上，段孝先从旁边一箭射死了贺拔胜的战马，高欢才幸免于难。豫州、洛州最终被高欢平定，高欢派刘丰追击徇地，一直到了恒农才折回来。

七月，神武贻周文书，责以杀孝武之罪。

八月辛未，魏帝诏神武为相国、录尚书事、大行台，余如故，固辞乃止。是月，神武命于肆州北山筑城，西自马陵戍，东至土隥，四十日罢。

十二月己卯，神武朝于京师，庚辰，还晋阳。

二年三月癸巳，神武巡行冀、定二州，因朝京师。以冬春亢旱，请蠲县责，振穷乏，宥死罪以下。又请授老人板职各有差。四月丙辰，神武还晋阳。

十一月，神武讨山胡，破平之，俘获一万余户，分配诸州。

三年正月甲午，开府仪同三司尔朱文畅、开府司马任胄、都督郑仲礼、中府主簿李世林、前开府参军房子远等谋贼神武，因十五日夜打簇，怀刃而入。其党薛季孝以告，并伏诛。丁未，神武请于并州置晋阳宫，以处配口。

三月乙未，神武朝邺。丙午，还晋阳。

【译文】

七月，高欢给周文写了一封书信，指责他杀害魏孝武帝的罪行。

八月辛未日，魏孝静帝下诏拜高欢为相国、录尚书事、大行台，其余官职同以前一样。高欢坚决推让，才作罢。这个月，高欢下令在肆州北面的山上建城，西起马陵戍，东到土隥，四十天后完工。

十二月己卯日，高欢到京城入朝。庚辰日，返回晋阳。

武定二年三月癸巳日，高欢出发到冀州、定州巡回视察，并顺路到京城入朝。因为由冬到春一直干旱，奏请减免各地所欠税收，赈济穷困的百姓，赦免死罪以下的罪犯行为。又奏请授给各地高龄老人一些大小不等的官衔。四月丙辰日，高欢回到晋阳。

十一月，高欢出兵讨伐山胡，打败其军队，平定了山胡聚居的地区，共俘虏了一万多户居民，分配到各个州居住。

武定三年正月甲午日，开府仪同三司尔朱文畅，开府司马任胄、都督郑仲礼、中府主簿李世林、前开府参军房子远等人暗中策划刺杀高欢，打算趁正月十五日晚上放焰火的时候，带刀入府行刺。他们的同党薛季孝告发了这个阴谋。于是都被逮捕杀掉。丁未日，高欢奏请在并州设置晋阳宫，用以安置分配居住的山胡族人。

三月乙未日，高欢到邺城入朝。丙午日，返回晋阳。

十月丁卯，神武上言，幽、安、定三州北接奚、蠕蠕，请于险要修立城戍以防之。躬自临履，莫不严固。乙未，神武请释芒山俘桎梏，配以人间寡妇。

四年八月癸巳，神武将西伐，自邺会兵于晋阳。殿中将军曹魏祖曰："不可，今八月西方王，以死气逆生气，为客不利，主人则可。兵果行，伤大将。"神武不从。自东西魏构兵，邺下每先有黄黑蚁阵斗。占者以为黄者东魏戎衣色，黑者西魏戎衣色，人间以此候胜负。是时黄蚁尽死。

九月，神武围玉壁以挑西师，不敢应。西魏晋州刺史韦孝宽守玉壁。城中出铁面，神武使元盗射之，每中其目。用李业兴孤虚术，萃其北。北，天险也。乃起土山，凿十道，又于东面凿二十一道，以攻之。城中无水，汲于汾，神武使移汾，一夜而毕。孝宽夺据土山。顿军五旬，城不拔，死者七万人，聚为一冢。有星坠于神武营，众驴并鸣，士皆詟惧。神武有疾。

【译文】

十月丁卯日，高欢上奏，说幽州、安州、定州三个州的北面与奚族、柔然族人邻境，请求在这三个州险要的地方修筑城堡，派兵戍守，以防备遭到入侵。高欢亲自去督察这一工程，城堡都修筑得非常坚实牢固。乙未日，高欢又奏请释放在芒山之战中俘获的西魏战俘，让他们同民间在战乱中失去丈夫的寡妇匹配成亲。

武定四年八月癸巳日，高欢准备西征，从邺城到晋阳大会诸军。殿中将军曹魏祖劝阻说："不能西征。今年八月西方有王气，出现死气迎战生气的天象。这表明作战的客方将会遇到不利，对主方有利。如果一定要出兵，只怕会折损大将。"高欢没有听从他的劝告。自从东魏西魏交兵以来，邺城一带经常在战事以前，就有大片的黄色和黑色两种蚂蚁列阵交战。占卜的人说：黄色是东魏军衣的颜色，黑色是西魏军衣的颜色。所以老百姓都通过蚂蚁交战来事先预测东西魏两方的胜负。这次出征以前，黄蚁都战败死掉了。

九月，高欢率军包围了玉壁城，引诱西魏军队前来交战，西魏军队不敢应战。西魏晋州刺史韦孝宽坚守玉壁。城头上竖了一个铁制面具，高欢命令大将元盗向它射箭，大都射中了它的眼睛。采用李业兴的算命推步法进行占卜，结果决定集中力量进攻北面。城的北面十分险要，于是在城外修筑土山，挖了十条地道，同时又从东面挖了二十一条地道，全力进攻。城中没有水，平时都从汾河打水。高欢下令改挖汾河河道，一夜之间就宣告完工。韦孝宽从城中派兵夺占了土山。东魏军队在玉壁城下进攻了五十天，还没有攻下来，牺牲的战士已有七万人，聚在一起埋了一个大坟。有流星落在高欢的军营中，军中的毛驴齐声鸣叫起来，士卒都感到震耳欲聋，十分害怕。高欢自己也得了病。

十一月庚子，舆疾班师。庚戌，遣太原公洋镇邺。辛亥，征世子澄至晋阳。有恶鸟集于亭树，世子使斛律光射杀之。己卯，神武以无功，表解都督中外诸军事。魏帝优诏许焉。是时，西魏言神武中弩。神武闻之，乃勉坐见诸贵。使斛律金敕勒歌，神武自和之，哀感流涕。

侯景素轻世子，尝谓司马子如曰："王在，吾不敢有异；王无，吾不能与鲜卑小儿共事。"子如掩其口。至是，世子为神武书，召景。景先与神武约，得书，书背微点，乃来。书至，无点，景不至。又闻神武疾，遂拥兵自固。神武谓世子曰："我虽疾，尔面更有余忧色，何也？"世子未对。又问曰："岂非忧侯景叛邪？"曰："然。"神武曰："景专制河南十四年矣，常有飞扬跋扈志，顾我能养，岂为汝驾御也。今四方未定，勿遽发哀。厍狄干鲜卑老公，斛律金敕勒老公，并性遒直，终不负汝。可朱浑道元、刘丰生远来投我，必无异心。贺拔焉过儿朴实无罪过，潘相乐本作道人，心和厚，汝兄弟当得其力。韩轨少戆，宜宽借之。彭相乐心腹难得，宜防护之。少堪敌侯景者，唯有慕容绍宗。我故不贵之，留以与汝，宜深加殊礼，委以经略。”

【译文】

十一月庚子日，高欢抱病乘着轿子，率领军队班师。庚戌日，派遣次子太原公高洋到邺城镇守。辛亥日，征召长子、勃海王世子高澄来到晋阳。有一群丑恶的鸟聚在亭边的树上，世子高澄让大将斛律光用弓箭把它们射死。己卯日，高欢因为西征无功而还，上表请求免去自己都督中外诸军事的头衔。魏孝静帝下诏慰问勉励，答应了他的请求。当时，西魏散布谣言说高欢在玉壁城下中了弩箭。高欢听说之后，就带病勉强坐起来，接见各位公卿贵族。高欢让斛律金演唱敕勒民歌，自己跟着伴唱，悲从中来，忍不住流下了眼泪。

侯景一向看不起世子高澄，曾经对司马子如说：“高大王如果活着，我不敢有异心。大王如果逝世，我可不能和这个鲜卑小孩子一同共事！”司马子如慌忙捂住了他的嘴。这时，高澄用高欢的名义写了一封信，征召侯景。侯景从前曾与高欢单独约定，接到高欢的书信，如果信背面有一个小点，才按要求前去。这封信送到侯景手中，侯景看信背面没有小点，就没有应召前往。又听说高欢得了病，于是就集结兵马，加强防守。高欢对高澄说：“我虽然得了病，可你脸上还有多余的担忧神色，这是为什么呢？”高澄不知如何回答。高欢又问：“是不是担心侯景发动叛乱？”高澄说：“是。”高欢说：“侯景专权统辖河南地区，已经有十四年了，经常有飞扬跋扈，不受制于人的志向，只有我才能笼络住他，他怎么会听从你的驾驭呢。现在天下还不安定，我死之后，不要立即发丧。库狄干是鲜卑族老臣，斛律金是敕勒族老臣，这两个人性情诚实朴直，一定不会做对不起你的事情。可朱浑道元、刘丰生都从边远地方前来投奔我，也肯定不会有异心。贺拔焉过儿性情朴实，没有犯过错误，潘相乐过去当过道人，心地宽和厚道，你们兄弟一定会得到他们的帮助。韩轨稍微有些倔犟，应该加以宽容谅解。彭相乐心计过人，应当对他暗中加以提防。差不多可以和侯景对抗的，只有慕容绍宗一人。我故意没有提拔他，留下来给你使用，应当对他加以特别的优礼，交给他一方面的军政大权。”

五年正月朔，日蚀。神武曰：“日蚀其为我邪？死亦何恨。”丙午，陈启于魏帝。是日，崩于晋阳，时年五十二。秘不发丧。六月壬午，魏帝于东堂举哀三日，制缌衰，诏凶礼依汉大将军霍光、东平王苍故事，赠假黄钺、使持节、相国、都督中外诸军事、齐王玺绂、辒辌车、黄屋左纛、前后羽葆鼓吹、轻车介士、兼备九锡殊礼，谥献武王。八月甲申，葬于邺西北漳水之西，魏帝临送于紫陌。天保初，追崇为献武帝，庙号太祖，陵曰义平。天统元年，改谥神武皇帝，庙号高祖。

神武性深密高岸，终日俨然，人不能测，机权之际，变化若神。至于军国大略，独运怀抱，文武将吏，罕有预之。经驭军众，法令严肃，临敌制胜，策出无方。听断昭察，不可欺犯，知人好士，全护勋旧。性周给，每有文教，常殷勤款悉，指事论心，不尚绮靡。擢人授任，在于得才，苟其所堪，乃至拔于厮养，有虚声无实者，稀见任用。诸将出讨，奉行方略，罔不克捷，违失指画，多致奔亡。雅尚俭素，刀剑鞍勒无金玉之饰。少能剧饮，自当大任，不过三爵。居家如官。仁恕爱士。始范阳卢景裕以明经称，鲁郡韩毅以工书显，咸以谋逆见禽，并蒙恩置之第馆，教授诸子。其文武之士，尽节所事见执获而不罪者甚多，故遐迩归心，皆思效力。至南和梁国，北怀蠕蠕，吐谷浑、阿至罗咸所招纳，获其力用，规略远矣。

……

论曰：昔魏氏失驭，中原荡析，齐神武爰从晋部，大号冀方，屡战而翦凶徒，一麾以清京洛。尊主匡国，功济天下。既而魏武帝规避权逼，历数既尽，适所以速关、河之分焉。

【译文】

武定五年正月的头一天，发生了日食。高欢说：“日食难道是因为我的缘故吗？就算死了又有什么悔恨！”丙午日，向魏孝静帝上了临终的奏启。这一天，高欢在晋阳逝世，终年五十二岁。暂时保守秘密不发丧。到六月壬午日，魏孝静帝才正式在东堂开始三天的哀悼活动。缝制了麻布丧衣，下诏按西汉大将军霍光，东汉东平王刘苍的丧葬礼节行事。追赠高欢假黄钺、使持节、相国、都督中外诸军事的头衔，追授给他齐王的玉玺绶带又追赐辒辌车、黄屋左纛、前后羽葆鼓吹、轻车介士等仪仗，兼备了九锡的殊礼，追谥为献武王。八月甲申日，在邺城西北漳河的西岸下葬，魏孝静帝亲自护送灵柩走到紫陌。到北齐天保初年，追崇高欢为献武皇帝，庙号太祖，陵墓的名字为义平陵。北齐后主天统元年，又改谥为神武皇帝，改庙号为高祖。

高欢的为人，深沉严密，思虑高远，平日相貌端庄严肃，心思深不可测。长于机虑权谋，变化运用如神。至于国家的军政方略，完全由他一人思考决定，文武官员，将帅僚吏，都很少能参与决策。统率军队，法令严明。临敌作战，出奇制胜，策略灵活，变幻莫测。听取汇报，处理政务，十分精明细致，绝不会受下属的欺骗蒙蔽。善于用人，赏识人才，对有功的勋旧大臣能加以保全周护。性情细密敏捷，对文教事业十分关心，经常加以细致的查询，办事务求实际，不搞虚浮的点缀。提拔官员、任命职务，都以有无才能作为标准，如果真是才堪任用，就算出身是奴隶仆役也一样提拔。相反那些徒有虚名，并无真才实学的人，极少被任用。将领出征作战，如果按高欢事先制定的战略意图作战，没有不打胜仗的；如果不按高欢的指示办事，就大多遭致损兵折将。他一贯崇尚俭朴，日常使用的刀剑鞍辔都不带有金玉装饰。年轻时有很大酒量，自从承担国家重任以后，每次喝酒都不超过三杯。在家里的日常举动也都和在官位上一样。仁慈宽恕，爱赏士人。当初范阳人卢景裕以精通经书出名，鲁郡人韩毅因擅长书法著称，都因策划反对高欢被逮捕，但高欢不加处罚，而让他们住自己的宅第，开馆教授几个儿子读书。其余的文士武将，因为尽忠侍奉自己的主人，高欢擒获他们也不加罪，这样的例子非常多。所以远近地方的人都被高欢折服，愿意为他效力。至于南面与梁朝通好，北面结纳柔然，吐谷浑、阿至罗等部族也都被招降安抚，得到他们的帮助，可见高欢统治国家的方略、眼光和度量都是非常远大的。

史臣说：当年北魏王朝控制不住天下的局面，中原陷入分崩离析的状态。高欢在山西地区开始创业，在河北地区正式树起旗帜。几次大战，剪除了叛逆势力，马鞭一挥，京城洛阳地区即告平定。尊奉天子、匡扶国家，为天下百姓立了大功。过不久魏孝武帝为躲避高欢权势的逼迫进入关中，北魏王朝的气数正要断绝，这就更加快了东魏、西魏的分裂。

郦道元传

道元字善长。初袭爵永宁侯，例降为伯。御史中尉李彪以道元执法清刻，自太傅掾引为书侍御史。彪为仆射李冲所奏，道元以属官坐免。景明中，为冀州镇东府长史。刺史于劲，顺皇后父也，西讨关中，亦不至州，道元行事三年。为政严酷，吏人畏之，奸盗逃于他境。后试守鲁阳郡，道元表立黉序，崇劝学教。诏曰："鲁阳本以蛮人，不立大学。今可听之，以成良守文翁之化。"道元在郡，山蛮伏其威名，不敢为寇。延昌中，为东荆州刺史，威猛为政，如在冀州。蛮人诣阙讼其刻峻，请前刺史寇祖礼。及以遣戍兵七十人送道元还京，二人并坐免官。

后为河南尹。明帝以沃野、怀朔、薄骨律、武川、抚冥、柔玄、怀荒、御夷诸镇并改为州，其郡、县、戍名，令准古城邑。诏道元持节兼黄门侍郎，驰驿与大都督李崇筹宜置立，裁减去留。会诸镇叛，不果而还。

【译文】

郦道元，字善长，起初，继承父亲的封爵永宁侯，按照惯例，由侯降为伯。御史中尉李彪因道元执法清正苛刻，举荐他由太傅掾升任书侍御史。李彪被仆射李冲参奏下台后，道元因为是李彪的下属官员也被罢免。景明期间（500—503），道元任冀州镇东府长史。冀州刺史于劲，是顺皇后的父亲，当时带兵在关中打仗，不在冀州上任。州上的事全由道元管理达三年之久。由于道元行政严酷，所以不仅官吏畏惧，就是奸诈小人和强盗也纷纷逃离冀州，到别的地方去。后来调道元去鲁阳郡代理太守，他向皇帝打报告，请求在鲁阳建立学校，勉励教师和学生。皇帝指示说："鲁阳原来因为是南方边远地区，不立大学。现在可以允许，使鲁阳像西汉文翁办学那样成为有文化教养的地区。"道元在鲁阳郡的日子，老百姓佩服他的威名，不敢违法。延昌期间（512—515），道元任东荆州刺史，行政威猛跟在冀州一样。当地百姓向皇帝告状，告他苛刻严峻，请求前任刺史寇祖礼回来。等到寇祖礼回来并派遣戍边士兵七十名送道元回京时，两人都因为犯事而被罢官。

后来道元任河南尹。北魏明帝因为沃野、怀朔、薄骨律、武川、抚冥、柔玄、怀荒、御夷等镇均改为州，这些州的郡、县、戍名称，命令用古城邑为标准。皇帝指令道元持节、兼黄门侍郎，与大都督李崇一道按驿站制度兼程而行，筹划哪些地方宜立郡、县、戍，哪些地方要裁减去留。正赶上诸镇叛乱，他们的工作没有结果就回去了。

孝昌初，梁遣将攻扬州，刺史元法僧又于彭城反叛。诏道元持节、兼侍中、摄行台尚书，节度诸军，依仆射李平故事。梁军至涡阳，败退。道元追讨，多有斩获。

后徐御史中尉。道元素有严猛之称，权豪始颇惮之。而不能有所纠正，声望更损。司州牧、汝南王悦嬖近左右丘念，常与卧起。及选州官，多由于念。念常匿悦第，时还其家，道元密访知，收念付狱。悦启灵太后，请全念身，有敕赦之。道元遂尽其命，因以劾悦。

【译文】

孝昌初期，梁朝派遣将领攻打扬州，刺史元法僧又在彭城叛乱。孝明帝命道元持节、兼侍中、代理行台尚书，指挥调遣各路军马，依照仆射李平的故事。梁朝的军队到涡阳，被击退，道元指挥军马追杀，获胜。

后来任命道元为御史中尉。道元素有行政严猛的名声，掌握大权的人开始有些畏惧。但过了一段时间后，道元纠正不正之风没有显著的成效，他的声望因此受到很大的损害。司州牧、汝南王元悦宠爱男娼丘念，常常跟他一起睡觉，一起生活。等到选举州官时，全由丘念操纵。平时丘念隐藏在元悦的家里，隔三差五才回一次家。道元秘密查清丘念回家的规律，找一次机会把丘念抓住，关进监狱。元悦上告灵太后，请求释放丘念。灵太后命令释放，道元抢在命令下达之前把丘念处死，并因此事而检举元悦的违法行为。

时雍州刺史萧宝夤反状稍露，侍中、城阳王徽素忌道元，因讽朝廷，遣为关右大使。宝夤虑道元图己，遣其行台郎中郭子帙围道元于阴盘驿亭。亭在冈上，常食冈下之井。既被围，穿井十余丈不得水。水尽力屈，贼遂逾墙而入。道元与其弟道（缺）二子俱被害。道元瞋目叱贼，厉声而死。宝夤犹遣敛其父子，殡于长安城东。事平，丧还，赠吏部尚书、冀州刺史、安定县男。

道元好学，历览奇书，撰注《水经》四十卷，《本志》十三篇。又为《七聘》及诸文皆行于世。然兄弟不能笃睦，又多嫌忌，时论薄之。子孝友袭。

【译文】

正在这个时候，雍州刺史萧宝夤反叛北魏的意图已经暴露，侍中、城阳王元徽一向忌恨道元，就劝灵太后派道元为关右大使去视察萧宝夤。萧宝夤害怕道元收拾他，于是派手下的行台郎中郭子帙把道元围困在阴盘驿亭。亭在山冈上，平时喝水靠山下的水井。道元在山冈上打井十余丈仍无水，水尽力竭，郭的人马翻墙入亭，把道元和他的弟弟以及两个儿子杀害。道元怒目高声骂萧，气竭而亡，萧宝夤派人把道元父子、弟弟埋葬在长安城东。萧宝夤平定之后，道元的尸骨迁回家乡。朝廷追赠道元吏部尚书、冀州刺史、安定县男。

道元好学，一向喜欢阅览奇书。撰《水经注》四十卷，《本志》十三篇，又有《七聘》等文章流行于世。然而兄弟之间不能团结和睦相处，又多嫌忌，当时的舆论有点看不起。儿子孝友继承爵位。

尔朱荣传

尔朱荣字天宝，北秀容人也。世为部落酋帅，其先居尔朱川，因为氏焉。

高祖羽健，魏登国初为领人酋长，率契胡武士从平晋阳，定中山，拜散骑常侍。以居秀容川，诏割方三百里封之，长为世业。道武初，以南秀容川原沃衍，欲令居之。羽健曰："家世奉国，给侍左右，北秀容既在划内，差近京师，岂以沃墳，更迁远地？"帝许之。所居处曾有狗舐地，因而穿之得甘泉，因名狗舐泉。

曾祖郁德、祖代勤，继为酋长。代勤，太武敬哀皇后舅也。既以外亲，兼数征伐有功，给复百年，除立义将军。曾围山而猎，部人射虎，误中其髀，代勤仍令拔箭，竟不推问，曰："此既过误，何忍加罪。"部内咸感其意。位肆州刺史，封梁郡公，以老致仕，岁赐帛百匹以为常。卒，谥曰庄。孝庄初，追赠太师、司徒公、录尚书事。

父新兴，太和中继为酋长。曾行马群，见一白蛇，头有两角，咒之，求畜牧蕃息。自是牛羊驼马，日觉滋盛，色别为群，谷量之。朝廷每有征讨，辄献私马，兼备资粮，助裨军用。孝文嘉之。及迁洛，特听冬朝京师，夏归部落。每入朝，诸公王朝贵，竞以珍玩遗之，新兴亦报以名马。位散骑常侍、平北将军、秀容第一领人酋长。新兴每春秋二时，恒与妻子阅畜牧于川泽，射猎自娱。明帝时，以年老，启求传爵于荣。卒，谥曰简。孝庄初，赠太师、相国、西河郡王。

【译文】

尔朱荣，北秀容人，字号天宝。他世代担任部落酋长，他的祖先居住在尔朱川，因此，尔朱成为他的姓氏。

尔朱羽健是尔朱荣的高祖父，北魏道武帝登国初年，任契胡部落的领民酋长，率领契胡武士随从道武帝平定晋阳，攻取中山，官拜散骑常侍。他当时居住在秀容川，于是道武帝就下诏割出秀容川一带三百里的土地封给他，作为子孙相传的产业。道武帝正式即位后，因为南秀容川的土地肥沃平坦，打算让尔朱羽健迁居到那里。尔朱羽健说：“我们家世代为国家服务，侍从于皇帝左右，听凭调遣。北秀容一带现已在我治理之下，这地方离京城也还比较近。我怎么能只考虑土地的肥瘠，就搬到远离陛下的地方呢？”道武帝于是就准许他仍然住在原地。尔朱羽健的住处附近曾经有狗用舌头舐地，因而在那地方挖出了一股甘泉，于是把该泉命名为狗舐泉。

尔朱荣的曾祖父尔朱郁德，祖父尔朱代勤，相继担任部落领民酋长。尔朱代勤是北魏太武帝敬哀皇后的舅父。因为他是皇帝的外戚，又屡次出征作战立有功劳，太武帝下令免除他家里一百年的赋役，并拜他为立义将军。有一次尔朱代勤率众围山打猎，部落中的人射老虎，误射中了尔朱代勤的大腿。尔朱代勤只让人把箭拔出来，并不加以追究，说：“这既然是无心而犯的过错，我怎么忍心加罪呢？”部落中的人都为他的宽厚所感动。后来做到肆州刺史，加封梁郡公。因年老退休，皇帝每年赏赐他一百匹丝绸，后来形成了常制。他死后，谥号称为庄。在孝庄帝初年追赠尔朱代勤为太师、司徒公、录尚书事。

尔朱新兴是尔朱荣的父亲，在太和年间继任酋长。他曾经巡察马群，看见一条头上还长有两只角的白蛇。便向它祈祷，希望保佑牲畜不断繁衍生息。此后，部落中的牛羊驼马等牲畜，一天比一天多，以至于后来把它们按颜色专门分群，每群都以山谷作为计量单位。北魏朝廷每遇到对外战事，尔朱新兴就献上自己的私有马匹，并兼备资财粮草，帮助解决军队的费用。孝文帝因此对他十分欣赏。到迁都洛阳以后，特旨准许他冬天到京城朝见，夏天回本部落休养。每次入朝，朝中的王侯公卿等贵族都争相送给他各种奇珍异宝，尔朱新兴也以良种骏马回赠。官至散骑常侍，平北将军，秀容第一领民酋长。每年春秋两季，尔朱新兴都要带着妻子儿女到临水的草原上检阅放牧情况，并举行狩猎活动作为娱乐。孝明帝时，尔朱新兴因为年老，上述请求把爵位传给尔朱荣。去世后，谥号为简。孝庄帝初年，追赠尔朱新兴为太师、相国、西河郡王。

荣洁白美容貌，幼而神机明决。及长，好射猎，每设围誓众，便为军阵之法，号令严肃，众莫敢犯。秀容界有池三所，在高山上，清深不测，相传曰祁连池，魏言天池也。父新兴曾与荣游池上，忽闻箫鼓音，谓荣曰："古老相传，闻此声，皆至公辅。吾年老暮，当为汝耳。"荣袭爵，后除直寝、游击将军。

正光中，四方兵起，遂散畜牧，招合义勇。以讨贼功，进封博陵郡公，其梁郡前爵听赐第二子。时荣率众至肆州，刺史尉庆宾闭城不纳。荣怒，攻拔之，乃署其从叔羽生为刺史，执庆宾还秀容。自是兵威渐盛，朝廷亦不能罪责。及葛荣吞杜洛周，荣恐其南逼邺城，表求东援相州，帝不许。荣以山东贼盛，虑其西逸，乃遣兵固守滏口以防之。于是北捍马邑，东塞井陉。

寻属明帝崩，事出仓卒，荣乃与元天穆等密议，入匡朝廷。抗表云："今海内草草，异口一言，皆云大行皇帝鸩毒致祸，举潘嫔之女以诳百姓，奉未言之儿而临四海。求以徐纥、郑俨之徒，付之司败。更召宗亲，推其明德。"于是将赴京师。灵太后甚惧，诏以李神轨为大都督，将于太行杜防。荣抗表之始，遣从子天光、亲信奚毅及仓头王相入洛，与从弟世隆密议废立。天光乃见庄帝，具论荣心，帝许之。天光等还北，荣发晋阳，犹疑所立，乃以铜铸孝文及咸阳王禧等五王子孙像，成者当奉为主。唯庄帝独就。师次河内，重遣王相密迎庄帝与帝兄彭城王劭、弟始平王子正。武泰元年四月，庄帝自高渚度，至荣军，将士咸称万岁。

【译文】

尔朱荣长相俊美，皮肤白皙，小时候就神情机警，聪明果断。当他长大后，特别喜欢射箭打猎，他每次设置围猎都与众人宣誓，然后就演练作战时的军阵程式，号令严明，没有人敢冒犯。有三个处于秀容的边境上且位于高山之上的水池，水色清澈透明，没人知道到底有多深。相传名字叫祁连池，北魏称为天池。尔朱新兴曾带着尔朱荣在池上游览，忽然听到箫鼓的声音，就对尔朱荣说："上年纪的人相传，听到这种声音的人，将来会做到三公宰相的高位。今天这声音大概是为你而发的吧，因为我已经年纪老了。"尔朱荣承袭了父亲的爵位，后来又官拜直寝、游击将军。

正光年间，正当烽烟四起之时，尔朱荣散发牲畜，招纳义勇组织军队。因为讨伐贼寇有功，晋封为博陵郡公，原来家传的爵位梁郡公恩准赐给他的第二个儿子承袭。当时尔朱荣率领军队到了肆州，刺史尉庆宾紧闭城门不予接纳。尔朱荣大怒，就攻占了肆州，任命他的堂叔尔朱羽生为肆州刺史，把尉庆宾抓回了秀容。自此之后尔朱荣的兵力日渐强大，北魏朝廷也无力加以惩罚。到了葛荣吞并杜洛周起义军以后，尔朱荣担心葛荣会南下进逼邺城，上表请求东进到相州一带增援，孝明帝没有答应。尔朱荣见到太行山以东的起义军力量不断壮大，怕他们向西发展，就派遣部队坚守滏口，加以防御。于是尔朱荣的军队在北面捍卫住马邑，东面把守着井陉要道。

不久，孝明帝突然去世，事情来得特别仓促。尔朱荣就和北魏帝室亲属元天穆等人暗中商议，准备入朝辅政。他上书直言道："目前国内人心骚动，大家异口同声，都说先皇帝是中毒致死的。朝廷先拿潘嫔生的女儿冒充太子欺骗百姓，随后又立了一个还不会说话的幼儿君临天下。我们要求把徐纥、郑俨这些佞幸之徒都抓起来，交给司法官员论罪。然后再召集宗室亲王，重新推选一个有德之君为天下之主。"于是就准备开赴京师。皇太后胡氏闻讯十分害怕，下诏委任李神轨为大都督，准备在太行山一带布防。尔朱荣在一开始上表的时候，就派侄子尔朱天光、亲信奚毅及家人王相进入洛阳，和在洛阳做官的堂弟尔朱世隆一同暗中商议废立皇帝的计划。尔朱天光随即拜见了长乐王元子攸，也就是后来的北魏孝庄帝，向他陈述尔朱荣准备拥立他为皇帝的打算，孝庄帝表示同意。尔朱天光等人北返之后，尔朱荣就从晋阳统兵南下。临行对拥立计划又有些犹疑，就专门用铜铸造孝文帝以及咸阳王元禧等五位亲王子孙们的塑像，塑像能铸成的，就推奉他为皇帝。结果只有孝庄帝一人的塑像铸成。军队停驻在河内，尔朱荣再次派遣王相秘密迎接孝庄帝，以及孝庄帝的哥哥彭城王元劭和弟弟始平王元子正。孝庄帝在武泰元年四月，从高渚出发渡过黄河，到达尔朱荣的军营，将士们全都称呼万岁。

及庄帝即位，诏以荣为使持节、都督中外诸军事、大将军、开府、尚书令、领军将军、领左右、太原王。及渡河，太后乃下发入道，内外百官皆向河桥迎驾。

荣惑武卫将军费穆之言，谓天下乘机可取，乃谲朝士共为盟誓，将向河阴西北三里，至南北长堤，悉命下马西度，即遣胡骑四面围之。妄言丞相高阳王欲反，杀百官王公卿士二千余人，皆敛手就戮。又命二三十人拔刀走行宫。庄帝及彭城王、霸城王俱出帐。荣先遣并州人郭罗察共西部高车叱列杀鬼在帝左右，相与为应。及见事起，假言防卫，抱帝入帐，余人即害彭城、霸城二王。乃令四五十人迁帝于河桥，沈灵太后及少主于河。时又有朝士百余人后至，仍于堤东被围。遂临以白刃，唱云能为禅文者出，当原其命。时有陇西李神俊、顿丘李谐、太原温子升并立当世辞人，皆在围中，耻是从命，俯伏不应。有御史赵元则者，恐不免死，出作禅文。荣令人诫军士，言元氏既灭，尔朱氏兴，其众咸称万岁。荣遂铸金为己像，数四不成。时荣所信幽州人刘灵助善卜占，言今时人事未可。荣乃曰："若我作不吉，当迎天穆立之。"灵助曰："天穆亦不吉，唯长乐王有王兆耳。"荣亦精神恍惚，不自支持，遂便愧悔，至四更中，乃迎庄帝，望马首叩头请死。其士马三千余骑，既滥杀朝士，乃不敢入京，即欲向北为移都之计。持疑经日，始奉驾向洛阳宫。及上北芒，视城阙，复怀畏惧，不肯更前。武卫将军泛礼苦执不听。复前入城，不朝戍。北来之人，皆乘马入殿。诸贵死散，无复次序，庄帝左右，唯有故旧数人。荣犹执移都之议，上亦无以拒焉。又在明光殿重谢河桥之事，誓言无复二心。庄帝自起止之，因复为荣誓，言无疑心。荣喜，因求酒一遍。及醉熟，帝欲诛之，左右苦谏乃止。即以床舆向中常侍省。荣夜半方寤，遂达旦不眠。自此不复禁中宿矣。

【译文】

当孝庄帝即位后，任命尔朱荣为使持节、都督中外诸军事、大将军、开府、尚书令、领军将军、领左右，并且加封他为太原王。当他们渡过黄河时，灵太后就剃掉头发进了道观，朝廷百官都到河边迎接孝庄帝。

尔朱荣被费穆认为可以趁此机会夺取天下的言语所蛊惑，他于是就欺骗朝廷百官一起盟誓，带领他们去河阴西北三里之处，当到了南北长堤，他就命令他们全部下马从西边渡河，并马上派胡人的骑兵从四面包围他们。他诬陷丞相高阳王元雍企图谋反，并杀掉文武百官、王公贵族一共两千多人。这些人毫无防备，束手就戮。尔朱荣又派二三十名军士持刀奔向孝庄帝临时居住的行宫。孝庄帝与元劭、元子正兄弟三人一同走出帐外观看。尔朱荣事先已派并州人郭罗察和西部高车人叱列杀鬼在孝庄帝左右侍奉，准备相机与外边互为策应。至此时见到外边已经开始行动，便假称防护保卫，抱持着孝庄帝进入帐内。外边的军士就杀害了元劭和元子正。尔朱荣随后命令四五十名军士把孝庄帝挟持到河桥，并把皇太后胡氏以及她扶立的幼帝元钊都沉到黄河里淹死。这时又有一百多名朝官随后赶到，仍然在大堤东面被包围起来。于是就以钢刀相威胁，宣布说能写禅位给尔朱荣诏书的人可以出来，饶了他的性命。当时陇西人李神俊、顿丘人李谐，太原人温子升都是当代著名的文章高手，均被包围在里面。这些人耻于从命，都伏在地上不作声。有一个叫赵元则的御史，害怕自己不免一死，就出来写了禅位诏书。尔朱荣随即让人晓谕军士，说元魏王朝已经灭亡，尔朱氏将要代为皇帝。部下的军士都齐呼万岁。于是尔朱荣就用黄金浇铸自己的塑像，铸了好几次也没有铸成。当时尔朱荣信任的一个幽州人叫刘灵助的，善于占卜，对尔朱荣说现在做皇帝，人事方面的条件还不具备。尔朱荣就说："要是我做皇帝不吉利，那就把元天穆接来，立他好了。"刘灵助说："元天穆也不吉利。只有长乐王才有做皇帝的天命。"尔朱荣也感到精神恍惚，心理上支持不住，就有了惭愧追悔的意思。到夜里四更左右，又把孝庄帝接回来，对着孝庄帝的马头下拜叩头，请求以死赎罪。尔朱荣带来的军队共有三千多骑兵，既已滥杀了大批朝官，就不敢进入京城洛阳，而想裹胁孝庄帝一同北还，做迁都的打算。这样犹豫不决了好几天，才簇拥着孝庄帝向洛阳的皇宫进发。及至走到北芒山，看见了洛阳的城墙，尔朱荣又害怕起来，不肯往前走。武卫将军泛礼苦苦相劝，也不听从。最后总算进入了洛阳城中，但也没有正式恢复朝会和戍卫制度。北来的军士，都骑着马直接闯入大殿。原来的高官贵族或是被杀，或是已经逃窜，朝廷中已毫无秩序章法可言。孝庄帝身边也只剩下少数几个从前的亲信大臣。尔朱荣仍然坚持迁都的意见，孝庄帝也无力与他抗衡。尔朱荣又在明光殿再次就河桥迁驾的事情向孝庄帝谢罪，发誓说自己对孝庄帝绝无二心。孝座帝亲自站起来劝阻他，并且自己也向尔朱荣发誓，说对尔朱荣信任如故，没有疑心。尔朱荣高兴起来，就请求君臣一起喝一次酒。不久尔朱荣就喝醉睡熟了，孝庄帝打算趁机杀掉他，左右的人苦苦劝阻，于是就把尔朱荣连床抬到了中常侍省。尔朱荣半夜酒劲才醒，后来一直到天亮也没有睡着，从此他再也不敢在宫禁中留宿。

荣女先为明帝嫔，欲上立为后，帝疑未决。给事黄门侍郎祖莹曰："昔文公在秦，怀嬴入侍。事有反经合义，陛下独何疑焉？"上遂从之，荣意甚悦。

于时人间犹或云荣欲迁都晋阳，或云欲肆兵大掠，迭相惊恐，人情骇震。京邑士子，十不一存，率皆逃窜，无敢出者，直卫空虚，官守废旷。荣闻之，上书谢愆。无上王请追尊帝号；诸王、刺史，乞赠三司；其位班三品，请赠令仆；五品之官，各赠方伯；六品已下及白身，赠以镇郡。诸死者无后，听继，即授封爵。均其高下，节级别科，使恩洽存亡，有慰生死。诏如所表。又启帝，遣使巡城劳问，于是人情遂安，朝士逃亡者，亦稍来归阙。荣又奏请番直，朔望之日，引见三公、令、仆、尚书、九卿及司州牧、河南尹、洛阳河阴执事之官，参论国政，以为常式。

五月，荣还晋阳，乃令元天穆向京，为侍中、太尉公、录尚书事、京畿大都督，兼领军将军，封上党王。树置腹心在列职，举止所为，皆由其意。七月，诏加荣柱国大将军。

【译文】

尔朱荣的女儿先前是孝庄帝的嫔妃，尔朱荣想要孝庄帝立她为皇后，皇帝犹豫不决。给事黄门侍郎祖莹说："从前晋文公在秦国时，让自己的妻子怀嬴入宫侍奉。此事虽然违反经书上的准则，但事实上却合乎道义。陛下有什么可犹豫的呢？"孝庄帝听从了他的建议，尔朱荣非常高兴。

当时民间还是有人说尔朱荣想把国都迁都到晋阳，还有人说尔朱荣准备放纵士兵大肆抢夺，这些事情都让人们惊恐，以致人心动荡。京城洛阳里的士人，大都或逃亡或躲避，不敢出来露面。朝廷中官位职守也出现很多空缺，几乎无人当值戍卫。尔朱荣听说这种情况，上书谢罪。奏请追尊孝庄帝的哥哥元劭皇帝帝号，遇害的诸王、刺史都追赠三公的品位，三品官追赠尚书令、仆射，五品官追赠刺史，六品以下直到没有官位的人都追赠郡守。死者没有了后嗣的，准许过继后嗣，然后再以封爵相授。总的原则是按照原来的官品高低，分级分类赠恤，使皇恩普及于每个人，死者都能得到安慰。孝庄帝下诏就按尔朱荣的奏请去办。尔朱荣又启奏孝庄帝，请求派使节在洛阳城巡视慰劳问候老百姓。于是人心逐渐安定下来，逃亡在外的朝官也慢慢都回到朝中。尔朱荣又上奏请求让轮班值日的人，在农历初一和十五这一天，皇帝专门接见三公、尚书令、仆射、各部尚书、九卿，以及司州牧、河南尹和洛阳、河阴的有关行政官员，参加讨论国政，并以此为常制。

尔朱荣在五月返回晋阳。于是命令元天穆前去京城，担任侍中、太尉公、录尚书事、京畿大都督，兼领军将军，加封上党王。朝廷各主要机构都安插了尔朱荣的心腹，他们的一言一行，都由尔朱荣决定。七月，诏令把尔朱荣升为柱国大将军。

时葛荣向京师，众号百万，相州刺史李神俊闭门自守。荣率精骑七千，马皆有副，倍道兼行，东出滏口。而与葛荣众寡非敌。葛荣闻之，喜见于色，乃令其众办长绳，至便缚取。自邺以北，列阵数十里，箕张而进。荣潜军山谷为奇兵，分督将已上三人为一处，处有数百骑，令所在扬尘鼓噪，使贼不测多少。又以人马逼战，刀不如棒，密勒军士，马上各赍袖棒一枚，至战时，虑废腾逐，不听斩级，使以棒棒之而已。乃分命壮勇，所当冲突，号令严明，将士同奋。荣身自陷阵，出于贼后，表里合击，大破之。于阵禽葛荣，余众悉降。荣恐其疑惧，乃普令各从所乐，亲属相随，任所居止。于是群情喜悦，登即四散，数十万众，一朝散尽。待出百里之外，乃始分道押领，随便安置，咸得其宜。获其渠帅，量才授用，新附者咸安。时人服其处分机速。乃槛车送葛荣赴阙。诏加荣大丞相、都督河北畿外诸军事。

初，荣将讨葛荣，军次襄垣，遂大猎，有双兔起于马前，荣弯弓誓之曰：“中则禽葛荣，不中则否。”既而并应弦而殪，三军咸悦。及后，命立碑于其所，号双兔碑。又将战夜，梦一人从葛荣索千牛刀，葛荣初不肯与，此人自称己是道武皇帝，葛荣乃奉刀，此人手持授荣。寤而喜，自知必胜。

【译文】

当时葛荣逼近京城，号称有百万士兵，相州刺史李神俊紧闭城门做坚固的防守。尔朱荣亲自率领七千名精锐骑兵，每人都有正副两匹马，日夜兼程，从东门出了滏口。但人马与葛荣相比却是寡不敌众。葛荣听后，喜形于色，就命令自己部下的军士每人准备一条长绳，打算把尔朱荣的军队手到擒来，一一捆捉。葛荣的军队在邺城以北列了几十里的长阵，张开两翼向前推进。尔朱荣在四周的山谷中埋伏部队，作为奇兵，把督将以上的将领每三个人分派在一处，每处都只有几百名骑兵，让各处一起飞扬尘土，呐喊鼓噪，使敌军无法知道到底有多少军队。又考虑到骑兵贴身近战，与刀相比用棒做兵器更方便，于是暗中下令给军士，让他们在马上各自携带一只袖棒。交战的时候为了不至于妨碍奔驰追逐，不要求斩下敌军的首级，只要用袖棒把他们打倒就可以了。于是分派精锐军士，哪一部分在何处作战，号令严明，将领士卒的情绪都十分高涨。尔朱荣一马当先，亲自率军从葛荣军队后面绕出来，冲锋陷阵。这样各小股军队协同作战，内外一同进击，大败葛荣的军队，当场在阵中活捉葛荣，他的部众也全部投降了。尔朱荣担心他们有猜疑畏惧的心理，就广泛下令，让他们各自找喜欢去的地方，准许让亲属追随，自选安身之地。因此，众人喜悦，一下子便四散而走，数十万的军队，片刻之间就散光了。等到走出一百多里地后，才开始分路押送，就便安置，每个人都得到了恰当的安排。对擒获的葛荣部将，尔朱荣量才而用，新归附的人也都能安下心来。当时的人佩服他处理事情迅速敏捷。尔朱荣于是用囚车把葛荣押送回朝廷。孝庄帝下诏，加授尔朱荣大丞相，都督河北畿外诸军事。

当初，尔朱荣率领部队征讨葛荣，开到襄垣时，曾进行过大规模的围猎。有一双兔子跳到马前，尔朱荣弯弓搭箭，对天祈祷说："如果射中，就表明能生擒葛荣；射不中则不能。"结果两只兔子都应弦而死，全军将士大为振奋。到战役结束以后，尔朱荣命令在围猎的地方专门立了一块碑以示纪念，叫作双兔碑。另外，交战头一天夜里，尔朱荣梦见有一个人向葛荣索要他的千牛刀。葛荣开始不肯给，那人自称是北魏开国皇帝道武帝，葛荣于是把刀进献给他，那个人又把刀亲手转交给尔朱荣。尔朱荣梦醒之后就非常高兴，知道自己一定会取得胜利。

又诏以冀州之长乐、相州之南赵、定州之博陵、沧州之浮阳、平州之辽西、燕州之上谷、幽州之渔阳七郡，各万户，通前满十万，为太原国邑。又加位太师。

建义初，北海王元颢南奔梁，梁立为魏主，资以兵将。时邢杲以三齐应颢。朝廷以颢孤弱，永安二年春，诏元天穆先平齐地，然后征颢。颢乘虚径进，荥阳、武牢并不守，车驾出居河北。荣闻之，驰传朝行宫于上党之长子，舆驾于是南趣。荣为前驱，旬日之间，兵马大集。天穆克平邢杲，亦渡河以会。车驾幸河内。荣与颢相持于河上，无船不得即渡。议欲还北，更图后举，黄门郎杨侃、高道穆等并固执以为不可。属马渚杨云有小船数艘，求为乡导。荣乃令都督尔朱兆等率精骑夜济。颢奔，车驾渡河，入居华林园。诏加荣天柱大将军，增封通前二十万户，加前后部羽葆鼓吹。

【译文】

皇帝又诏令把冀州的长乐郡、相州的南赵郡、定州的博陵郡、沧州的浮阳郡、平州的辽西郡、燕州的上谷郡、幽州的渔阳郡总共七个郡，每郡一万户，加上从前所封的总共有十万户，作为尔朱荣的太原国食邑，并加封他为太师。

建义初年，北海王元颢往南部投奔梁朝，梁朝把他推立为魏主，并赐予他兵将。当时河间人邢杲为响应元颢，在山东地区造反。朝廷认为元颢势单力弱，不足为虑。永安二年春天下诏，派元天穆率军先去平定山东，然后再讨伐元颢。元颢趁洛阳一带兵力空虚，长驱直入，荥阳、武牢都被攻占，孝庄帝逃到黄河以北。尔朱荣闻讯，乘驿传急驰到上党郡长子县的行宫朝见孝庄帝，孝庄帝才转而向南进发。尔朱荣亲自充当前驱，十来天的时间里，各地兵马纷纷前来集合。元天穆平定了邢杲的起义，也渡过黄河前来会合。孝庄帝进入河内。尔朱荣与元颢隔黄河相持，但没有船，一下子过不去。和诸位大臣、僚属商议，打算暂且收军北撤，以后再另做讨伐元颢的打算。黄门郎杨侃、高道穆等人坚决反对，认为不能这样做。恰好马渚地方有几户姓杨的人家报告说有几艘小船，请求担任向导。尔朱荣于是命令都督尔朱兆等人率领精锐骑兵夜晚渡河。元颢逃奔，皇帝渡过黄河，入住华林园。诏令加授尔朱荣为天柱大将军，增加封户，与以前合计共达二十万户。还加赐仪仗有前后部羽葆鼓吹。

荣寻还晋阳，遥制朝廷，亲戚腹心，皆补要职，百僚朝廷动静，莫不以申。至于除授，皆须荣许，然后得用。庄帝虽受制权臣，而勤政事，朝夕省纳，孜孜不已。数自理冤狱，亲览辞讼。又选司多滥，与吏部尚书李神俊议正纲纪，而荣乃大相嫌责。曾关补定州曲阳县令，神俊以阶县不奏，别更拟人。荣大怒，即遣其所补者往夺其任。荣使入京，虽复微蔑，朝贵见之，莫不倾靡。及至阙下，未得通奏，恃荣威势，至乃忿怒。神俊遂上表逊位。荣欲用世隆摄选，上亦不违。荣曾启北人为河内诸州，欲为掎角势，上不即从。天穆入见论事，上犹未许。天穆曰："天柱既有大功，为国宰相，若请普代天下官属，恐陛下亦不得违。如何启数人为州，便停不用？"帝正色曰："天柱若不为人臣，朕亦须代；如其犹存臣节，无代天下百官理。"荣闻，大怒曰："天子由谁得立？今乃不用我语！"皇后复嫌内妃嫔，甚有妒恨之事。帝遣世隆语以大理，后曰："天子由我家置立，今便如此。我父本日即自作，今亦复决？"世隆曰："兄止自不为，若本自作，臣今亦得封王。"帝既外迫强臣，内逼皇后，恒怏怏不以万乘为贵。

【译文】

尔朱荣不久后返回晋阳，他在那里来遥控朝廷。他的亲戚和心腹，都在朝廷担任要职，百官在朝廷的一举一动，他们都会向他汇报。官员的任用都必须经过尔朱荣的批准，然后才能上任。孝庄帝虽然被朝臣监督控制，但却勤于处理朝廷政事，批改奏章，孜孜不倦。而且亲自审理冤狱，过问刑法诉讼。又因为官吏选拔没有标准、比较粗滥，与吏部尚书李神俊一起商量，打算严肃选拔官吏的纲纪。尔朱荣对孝庄帝的这些举动都非常不满，屡加责难。有一次尔朱荣批文委任一个人做定州曲阳县的县令，李神俊认为此人级别太低，不够资格，就没有奏闻，而另外拟定人选。尔朱荣知道后大怒，就派他委任的人前去任所强行夺取了官位。每次尔朱荣的使节到洛阳，就算本来是一个地位很低下的人，朝中的达官贵人见到他，也没有不低声下气、献媚讨好的。等到了皇宫门口，一时没有得到通报入见，仗着尔朱荣的权威声势，甚至就当场发起脾气来。李神俊便向孝庄帝上表，请求辞职。尔朱荣打算起用他的堂弟尔朱世隆来掌管官员的选任事务，孝庄帝也不好反对。又有一次，尔朱荣奏请选用一些北边部族的人充任河内地区各州的长官，希望与自己构成掎角呼应之势，孝庄帝没有马上答应。元天穆入宫晋见孝庄帝论及此事，孝庄帝仍然不同意。元天穆说："天柱大将军既然为国家立有大功，做到宰相的高位，就算是请求全部更换天下所有的官员吏属，恐怕陛下也不能不答应。为什么只启奏几个人任州官，陛下就不同意呢？"皇帝严肃的说："尔朱荣假如不是朕的臣子，朕也应当被替代；如果他还有臣子的节操，就没有替换天下百官的理由。"尔朱荣听说之后，大怒说："皇帝是靠谁拥立起来的？现在竟然不听我的话了！"尔朱荣的女儿孝庄帝皇后又对孝庄帝聘娶妃嫔不满，做出很多妒忌的举动。孝庄帝派尔朱世隆向她晓谕做妻子的道理，尔朱皇后说："你是靠我尔朱家里的人才拥立起来的，你现在就变成这样。我父亲从现在就一切事情自作主张，现在你还能再做决定吗？"尔朱世隆说："我兄长只是不想自己当皇帝而已，如果他原先就想当皇帝，我现在也就可以被封为王了。"孝庄帝外受权臣所逼，内受皇后所迫，常怏怏不乐，不以皇位为贵。

先是，葛荣枝党韩娄仍据幽、平二州，荣遣都督侯深讨斩之。时万俟丑奴、萧宝夤拥众豳、泾，荣遣其从子天光为雍州刺史，令率都督贺拔岳、侯莫陈悦等入关讨之。天光至雍州，以众少未进，荣大怒，遣其骑兵参军刘贵驰驿诣军，加天光杖罚。天光等大惧，乃进讨，连破之，禽丑奴，宝夤，并槛车送阙。天光又禽王庆云、万俟道乐，关中悉平。于是天下大难便尽。庄帝恒不虑外寇，唯恐荣为逆，常时诸方未定，欲使与之相持，及告捷之日，乃不甚喜，谓尚书令、临淮王彧曰："即今天下便是无贼？"临淮见帝色不悦，曰："臣恐贼平以后，方劳圣虑。"帝畏余人怪，还以他语解之，曰：“其实抚宁荒余，弥成不易。”

荣好射猎，不舍寒暑，法禁严重，若一鹿出，乃有数人殒命。曾有一人，见猛兽便走，谓曰：“欲求活邪！”遂即斩之。自此猎如登战场。曾见一猛兽在穷谷中，乃令余人重衣空手搏之，不令复损，于是数人被杀，遂禽得之。持此为乐焉。列围而进，虽阻险不得回避，其下甚苦之。

【译文】

葛荣的余党韩娄在此之前仍然占据幽州和平州。尔朱荣派都督侯深进讨伐并杀掉了韩娄。当时万俟丑奴、萧宝夤聚众占据了关中的豳州、泾州地区，尔朱荣派自己的堂侄尔朱天光出任雍州刺史，率领都督贺拔岳、侯莫陈悦等人的部队入关征讨他们。尔朱天光到了雍州，因为兵力太少不敢前进。尔朱荣非常愤怒，派属下的骑兵参军刘贵乘驿传急驰到军中杖罚尔朱天光，以示惩罚。尔朱天光等人非常恐惧，于是进军征讨，连连击败敌人，生擒万俟丑奴和萧宝夤，一并装在囚车里送往洛阳。尔朱天光另外还擒获了王庆云、万俟道乐等，关中地区完全被平定。至此北魏境内的起兵、割据势力都被消灭了。孝庄帝实际上一直不为外地的祸患担忧，而只害怕尔朱荣谋反。平时四方的战事没有结束，希望借此牵制尔朱荣的力量，内外抗衡。等到境内完全平定，报捷的那一天，孝庄帝便显得不很高兴，对尚书令、临淮王元彧说：“现在天下果真是没有盗贼了吗？”临淮王看到孝庄帝的神色不悦，就说：“我怕贼军被消灭之后，皇上更加劳神。”孝庄帝害怕其他人见怪，就用话岔开说：“其实要使边远地区安宁下来，是更加不容易的事情啊。”

尔朱荣喜好打猎，不论是冬天还是夏天。他法令严酷，如果有一头鹿跑掉了，他就要杀掉几个人。曾经有一个兵士见到猛兽就跑，尔朱荣对他说：“你想逃命吗？”马上将他斩首。从此之后军士参加围猎，就像上了战场一样。又有一次见到一只猛兽被困在深谷当中，就让周围的军士多穿几层衣服，空手去擒拿这只猛兽，不准让它受到伤损。结果一连死了好几个人，才把这只猛兽擒住。尔朱荣常常以此为乐。他列队圈圈向前推进，即使遇到险要地形也不允许士兵退缩，他的部下为此特别愁苦。

太宰元天穆从容言荣勋业，宜调政养人。荣便攘肘谓天穆曰：“太后女主，不能自正，推奉天子者，此是人臣常节。葛荣之徒，本是奴才，乘时作乱，譬如奴走，禽获便休。顷来受国大宠，未能混一海内，何宜今日便言勋也？如闻朝士犹自宽纵，今秋欲共兄戒勒士马，校猎嵩原，令贪污朝贵，入围搏虎。仍出鲁阳，历三荆，悉拥生蛮，北填六镇。回军之际，因平汾胡。明年简练精骑，分出江、淮，萧衍若降，乞万户侯；如其不降，径度数千骑，便往缚取。待六合宁一，八表无尘，然后共兄奉天子巡四方，观风俗，布政教，如此乃可称勋耳。今若止猎，兵士懈怠，安可复用也？”

及见四方无事，用遣人奏曰：“参军许周劝臣取九锡，臣恶其此言，已发遣令去。”荣时望得殊礼，故以意讽朝廷。帝实不欲与之，因称其忠。荣见帝年长明悟，为众所归，欲移自近，皆使由己。每因醉云，入将天子，拜谒金陵后，还复恒朔。而侍中朱元龙辄从尚书索太和中迁京故事，于是复有移都消息。

荣乃暂来向京，言看皇后娩难。帝惩河阴之事，终恐难保，乃与城阳王徽、侍中杨侃、李彧、尚书右仆射元罗谋，皆劝帝刺杀之。唯胶东侯李侃晞、济阴王晖业言荣若来，必有备，恐不可图。又欲杀其党羽，发兵拒之。帝疑未定，而京师人怀忧惧，中书侍郎邢子才之徒，已避之东出。荣乃遍与朝士书，相任留。中书舍人温子升以书呈帝，帝恒望其不来，及见书，以荣必来，色甚不悦。武卫将军奚毅，建义初往来通命，帝每期之甚重，然以为荣通亲，不敢与之言情。毅曰：“若必有变，臣宁死陛下难，不能事契胡。”帝曰：“朕保天柱无异心，亦不忘卿忠款。”

【译文】

太宰元天穆从容地谈论尔朱荣的功勋，还是说应该调整朝政爱护人民。尔朱荣挽起胳膊对元天穆说：“灵太后是国家的女主，她自身就不正派，我之所以推立天子，这是当臣子应有的节操。葛荣那些本来就是奴隶出身的人，趁机犯上作乱，就如同奴仆跑了，抓回来就算完事了。近来承蒙国家给我极大的荣誉、地位，但还没有能统一天下，今天怎么就能谈得上有功勋业绩呢？前不久又听说朝中官员仍然行为放纵，不加检点，因此今年秋天打算和老兄一起检阅军队，到嵩山周围的原野上进行围猎演习，让那些贪赃枉法、行为不端的朝中贵人们，都到围猎的圈子里面徒手捉拿老虎。然后兵出鲁阳，横扫荆、楚地区，把那些不开化的蛮族统统抓来，送到北边，充实六镇的人口。军队返回的时候，顺便再讨平汾河沿岸的胡人。明年选拔操练精锐骑兵，分路开往江、淮流域。梁朝皇帝萧衍如果投降，就替他讨一个万户侯的爵位；要是不投降，就直接差遣几千骑兵，过江把他抓回来。等到天下已经统一、四方没有战乱，然后再和老兄一同簇拥着天子巡视各地，观察风土人情，推广政令教化。像这样才能算有功勋。现在我如果停止射猎活动，士兵就会情绪松懈，今后还怎么再依靠他们行军打仗呢？”

当看到的天下平安无事，尔朱荣就派遣人上奏说：“参军许周建劝我向陛下要九锡之赐，我讨厌这种言论，已经发布命令打发他走了。”尔朱荣当时很期待得到特殊的待遇，所以用那样的话来暗示朝廷。而皇帝其实不想给他特殊待遇，于是就称赞他的忠诚不二。尔朱荣见到孝庄帝年纪已经长大，聪明机智，为很多人所归心，就打算把他引到自己的身边，使他一举一动都能由自己控制。因此每次喝醉时都谈到，将要入京拥戴着天子，拜谒北魏先代皇帝陵墓之后，一同回到山西北部的恒州、朔州地区。而侍中朱元龙也向尚书省索要孝文帝太和年间由平城迁都洛阳的有关制度典故，这样迁都的传闻再次传播开来。

于是，尔朱荣突然来到京城，声称是来看望难产中的皇后。皇帝鉴于两年前河阳发生的事情，担心不能自保，就和城阳王元徽、侍中杨侃、李彧、尚书右仆射元罗一同商量，他们都劝说皇帝趁机杀死尔朱荣。只有胶东侯李侃晞、济阴王元晖业说尔朱荣必定是有备而来，难以算计。又有人主张先杀掉尔朱荣在朝的党羽，然后发兵抵御。孝庄帝心中迟疑未定，而这时京城中的人都已预感到情况不妙，心怀恐惧，中书侍郎邢子才等一些人已经为躲避灾祸向东逃出了洛阳。尔朱荣于是一一给朝中官员写信，希望他们留在京城。中书舍人温子升把收到的信呈送给孝庄帝。孝庄帝一直盼望尔朱荣不要来，等看到信，知道尔朱荣一定会来，神色非常不高兴。武卫将军奚毅曾经在孝庄帝即位之初往来传递消息，孝庄帝常常对他寄予很大的期望，但又考虑到他和尔朱荣有亲戚关系，不敢向他吐露真实的心情。奚毅说："如果一定会出现变故的话，我宁愿为陛下赴死，也不愿侍奉胡人。"孝庄帝说："朕担保尔朱荣不会有二心，但朕不能忘记你的忠诚。"

三年八月，荣将四五千骑，发并州向京。时人皆言其反，复道天子必应图之。九月初，荣至京。有人告云，帝欲图之。荣即具奏。帝曰："外人亦言王欲害我，岂可信之？"于是荣不自疑，每入谒帝，从人不过数十，皆不持兵仗。帝欲止，城阳王曰："纵不反，亦何可耐？况何可保耶？"又北人语讹，语"尔朱"为"人主"。上又闻其在北言，我姓人主。先是，长星出中台，扫大角。恒州人高荣祖颇明天文，荣问之曰："是何祥也？"答曰："除旧布新象也。昔长星扫大角，秦以之亡。"荣闻之悦。又荣下行台郎中李显和曾曰："天柱至，那无九锡，安须王自索也？亦是天子不见机！"都督郭罗察曰："今年真可作禅文，何但九锡？"参军褚光曰："人言并州城上有紫气，何虑天柱不应？"荣下人皆凌侮帝左右，无所忌惮，其事皆上闻。奚毅又见，求闻。帝即下明光殿与语。帝又疑其为荣，不告以情。乃知毅赤诚，乃召城阳王徽及杨侃、李彧，告以毅语。

荣小女嫁与帝兄子陈留王，小字伽邪，荣尝指之曰："我终当得此女婿力。"徽又云："荣虑陛下终为此患，脱有东宫，必贪立孩幼。若皇后不生太子，则立陈留以安天下。"并言荣指陈留语状。帝即有图荣意，夜梦手持一刀自害，落十指节，都不觉痛。恶之，以告城阳王徽及杨侃。徽解梦曰："蝮蛇螫手，壮士解腕。割指节与解腕何异？去患乃是吉祥。"闻者皆言善。

【译文】

建义三年八月，尔朱荣从并州率领四五千骑兵向京城进发。当时百姓说尔朱荣准备造反，并且又说皇上一定会有所准备。九月初，尔朱荣到达京城，有人告诉他皇帝想要杀死他。尔朱荣就立即上奏。孝庄帝说："外面传言说你也想要杀我，这样的谣传可以相信吗？"于是尔朱荣不再疑虑，每次拜谒皇帝，随从的人都不超过几十人，而且都不带兵器。孝庄帝因而想停止刺杀计划，城阳王元徽说："就算他不想谋反，您又怎么能忍耐呢？何况怎么能保证他一定不会谋反呢？"另外，当时北边地方的人语音不标准，把"尔朱"往往说成"人主"。孝庄帝又听说尔朱荣在北边自称，我姓人主。在此之前，有一个长尾巴的彗星从中台一带出现，扫过大角星。恒州人高荣祖颇通晓天文，尔朱荣就问他："这是什么征兆呢？"高荣祖回答说："这是除旧布新的征兆。过去长尾巴的彗星扫过大角星，秦朝就因此而灭亡了。"尔朱荣听了以后非常高兴。尔朱荣的部属，行台郎中李显和有一次曾对人说："天柱大将军到了京城，哪能不给九锡之礼，怎么还用得着大王本人索取呢？这也是天子太不会见机行事了！"都督郭罗察说："今年连禅位的诏书也可以写出来，岂但九锡之礼呢？"参军褚光说："听人说并州城头上有紫气出现，还怕天柱大将军不会上应天象吗？"连尔朱荣的部下都欺凌皇帝的身边人，而且肆无忌惮，这些事情都上报给了皇帝。奚毅再次求见，询问皇帝的打算。孝庄帝立即走到明光殿同他讲话。又怀疑他是为尔朱荣而来，因此没有告诉他实情。当知道奚毅的一片赤诚之后，于是召集城阳王元徽及杨侃、李彧，把奚毅的意思转告给他们。

尔朱荣把名叫伽邪的小女儿嫁给了皇帝的侄子陈留王。尔朱荣曾指着陈留王说："我最终一定会靠这个女婿帮助的。"城阳王元徽又上奏说："尔朱荣担心陛下最终把他当作祸患，如果要立太子，一定急着推立小太子。如果皇后没有生太子，就要拥立陈留王来安抚天下。"同时陈述了尔朱荣指着陈留王说的那些话。孝庄帝既已有了图谋尔朱荣的意图，有一次夜里梦见手里拿着一把刀自残，砍掉了自己的十个手指，但都不觉得痛。醒来以后觉得不吉利，就告诉了城阳王元徽和杨侃。元徽解释这个梦说："一旦手被蝮蛇咬了，真正的壮士就会砍掉自己的手腕。割指头和切断手腕有什么不同呢？难道不是一个意思吗？除掉祸患才能吉祥如意。"听到这话的人都认为他说的很好，很对。

九月十五日，天穆到京，驾迎之。荣与天穆并从入西林园谯射。荣乃奏曰："近来侍官皆不习武，陛下宜将五百骑出猎，因省辞讼。"先是奚毅言荣因猎挟天子移都，至是，其言相符。

至十八日，召中书舍人温子升告以杀荣状，并问以杀董卓事。子升具通本，上曰："王允若即赦凉州人，必不应至此。"良久，语子升曰："朕之情理，卿所具知，死犹须为，况必不死！宁与高贵卿公同日死，不与常道乡公同日生。"上谓杀荣、天穆，即赦其党，便应不动。应诏王道习曰："尔朱世隆、司马子如、朱元龙比来偏被委付，具知天下虚实，谓不宜留。"城阳王及杨侃曰："若世隆不全，仲远、天光岂有来理？"帝亦谓然，无复杀意。城阳曰："荣数征伐，腰间有刀，或能狼戾伤人。临事，愿陛下出。"乃伏侃等十余人于明光殿东。其日，荣与天穆并入，坐食未讫，起出。侃等从东阶上殿，见荣、天穆出至中庭，事不果。

十九日是帝忌日，二十日荣忌日，二十一日，暂入，即向陈留王家，饮酒极醉。遂言病动，频日不入。上谋颇泄，世隆等以告荣。荣轻帝，不谓能反。预帝谋者皆惧。

二十五日，旦，荣、天穆同入，其日大欲革易。上在明光殿东序中西面坐，荣与天穆并御床西北小床上南坐，城阳入，始一拜，荣见光禄卿鲁安等持刀从东户入，即驰向御坐，帝拔千牛刀手斩之，时年三十八。得其手板上有数牒启，皆左右去留人名，非其腹心，悉在出限。帝曰："竖子！若过今日，便不可制。"时又天穆与荣子菩提亦就戮，于是内外喜叫，声满京城。既而大赦。

【译文】

元天穆九月十五日来到京城，皇帝亲自前去迎接他。尔朱荣和元天穆一同跟随皇帝进入西林园参加宴饮和射箭。于是尔朱荣趁机上奏说："近些年侍从官员们都不加练习武艺，陛下应该带五百骑兵出去打猎，顺便检查地方上的诉讼情况。"先前奚毅曾经报告尔朱荣将要趁打猎之机挟持天子迁都。至此，他的话得到了验证。

到了十八日，皇上召见中书舍人温子升，告诉他暗杀尔朱荣的策划，并且向他详细询问有关刺杀董卓的事。温子升陈述了全部过程，皇上说："王允如果当时立即赦免凉州董卓的部下，一定不会到如此地步。"沉默许久，又对温子升说："朕的心情，你全都知道。就算死也必须要这样做，何况朕不一定会死！我宁可像高贵卿公那样与权臣抗争以至捐躯，也不愿意像常道乡公那样忍受屈辱、生不如死。”孝庄帝认为杀掉尔朱荣、元天穆之后，马上宣布赦免他的党羽，这些人就不会发动叛乱。应诏王道习说：“尔朱世隆、司马子如、朱元龙这几个人近来因尔朱荣的缘故被委以重用，完全了解朝廷内外的虚实情况，我认为不应该留下他们的性命。”城阳王元徽和杨侃说：“如果尔朱世隆得不到保全，那样尔朱仲远、尔朱天光这些人怎么会有来降服的道理呢？”孝庄帝也认为如此，就不再有杀掉尔朱世隆等人的打算。城阳王说：“尔朱荣多次外出征伐，腰里总是佩带着钢刀，说不定凶恶本性发作起来会伤害周围的人。到行动的时候，希望陛下离开现场。”于是就让杨侃等十几个人都埋伏在明光殿东面。那一天，尔朱荣与元天穆一起进宫，因为吃东西还没吃完，就起身出去了。杨侃等人从东侧台阶奔上明光殿，见尔朱荣和元天穆已经走出来到了中庭，因而刺杀行动没有成功。

十九日被认为是孝庄帝的忌日，二十日被认为是尔朱荣的忌日，二十一日这天，尔朱荣刚到京城只停留了片刻，马上又到陈留王家里去了，在那里醉得厉害。于是尔朱荣自称得了病，接连几天都没有上朝。孝庄帝的计划有些泄露，尔朱世隆等人把消息报告了尔朱荣。尔朱荣看不起孝庄帝，不认为他会对自己下手。参与孝庄帝计划的人都害怕起来。

尔朱荣与元天穆在二十五日清晨一同进殿，在这一天想要举行任免一批重要官吏的大事。孝庄帝在明光殿的东厢房朝西而坐，尔朱荣和元天穆一起在御床西北方向的小床上朝南而坐。城阳王进来，才刚刚拜见，尔朱荣就看见光禄卿鲁安等人拿着刀从东门冲进来，他立刻跑到皇帝御座前，皇帝立即拔出佩带的千牛刀迎面刺去，亲手杀了尔朱荣。尔朱荣死时三十八岁。死时他手里拿的手板被呈交上来，上面有几份启奏，内容都是孝庄帝左右侍从或去或留的名单，凡不是尔朱荣心腹的人，都在逐出之列。孝庄帝说：“这小子！要是让他活过今天，以后就没有办法能制服他了。”元天穆和尔朱荣的儿子尔朱菩提也一起被杀。于是朝廷内外欢呼叫嚷，声震京城。不久皇帝大赦天下。

荣虽威名大振，而举止轻脱，正以驰射为伎艺，每入朝见，更无所为，唯戏上下马。于西林园宴射，恒请皇后出观，并召王公妃主，共在一堂。每见天子射中，辄自起舞叫，将相卿士，悉皆盘旋，乃至妃主妇人，亦不免随之举袂。及酒酣耳热，必自匡坐唱虏歌，为《树梨》、《普梨》之曲。见临淮王彧从容闲雅，爱尚风素，固令为敕勒舞。日暮罢归，便与左右连手蹋地，唱《回波乐》而出。性甚严暴，愠喜无恒，弓箭刀槊，不离于手，每有瞋嫌，即行忍害，左右恒有死忧。曾欲出猎，有人诉之，披陈不已，发怒，即射杀之。曾见沙弥重骑一马，荣即令相触，力穷不复能动，遂使傍人以头相击，死而后已。

节闵帝初，世隆等得志，乃诏赠假黄钺、相国、录尚书、都督中外诸军事、晋王，加九锡，给九旒銮辂，武贲班剑三百人，辒辌车，准晋太宰、安平献王故事，谥曰武。又诏百官议荣配飨，司直刘季明曰："晋王若配永安，则不能终臣节。以此论之，无所配。"世隆作色曰："卿合配？"季明曰："下官预在议限，据理而言，不合上心，诛翦唯命。"众为之危，季明自若。世隆意不已，乃配享孝文庙庭。

【译文】

尔朱荣虽然威名远扬，但他举止轻浮，唯独以骑马射箭作为能事，所以每次入宫进见，他没有其他的事情可以做，只把上马下马当作游戏。他在西林园宴饮射箭，经常请皇后出来观看，并且还要召集王公妃嫔一起赏乐。每次看到天子射中目标，他就站起身手舞足蹈起来，文武百官，以至于王妃、公主这些妇女，也都跟着不由自主地跳起来。当酒酣耳热时尔朱荣一定要端坐在那，唱起胡人的歌曲，诸如《树梨曲》、《普梨曲》之类。看到临淮王神态从容不迫、温文尔雅，喜欢闲适、清静，就强迫他跳敕勒族的舞蹈。傍晚宴会结束，准备回去的时候，就与左右侍从一起手拉着手，跳跃跺脚，唱着《回波乐》的曲子跳出门去。尔朱荣性情十分严酷残暴，喜怒无常，弓箭刀槊总不离手，一旦对谁发起脾气，顺手就抓起手里的兵器对他加以残害，所以左右侍从总是怀有随时可能丧命的恐惧。有一次正打算出去打猎，有一个人前来陈述事情，啰唆起来说个没完。尔朱荣大发脾气，立即就把他射杀了。他曾经看见两个和尚同骑一匹马，他就马上把他们叫过来，让他们用头相顶角力。两个人力气用完后不再动弹，于是又让旁边的人抓着他们的头互相碰撞，一直把他们撞死才算完事。

节闵帝元恭初年，尔朱世隆等人得志，于是颁诏追赠尔朱荣为假黄钺、相国、录尚书事、都督中外诸军事，晋王，追加九锡殊礼，并加九旒，带有旗子和铃铛的车子，武贲班剑三百人、辒辌车，丧礼按西晋太宰、安平献王司马孚的先例为标注，谥号称为武。皇帝还让百官商议尔朱荣配享北魏前代皇帝灵位的有关事宜。司直刘季明说："如果让晋王配享孝文帝，那么他就没有保持臣子的节操。从这点来评论，他就不能配享。"尔朱世隆沉下脸来说："难道你可以去配享吗？"刘季明说："下官既然参与了商议这件事的行列，所以才根据实际情理发言。要是不合上面的意旨，那么要杀要砍悉听尊便。"众人都为他捏了一把汗，但刘季明却处变不惊。由于尔朱世隆不甘心仍然坚持己见，便决定让尔朱荣配享孝文帝的灵位。